河南省科技攻关项目（242102321142），项目名称：沉浸式演艺游客情绪评价技术及应用研究——基于皮肤电反应（GSR）的测试

沉浸式体验赋能
文旅产业融合发展研究

杨华夏◎著

新 华 出 版 社

图书在版编目（CIP）数据

沉浸式体验赋能文旅产业融合发展研究 / 杨华夏著.

北京 ：新华出版社，2024. 12.

ISBN 978-7-5166-7795-7

Ⅰ. F592. 3

中国国家版本馆CIP数据核字第202503XB44号

沉浸式体验赋能文旅产业融合发展研究

作　　者：杨华夏	
责任编辑：王依然	封面设计：寒　露

出版发行：新华出版社

地　　址：北京石景山区京原路8号	邮　　编：100040

网　　址：http://www.xinhuapub.com

经　　销：新华书店、新华出版社天猫旗舰店、京东旗舰店及各大网店

购书热线：010-63077122	中国新闻书店购书热线：010-63072012

照　　排：寒　露

印　　刷：定州启航印刷有限公司

成品尺寸：170mm×240mm

印　　张：17.25	字　　数：230千字
版　　次：2024年12月第一版	印　　次：2024年12月第一次印刷

书　　号：ISBN 978-7-5166-7795-7

定　　价：98.00元

前　言

随着科技的飞速发展和人们消费观念的转变，文旅产业正迎来一场前所未有的变革。传统的观光旅游已难以满足人们日益增长的多元化、个性化需求。在这一背景下，沉浸式体验作为一种新兴的旅游体验方式，以其独特的魅力和吸引力，逐渐成为文旅产业发展的重要趋势。

沉浸式体验借助先进的技术手段，为游客营造出身临其境的感觉，使游客能够全方位、多角度地感受旅游目的地的文化、历史和风土人情。这种体验方式不仅丰富了游客的感官体验，也提升了游客对旅游目的地的认知度和满意度。因此，如何将沉浸式体验与文旅产业融合发展，成为当前文旅产业亟待解决的问题。

本书全面、深入地探讨沉浸式体验在文旅产业中的应用和发展前景，深入探讨沉浸式体验在文旅产业融合中的作用和机制，以期为文旅产业的创新发展提供理论支持和实践指导，推动文旅产业的持续繁荣与发展。笔者在编写本书的过程中，广泛参考了国内外相关领域的研究成果和实践经验，结合多年的研究积累和思考，力求为读者呈现一部全面、系统、深入的参考用书。

本书的内容包括沉浸式体验的理论基础、文旅产业融合的理论框架、沉浸式文旅产业融合的机制与动力、沉浸式体验在文旅项目中的实际应用、文旅产业链分析以及沉浸式文旅产业的发展路径和对策等多个方面。

通过理论分析和案例研究相结合的方式，本书全面展示了沉浸式体验在文旅产业融合中的创新应用与发展前景。

　　本书的撰写基于对沉浸式体验与文旅产业融合发展的深入研究，既吸收了国内外相关领域的先进理论和实践经验，又结合了中国文旅产业的实际情况。笔者希望通过对沉浸式体验在文旅产业融合中作用的系统分析，为促进文化与旅游的深度融合、提升旅游体验质量、推动旅游产业的可持续发展提供新的视角和思路。同时，期待本书能够为相关领域的研究者、实践者及政策制定者提供有价值的参考。期待与广大读者共同探讨和分享关于沉浸式体验在文旅产业融合中的经验和见解，共同推动文旅产业的繁荣发展。

目　录

第一章　沉浸式体验的基本认识 …………………………………001

　　第一节　背景阐释 ………………………………………001

　　第二节　概念内涵 ………………………………………007

　　第三节　基本类型 ………………………………………028

　　第四节　发展历程及趋势 ………………………………033

　　第五节　文化逻辑与核心要义 …………………………038

第二章　文旅产业融合的基本认识 ……………………………045

　　第一节　文旅产业融合基本概念 ………………………046

　　第二节　文旅融合类型与模块 …………………………049

　　第三节　文旅产业融合模式 ……………………………064

　　第四节　文旅产业融合效益 ……………………………084

第二章　沉浸式文旅产业融合机制与动力 ……………………088

　　第一节　文旅产业融合机制 ……………………………089

　　第二节　文旅产业融合动力 ……………………………096

　　第三节　沉浸式体验赋能文旅产业融合机制与动力 ………109

第四章　沉浸式体验现代技术与文旅项目 ……………………117

　　第一节　沉浸式体验现代技术 …………………………118

第二节　沉浸式体验文旅项目 ………………………………… 134

第三节　沉浸式文旅商综合体 ………………………………… 146

第四节　沉浸式旅游演艺 ……………………………………… 154

第五节　沉浸式文旅街区 ……………………………………… 166

第六节　沉浸式展览 …………………………………………… 176

第五章　沉浸式文旅产业链 …………………………………… 185

第一节　产业链相关理论 ……………………………………… 185

第二节　文旅产业链的概念、构成要素和特点 ……………… 191

第三节　文旅产业链融合激励机制 …………………………… 198

第四节　沉浸式旅游体验产业链的价值实现逻辑 …………… 206

第五节　沉浸式文旅产业链的实现机制 ……………………… 211

第六章　沉浸式体验赋能文旅融合的案例 …………………… 215

第一节　故宫博物院的数字化展示 …………………………… 215

第二节　张家界的元宇宙技术发展 …………………………… 219

第三节　迪士尼乐园 …………………………………………… 223

第四节　法国卢浮宫的虚拟导览 ……………………………… 225

第五节　日本京都的文化体验项目 …………………………… 228

第七章　沉浸式文旅产业发展路径与对策 …………………… 232

第一节　强化沉浸式文旅产业顶层设计 ……………………… 232

第二节　推进数字化与文化旅游融合 ………………………… 240

第三节　培育沉浸式旅游服务平台 …………………………… 248

第四节　创新沉浸式旅游体验场景 …………………………… 257

第五节　打造沉浸式旅游体验精品 IP ………………………… 262

参考文献 ………………………………………………………… 265

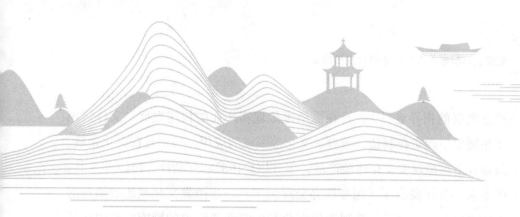

第一章　沉浸式体验的基本认识

第一节　背景阐释

一、政策背景

沉浸式体验是一种通过创造包容性环境和互动性内容，让人们在其中完全沉浸的体验方式。随着科技的进步和人们消费需求的升级，沉浸式体验正逐渐成为文旅产业发展的重要方向。为了推动这一新兴领域的发展，我国相继出台了一系列相关政策，为沉浸式体验的创新和应用提供了有力的支持。

2017年4月，中华人民共和国文化部（现中华人民共和国文化和旅游部）印发《文化部关于推动数字文化产业创新发展的指导意见》，制定了推动数字文化产业创新发展的目标和措施，其中特别强调了沉浸式体验在数字文化产业中的重要地位。文件要求加强标准、内容和技术装备的协同创新，研发具有自主知识产权的沉浸式体验平台和工具，推动数字文化产业与旅游、教育等领域的深度融合。2018年12月，中华人民共和国工业和信息化部印发《工业和信息化部关于加快推进虚拟现实产业发展的指导意见》，旨在推动虚拟现实产业的快速发展。文件强调要拓展虚拟现实在制造、教育、文化等领域的应用，特别是在文化领域，鼓励打造虚拟现实文化体验产品，提升用户体验和互动性。2019 年 8 月，国务院办公厅发布了《国务院办公厅关于进一步激发文化和旅游消费潜力的意见》，制定了一系列激发文化和旅游消费潜力的措施，其中包括促进文化、旅游与现代技术相互融合，发展新一代沉浸式体验型文化和旅游消费内容。文件强调要通过技术创新和模式创新，提升文化和旅游消费的品质和体验。2021 年 3 月，中华人民共和国国家发展和改革委员会等 28 部门联合发布了《加快培育新型消费实施方案》，要求加快文化产业和旅游产业数字化转型，积极发展演播、数字艺术、沉浸式体验等新业态，进一步推动了沉浸式体验在文旅产业中的发展。

2022 年 10 月，工业和信息化部、教育部、文化和旅游部等联合编制的《虚拟现实与行业应用融合发展行动计划（2022—2026 年）》对文化展馆、旅游场所、特色街区开发虚拟现实数字化体验产品的发展提供了指导，并鼓励博物馆、具有条件的旅游活动场所设置沉浸式体验设施设备。该行动计划旨在通过虚拟现实技术提升文旅体验，推动产业的融合发展。文化和旅游部公布的《"十四五"文化和旅游发展规划》和《"十四五"文化产业发展规划》制定了要在"十四五"期间完成"100 个沉浸式体验项目"的目标。政策文件与重要指导意见如表 1-1 所示。

表 1-1　政策文件与重要指导意见

日期	政策文件	关键内容	目标产业发展
2017 年 4 月	《文化部关于推动数字文化产业创新发展的指导意见》	强调沉浸式体验在数字文化产业中的重要性，要求协同创新标准、内容、技术装备，研发沉浸式体验平台和工具，推动文化与旅游、教育等领域的融合	数字文化产业

续　表

日期	政策文件	关键内容	目标产业发展
2018 年 12 月	工业和信息化部《关于加快推进虚拟现实产业发展的指导意见》	旨在推动虚拟现实产业快速发展，拓展应用于制造、教育、文化等领域，鼓励虚拟现实文化体验产品的开发，提升用户体验和互动性	虚拟现实产业
2019 年 8 月	国务院办公厅《关于进一步激发文化和旅游消费潜力的意见》	激发文化和旅游消费潜力，促进文化、旅游与现代技术融合，发展新一代沉浸式体验型文化和旅游消费内容，通过技术创新和模式创新提升消费品质和体验	文化和旅游产业
2021 年 3 月	国家发改委等 28 部门《加快培育新型消费实施方案》	加快文化产业和旅游产业的数字化转型，积极发展演播、数字艺术、沉浸式体验等新业态，进一步推动沉浸式体验在文旅产业中的发展	文化产业和旅游产业的数字化转型
2022 年 10 月	工业和信息化部、教育部、文化和旅游部等联合《虚拟现实与行业应用融合发展行动计划（2022—2026 年）》	推动文化展馆、旅游场所、特色街区开发虚拟现实数字化体验产品，并鼓励博物馆、旅游活动场所设置沉浸式体验设施设备，通过虚拟现实技术提升文旅体验，推动产业的融合发展	文化和旅游产业的虚拟现实应用

这些政策文件共同构建了一个推动沉浸式体验在文旅产业中发展的政策体系，从多个层面和角度为沉浸式体验的发展提供了指导和支持。随着这些政策的深入实施，沉浸式体验在文旅产业中的应用将更加广泛和深入。

在政策的推动下，沉浸式体验已成为文化和旅游产业发展的重要方向之一。特别是我国的"十四五"规划期间，实施文化产业数字化战略，加快发展新型文化企业和文化消费模式，沉浸式体验在此背景下更是得到了政策的重视和支持。

二、市场背景

沉浸式体验，作为一种新兴的体验方式，近年来在市场上获得了显著的关注和快速的发展。它通过创造一个全方位的感官体验，使参与者能够完全沉浸在一个虚拟或增强的环境中。从市场背景来看，沉浸式体验的崛起得益于几个关键因素的相互作用。

（一）技术进步

首先，前沿科技成果的集成是沉浸式体验得以发展的关键技术支撑。这包括 3D 全息投影、多通道投影、虚拟现实（Virtual Reality，简称 VR）、增强现实（Augmented Reality，简称 AR）以及混合现实（Mix Reality，简称 MR）等。这些技术共同构建了沉浸式体验的结构和形态，为用户提供了更加丰富和逼真的体验。其次，交互式和叙事性空间的营造是沉浸式体验中的关键要素。通过技术手段，可以创造出主题性的空间，使人们在特定的情境、氛围与主题中沉浸。这种沉浸不仅仅是视觉和听觉的，还涵盖了触觉、嗅觉等全方位的感官体验，从而让用户能够全身心地投入虚拟环境中。此外，技术的不断进步为沉浸式体验提供了更多可能性。例如，随着 VR、AR 等技术的日益成熟，其应用场景也在不断拓展，从游戏、教育到医疗、旅游等领域都有广泛的应用。这些技术的发展不仅提升了沉浸式体验的质量和效果，也进一步推动了其在各个领域的普及和应用。

（二）消费者需求

随着人们精神文化需求的日益增长，传统的文化消费方式已经难以满足现代人的需求。沉浸式体验作为一种新颖的文化消费形式，能够将参与者带入一个充满创意和想象力的空间，使他们在游戏、演出或展览中感受到强烈的情感共鸣和文化认同。此外，消费心理的变化为沉浸式体验市场提供了广阔的空间。现代消费者越来越注重个性化和差异化的消费体验，他们渴望在消费过程中获得更多的参与感和互动感。沉浸式体验正好满足了这一需求，通过高度互动和个性化的体验方式，让消费者在享受娱乐的同时，能够获得更深层次的情感体验。现代消费者，特别是年轻一代，越来越追求个性化和体验化的消费，他们愿意为独特的体验支付溢价，这推动了沉浸式体验市场的发展。

（三）市场环境变化

随着 5G 等新技术的商用部署，以及人们居家生活方式的转变，沉浸式媒体有望迎来新的发展机遇。这些变化为沉浸式体验提供了新的市场环境和发展空间。市场竞争的加剧也推动了沉浸式体验的创新与发展。为了在市场中脱颖而出，企业纷纷加大投入，研发出更加先进、有趣的沉浸式体验产品，从而推动了整个行业的进步。

沉浸式体验的应用领域广泛，涵盖了娱乐、文旅、教育、医疗等多个领域。在娱乐领域，沉浸式体验已经成为电影、游戏、剧场等传统娱乐方式的有力补充。在文旅领域，沉浸式演艺、展览和旅游演艺等形式为游客提供了全新的旅游体验。在教育领域，沉浸式体验被用于提高学习的趣味性和效率。在医疗领域，通过沉浸式体验可以帮助患者进行疼痛管理和康复训练。

三、学术背景

沉浸式体验是一种通过全方位的感官刺激，使个体完全沉浸在某种环境或活动中的体验。在学术领域，沉浸式体验与多个理论和研究领域相交叉，包括心理学、认知科学、教育学、艺术理论、交互设计、文化研究等视角，这些学科领域的研究为沉浸式体验提供了理论支持和技术基础。

（一）心理学视角

心理学家米哈里·契克森米哈赖（Mihaly Csikszentmihalyi）提出的流畅理论（Flow Theory）是理解沉浸式体验的重要学术基础。流畅体验是指个体在完全投入某项活动时，感受到的一种愉悦和充实感。在这种状态下，个体会忘记时间、疲劳，甚至忘记自我，完全沉浸在活动中。

（二）认知科学视角

认知科学研究如何通过技术手段，如虚拟现实（VR）和增强现实（AR）等，创造能够引发深度沉浸感的环境。这些技术通过模拟现实或创造全新的虚拟环境，激发人的感官和认知，产生沉浸感。

（三）教育学视角

在教育领域，沉浸式体验被用来提高学习效率和兴趣。通过创造沉浸式的学习环境，学生可以更加主动地探索和学习，这种方法已被证明可以增强学生的学习动机，进而提高学习成效。

（四）艺术理论视角

沉浸式艺术是一种将观众带入全方位艺术体验的艺术形式。这种艺术形式通常结合声光电技术，创造出一个可以与观众互动的环境。沉浸式艺术的兴起与现代科技的发展密切相关，它打破了传统艺术的展示方式，为观众提供了一种全新的艺术体验。

（五）交互设计视角

在交互设计领域，营造沉浸感是核心目标之一。设计师通过理解用户的需求和行为，设计出能够引起深层次沉浸感的产品和服务。这些设计涵盖了游戏设计、界面设计以及用户体验设计等多个方面。

（六）文化研究视角

文化研究者探讨沉浸式体验如何影响人们的文化消费模式。随着技术的发展，人们对文化产品的体验有了新的期待，沉浸式体验成了文化产业发展的新趋势。

学术态度上，一些研究者对沉浸式体验持积极肯定的态度，认为它能够为人们带来全新的体验方式和文化享受。然而，也有部分研究者对沉浸式体验提出了一些伦理风险方面的担忧，认为在追求沉浸感的过程中，可能会忽视对真实世界的关注和思考。

综上所述，沉浸式体验的发展拥有丰富多样的学术背景，这些背景涉及多个学科领域的研究。这些研究不仅为沉浸式体验提供了理论支持和技术基础，也为其未来的发展开辟了广阔的研究空间和思考角度。

第二节　概念内涵

一、沉浸式体验的定义与特征

（一）沉浸式体验的演变过程

沉浸理论于 1975 年由美国心理学家米哈里·契克森米哈赖首次提出，旨在解释人们在进行某些日常活动时为何会完全投入情境当中，集中注意力，并过滤掉所有不相关的知觉，从而进入一种沉浸的状态。这种沉浸状态被描述为一种积极的情绪体验，类似"水流"般的感觉，因此也被称为"心流"（Flow Experience）。随着计算机科技的发展，沉浸理论逐渐延伸至人机互动的讨论，Novak、Hoffman 和 Yung 自 1996 年起便对网络沉浸进行了一系列的研究与模式发展，将沉浸式体验的概念运用到网络导航行为方面，并对不同的网络行为进行了沉浸模式的检验①。部分学者则认为沉浸理论是描述人与计算机间互动的一个普遍且有用的架构，并论证了良好的沉浸式体验不但可以吸引用户的积极参与，并且对用户的态度和行为产生了积极影响②。目前，沉浸理论已广泛地应用于在线环境的研究领域，形成了一系列网络环境中用户沉浸式体验研究的成果，其中就包括促成沉浸式体验的影响因素及其对用户行为的影响的研究③。

从沉浸理论提出至今，许多研究者从不同角度提出了自己的理论模型，而在信息系统领域，最广泛使用的是 Webster 等提出的简约模型④。根据之前沉浸式体验的研究可知，沉浸式体验有其目的性的体验特征，用户在虚拟的社区中知识共享行为会产生沉浸式体验，而且产生这种沉浸式体验之后，用户为了再次获得这种美好的体验，会继续重复知识共享行为⑤。用户生成内容行为可以看作一种知识共享与贡献行为，这种行为背后蕴藏着特定的动机，而沉浸理论适用于解释以电脑和网络为媒介的用户内容生成行为的动机⑥。还有学者基于沉浸理论以认知—沉浸式体验—体验行为为主线解释了社会化问答社区用户持续知识共享行为的积

---

① NOVAK T P, HOFFMAN D L, YUNG Y. Measuring online the customerexperience in a structural environments: modeling approach [J]. Mar-keting Science, 2000, 19 (1): 22 -42.

② 张前，唐亚欧. 大数据背景下用户生成行为影响因素的实证研究 [J]. 图书馆学研究, 2015 (3): 36 -42, 15.

③ 冯崇军. 大学生微博沉浸体验与行为研究 [D]. 南京: 南京师范大学, 2014: 12-26.

④ WEBSTER J, TREVINO L K, RYAN L. The dimensionality and corre-lates of flow in human - computer interactions[J]. Computers in HumanBehavior, 1993, 9 (4): 411-426.

⑤ 张晓亮. 虚拟社区用户持续知识共享行为研究 [D]. 杭州: 浙江工商大学, 2015: 27-35.

⑥ 刘高勇，汪会玲，胡吉明. 基于用户聚集的虚拟社区价值提升 [J]. 情报科学, 2011, 29 (4): 499-502.

极情绪体验驱动路径，并对其进行实证研究①。

　　沉浸式体验的概念背景深植于对人类感知和交互机制的深入理解与技术的不断革新。它源于人类对多感官体验的追求，旨在通过高度模拟的环境，激发用户的视觉、听觉、触觉等感官，从而实现对现实世界的有效模仿或创造全新的虚拟环境。沉浸式体验的雏形可以追溯到19世纪的全景画，这种艺术形式通过环绕式的画面创造一种视觉上的沉浸感。随着时间的推移，20世纪中叶，随着计算机技术的发展，沉浸式体验开始逐步走向技术化、数字化。20世纪80年代，VR技术的诞生标志着沉浸式体验进入一个新时代，此技术的出现使得用户能够通过头戴式显示设备进入一个完全虚构的三维环境中。

　　进入21世纪，随着计算能力的提升和传感器技术的进步，沉浸式体验的实现方式更加多样化。增强现实（AR）和混合现实（MR）技术的出现，将虚拟元素与现实世界结合，创造出更加丰富的交互体验。这些技术的发展不仅依赖于硬件的革新，也涉及图像处理、3D建模、人工智能等多个领域的技术进步。沉浸式体验的发展还与人类对交互方式的不断探索密切相关。从最初的键盘鼠标，到触摸屏的广泛应用，再到现在的手势识别和眼动追踪，交互方式的变化极大地丰富了沉浸式体验的内容和形式。这些技术的突破和进步，使得用户能够以更加自然和直观的方式与虚拟环境进行互动，从而实现更高水平的沉浸感。

（二）沉浸式体验的定义

　　沉浸式体验在积极心理学领域是指，当人们在进行活动时如果能够完全投入情境当中，注意力高度集中，并且过滤掉所有不相关的知觉，即进入沉浸状态②。在这种定义下，沉浸式体验不是一种被动的感官接受，

---

① 郭顺利.社会化问答社区用户生成答案知识聚合及服务研究[D].长春：吉林大学，2018：25-27.

② 汪宇.沉浸式学习[M].上海：上海交通大学出版社，2020：23.

而是一种主动的、全面的参与过程。这种体验涉及个体的深度投入，无论是在感官还是在认知层面。

沉浸式体验的核心特征在于高度的专注和投入。当个体进行某项活动时，他们的注意力会完全集中在该活动上，从而形成一种对外部干扰的屏蔽效果。这种深度的专注不仅限于视觉或听觉的感知，而是包括了整个认知过程的参与。在这种状态下，个体往往会忘记时间的流逝，甚至忽略身体的需求，完全沉浸在当前的活动之中。沉浸式体验还包括了一种对环境的控制感。在沉浸状态下，个体感觉自己能够操控所处的环境或情境，这种控制感进一步加深了他们的投入程度。这不仅仅是对物理环境的控制，更是对活动过程和结果的掌控。

沉浸式体验的另一个重要方面是情感的参与。当个体完全沉浸在某项活动中，他们会体验到一种强烈的情感连接，这种连接可能源于对活动本身的兴趣，或者是与活动相关的个人意义。这种情感的参与使得沉浸式体验不仅仅是一种外部行为的投入，还是一种深层次的内在体验。

在学习领域，沉浸式学习体验被视为一种理想状态。在这种状态下，学习者不仅能够更有效地吸收知识，而且能够更深刻地理解和内化学习内容。沉浸式学习体验通过激发学习者的好奇心和兴趣，促进了他们的主动探索和深度思考，从而实现了知识的深层次学习和应用。

技能和挑战是沉浸式体验中两个重要的影响因素。这两个因素之间必须相互平衡，以促进自我向更高、更复杂的层次发展。通过沉浸，人们能够实现自我和谐，并在活动中享受"知行合一"。

（三）沉浸式体验的基本特征

1996年，契克森米哈赖指出沉浸式体验的两大特征：全身心投入和愉悦感。

1.全身心投入

在沉浸式体验中，个体往往能够全身心地投入当前的活动中，忘却自我，忘记时间的流逝，甚至忘记周围的一切。这种高度的专注使得个体能够深入地体验和理解所接触的内容，从而获得更为深刻和丰富的感受。

2.愉悦感

当个体处于沉浸状态时，往往会感受到一种内在的满足和快乐。这是因为沉浸式体验本身具有一种内在的吸引力，能够激发个体的兴趣和好奇心，使其在体验过程中不断获得新的发现和收获。这种愉悦感不仅增强了个体对活动的投入程度，也提高了其整体的满意度和幸福感。

同时，契克森米哈指出沉浸式体验中技能和挑战两大因素相互平衡，共同驱使自我朝向更高更复杂的层次发展，并在活动中体验到知行合一。他认为沉浸式体验并没有极限，个体会持续追求更复杂的层次和更大的享受。这些观点为人们理解沉浸式体验提供了重要的理论框架，也为人们设计和实施沉浸式体验提供了有益的指导。在设计和实施沉浸式体验时，需要充分考虑挑战和技能的平衡，以及个体对更高层次和更大享受的追求，从而为用户提供更加优质和满意的体验。

（四）沉浸式体验的影响因素及表现

1.挑战和技能是影响最适体验即体验的最优化的重要变量

挑战与技能的平衡是沉浸式体验的核心组成部分，直接影响个体的最适体验。在此理论构架中，挑战指的是任务或活动所提出的要求，而技能是个体完成这些任务所必须具备的能力和知识。最适体验往往出现在挑战与技能动态平衡的状态时。这种平衡不仅是个体对活动的适应程度，而且是心理满足与成就感的来源。

当挑战与技能之间的匹配达到某一最佳点时，个体将体验到一种被称为"流"的状态。这种状态是高度专注、完全投入的体验，个体在此状态中会丧失对时间的感知，完全沉浸在当前活动中。此时，个体的注意力、动机和情感完全集中于活动本身，外界干扰减至最低，从而产生深度的满足和成就感。

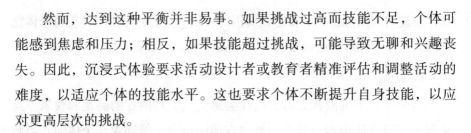

然而，达到这种平衡并非易事。如果挑战过高而技能不足，个体可能感到焦虑和压力；相反，如果技能超过挑战，可能导致无聊和兴趣丧失。因此，沉浸式体验要求活动设计者或教育者精准评估和调整活动的难度，以适应个体的技能水平。这也要求个体不断提升自身技能，以应对更高层次的挑战。

2. 沉浸式体验没有极限，个人会持续追求更复杂的层次和更大的享受

沉浸式体验的另一个特征是其无极限的追求，即在体验过程中，个体会不断追求更高层次的复杂性和更深层次的享受。这一特征体现了沉浸式体验的动态性和发展性，个体在体验过程中的需求和满足不是静态的，而是一个不断演变和提升的过程。

在持续的沉浸式体验中，个体会不断寻求新的挑战和经历，以获得更加丰富和深刻的体验。这种追求可能表现为对更复杂、更高难度任务的探索，或是对更深层次情感和认知体验的探求。这一过程是个体自我实现和自我超越的旅程，通过不断挑战自我，个体能够实现更高层次的心理成长和能力提升。这种无极限的追求也意味着沉浸式体验是一个不断进化的过程。随着个体技能的提升和经验的累积，其对挑战的需求也会相应提高。因此，个体在沉浸式体验的旅程中，不仅是在追求特定的目标，更经历着一种持续的自我探索和自我提升。

和契克森米哈所指的沉浸式体验的两大特征，即高度专注和愉悦感，为人们深入理解和应用沉浸理论提供了重要的指导。在设计和实施沉浸式体验时，应该注重激发个体的兴趣和好奇心，创造能够引发个体高度专注和愉悦感的情境和条件，从而为用户提供更加优质和难忘的体验。

二、沉浸式体验构成要素

（一）沉浸式体验模型

马西米尼（Massimini）及其同事提出的八区间心流体验模型，是对心流概念的深入阐述和拓展。心流，原本由契克森米哈赖提出，定义为个体在某种活动中完全投入，达到忘我的状态。个体经历极度专注、高度兴奋和充实感。马西米尼的模型进一步细化了这一概念，将心流体验划分为八个不同的区域，这些区域根据挑战感和技能水平的不同组合而定。八区间心流体验模型如图 1-1 所示。

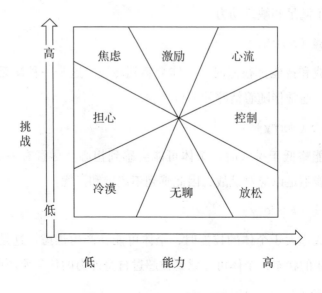

图 1-1　八区间心流体验模型

1. 心流（Flow）

当挑战和技能都处于高水平时，个体体验心流。这是一种高度吸引人的状态，个体在此状态下感到极度兴奋和满足，且对活动有很强的投入感。

2. 控制（Control）

当技能水平高于挑战时，个体处于控制状态。尽管这种状态下个体感到自在且能力充足，但由于缺乏足够的挑战，他们可能无法体验到心流的深度。

3. 放松（Relaxation）

在技能较高而挑战较低的情形下，个体可能感到放松。这种状态虽然舒适，但缺乏足够的刺激和深入的投入感。

4. 无聊（Boredom）

技能远高于挑战的情况下，容易导致个体无聊。在此状态下，个体可能感到不满足和缺乏动力。

5. 冷漠（Apathy）

当挑战和技能都很低时，个体会感到冷漠。这是一种缺乏动力和兴趣的状态，通常伴随着情感的消极体验。

6. 担心（Worry）

在技能略低于挑战时，个体可能会感到担心。尽管有一定的投入，但由于技能不足以应对挑战，因此感到不确定和担忧。

7. 焦虑（Anxiety）

当挑战远大于个体的技能时，个体可能会产生焦虑。这是一种充满压力和紧张的状态，个体可能感到被超过自身能力的任务所压倒。

8. 激励（Arousal）

在技能略高于挑战时，个体会感到激励。这是一种积极的状态，个体感到挑战但不至于被压倒。

马西米尼的八区间心流体验模型为理解个体在不同情境下的心理状态提供了一个框架。通过区分不同的心流体验，该模型揭示了个体如何根据挑战和技能的不同组合体验不同的情感和认知状态。这一模型在心理学、教育、职业培训和个人发展等多个领域具有广泛的应用价值。

八区间心流体验模型的最大价值在于解释了心流通道，即当技能与挑战水平达到动态平衡状态时，参与者会进入心流通道，如图1-2所示。

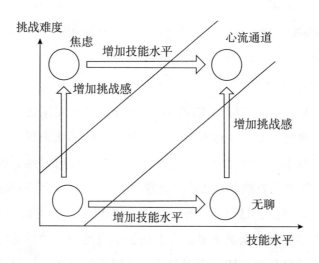

图1-2　心流通道 [1]

（二）沉浸式体验要素

沉浸式体验可被描述为一种个体全身心投入、心理状态极为积极的体验。它包含两个核心要素：深度投入与心理积极性。无数个体在不同场合下都可能会体验到这种高度愉悦的状态，如在专注玩视频游戏、投身阅读和聆听演讲时。在教育学上，沉浸式学习被认为是理想的学习境界，涉及多个关键因素，可以促使个体进入这一状态。沉浸式体验有九个关键要素，如表1-2所示。

---

[1] 汪宇.沉浸式学习[M].上海：上海交通大学出版社，2020：25.

表 1-2　沉浸式体验发生伴随的九个要素

条件因素	体验因素	结果因素
个体感知的清晰目标	行为与知觉的融合	失去自我意识
对行为或整体表现的即时反馈	注意力集中	对时间的错觉
挑战与技能匹配	控制行动、活动和环境的感受	体验即目标

1. 个体感知的清晰目标

个体感知的清晰目标是实现沉浸式体验的关键要素之一。在学术讨论中，这一概念通常与个体对其行动和活动目的的认识程度相关。当个体对自己所从事的活动具有清晰且定义明确的目标时，他们的注意力更易于集中，能更有效地引导其认知资源，从而促进深度学习和高效工作。

根据心流理论，目标的清晰性为个体提供了一种方向感和结构性，这对于维持高度专注至关重要。当个体清楚自己的行动目的时，他们可以无缝地调动自身的技能以应对挑战，同时能够自我监控自己的进度和表现。这种自我监控的过程增强了个体对于任务的掌控感，进而促发心流状态的出现。个体感知目标的清晰性还与个体的动机密切相关。一个明确的目标能够激发个体的内在动机，使他们更有可能投入活动中并享受其中。这种内在动机是推动个体向更高水平挑战自我的动力，也是持续维持心流状态的关键。

在实践中，为了促进沉浸式体验的发生，教育者和设计者应确保活动目标的清晰性和可达成性。目标应与个体的技能水平相匹配，既不应过于简单以致无聊，也不应过于复杂以致焦虑。通过这种方式，个体在追求目标的过程中能够体验到成就感和满足感，从而实现真正的沉浸式体验。

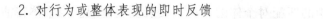

2. 对行为或整体表现的即时反馈

在沉浸式体验的研究中，对行为或整体表现的即时反馈被认为是维持和增强个体投入状态的重要因素。即时反馈是指个体在活动中所做出行为的直接且快速响应，这一响应能够让个体知晓其行为是否正确，以及如何改进。这种反馈的特性不仅在于其时效性，更在于其能够提供持续的信息流，帮助个体调整和优化其行为。

心理学研究表明，当个体在从事任务时能够获得及时的反馈时，他们更易于进入"心流状态"。这是因为反馈可以减少不确定性，增强个体对正在进行的任务的理解。通过明确任务是否按预期进行，即时反馈帮助个体维持专注，并提供了持续参与的动力。同时，正面的反馈能增强个体的自我效能感，即对自己完成任务能力的信心。即时反馈还具有调节个体情绪的功能。在学习或工作中，积极的反馈可以作为正增强，促进个体在面临困难时保持积极态度，而负面的反馈则可以作为调整行为的信号。在这一过程中，个体通过不断地自我调节，形成了一种自我指导的循环，这对于促进持续学习和自我提升至关重要。

3. 挑战与技能匹配

挑战与技能匹配是沉浸式体验的核心要素之一，这一要素源于心流理论，描述了个体完全投入一个活动所必需的条件。它强调，个体所面临的挑战程度与其技能水平之间需要保持一定的平衡。若挑战过大，超出个体的技能范围，可能导致压力和焦虑；反之，若挑战过小，不足以激发个体的能力，则可能产生无聊或冷漠的感觉。

沉浸式体验发生在挑战和技能相匹配的情境之中，此时个体不仅能够充分发挥其技能，同时能感到适度的挑战所带来的激励。这种匹配营造了一种动态的平衡，使个体在活动中保持高度的注意力和参与度。当个体的技能与挑战相契合时，个体更容易进入心流状态，体验到专注和愉悦的情感，这种状态下的个体往往会有高效率的表现和创造性的成果。

此外，挑战与技能的匹配对个体的成长和发展至关重要。当个体在活动中经历适度的挑战时，他们有机会扩展现有的技能和知识，从而实现学习和个人能力的提升。这种过程中的成就感和掌控感将激励个体继续探索和挑战自我。

4. 行为与知觉的融合

行为与知觉的融合是构成沉浸式体验的关键要素，它涉及个体在活动中所经历的无缝连接状态，其中个体的行动直接与感官知觉相连接，以至于个体不再有明显的自我反省或意识到自身作为行动主体的存在。这种融合使得个体的注意力完全集中在活动本身，以至于行为似乎直接流露出内在的意图，而非经过深思熟虑的结果。

在心理学领域，行为与知觉的融合常常与"心流体验"联系在一起，被描述为个体在高度投入的活动中所体验到的一种近乎自动化的状态。这时，个体的响应和行为变得极为直观，甚至不需要任何有意识的命令或是控制。这种直观性减少了认知负担，允许个体更加自然地与活动环境互动，从而产生更加流畅和高效的体验。行为与知觉的融合也意味着个体的情感与认知过程在活动中得到了和谐统一。个体的情感响应与认知评估相一致，形成了一种内在的一致性，这增强了个体的投入感和满足感。当个体的行为与内在意图无缝对接时，他们不仅能够在活动中取得成功，还能够获得一种自我实现的深刻体验。

行为与知觉的融合不仅为个体带来了一种深度的心理参与感，而且还是高效能表现和个人成长的催化剂。通过消弭行为和知觉之间的界限，个体能够更加深入地沉浸在活动中，体验到由内而外的流畅与协调。

5. 注意力集中

注意力集中是沉浸式体验的核心构成要素，它描述了个体在高度专注的状态下，所有认知资源几乎完全被一项活动或任务所吸引。这种集中不是被动的注意力分配，而是个体积极主动地将注意力锚定在特定刺激上，使得外界干扰的影响降至最低，几乎忽略了外界的存在。个体的精神活动高度统一，意识流动自如，体验和认知达到了和谐一致。

沉浸式体验中的注意力集中通常与个体的内在动机紧密相关。内在动机驱使个体对活动本身产生兴趣，而不是出于外部奖励。这种驱动力使得个体更容易排除干扰，深入到活动中去，从而实现高度的专注。在这样的认知状态下，个体对活动的投入不仅带来了效率的提升，也使个体在活动中体验到乐趣和满足感，这些正面情绪反过来又进一步增强了注意力的集中。

注意力的集中也是个体适应和掌握复杂任务的基础。在高度集中的状态下，个体能够更有效地处理信息，进行深层次的学习，并在必要时，快速灵活地调整策略。这不仅对于实现具体的任务目标至关重要，而且对于个体的长期技能发展和知识构建具有重大意义。通过维持持续的注意力集中，个体可以在复杂的环境中处理更多的信息，从而达到更高层次的认知和技能发展。

6.控制行动、活动和环境的感受

在沉浸式体验的构建中，个体对行动、活动和环境的控制感扮演着至关重要的角色。控制感的存在为个体提供了一种安全感，使其能够在活动中更自信地进行探索和实验。这种控制感并非指对活动的绝对控制，而是指个体对于自身行为能够影响结果和环境的信念。当个体认为自己能够通过自己的行为有效地导向活动的进程时，他们更容易沉浸于活动之中，这种控制感促使个体在面对挑战时持续前进，即使面对困难也能保持动机和参与度。

控制感还与个体的自我效能感紧密相关。自我效能感是指个体对自己完成特定任务的能力和信心。高自我效能感的个体倾向于相信自己能够控制成功的关键因素，即使在复杂或困难的情境下也不例外。这种信念支持个体在任务执行过程中保持专注，并在遇到障碍时找到解决方案。因此，个体的控制感不仅对当前活动的投入至关重要，也是驱动其持续参与并在长期内积累经验和技能的基础。

控制感还影响个体如何感知并应对外界的反馈。在沉浸式体验中，外界的反馈被视为信息的来源，帮助个体调整和改进行动。控制感使个体能够积极地处理这些反馈，将其转化为促进自我成长的学习经验。

7. 失去自我意识

失去自我意识是沉浸式体验中的一个关键要素，它涉及个体在活动中对自我评价和自我意识的暂时忘却。在这种状态下，个体不再关注自身的存在或外界对自己的评价，而是完全被任务或活动所吸引。这种对自我意识的暂时淡化有助于个体摆脱内在的批评者，消除可能妨碍深度参与的自我怀疑和自我监控的心理障碍，使个体能够更自由地、无拘无束地投入当前的活动中。

失去自我意识并不意味着个体丧失自控或变得不理智，相反，它往往伴随着更高层次的精神集中和认知清晰度。在这种状态下，个体的所有注意力和认知资源都聚焦于任务，而非分散在自我评估上。这种集中使得个体在完成任务时效率更高，并在活动中体验到更大的愉悦和满足。此外，失去自我意识为创造性思考提供了空间，因为个体在没有自我批评的束缚下更能自由地探索和创新。

在实际应用中，诸如冥想、专注训练以及参与完全吸引注意力的活动，都被用来帮助个体进入失去自我意识的状态。通过这些实践，个体学会将注意力从自我转移到任务上，这不仅有助于提升在特定活动中的表现，还能增强他们的整体幸福感。失去自我意识的状态不仅是沉浸式体验的核心特征，也是许多心理治疗和个人成长技巧中试图达到的目标。

8. 对时间的错觉

在沉浸式体验中，对时间的错觉是一个常见的现象，它描述了个体在高度投入的活动中对时间流逝感知的变化。这种错觉通常体现为个体感觉时间过得比实际快或者慢，这是因为他们的认知资源完全被吸引到

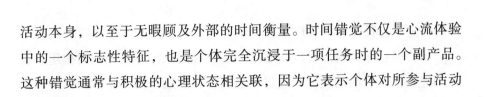

活动本身，以至于无暇顾及外部的时间衡量。时间错觉不仅是心流体验中的一个标志性特征，也是个体完全沉浸于一项任务时的一个副产品。这种错觉通常与积极的心理状态相关联，因为它表示个体对所参与活动的极致享受。

时间错觉也可以被视作个体在活动中效率的一个非正式指标。当个体在某项活动中体验到时间错觉时，通常意味着他们的心理状态已达到高度专注，而且在心理和情感上与活动产生了强烈的联系。在这种状态下，个体可能会有更高的生产力和更深的创造力，因为他们在没有外界打扰的情况下，能够充分利用每一刻。时间错觉的存在反映了个体对于当前活动的完全投入和专注，使他们能够在无意识中超越常规的时间束缚。

在心理学研究中，时间错觉被用来探讨个体在不同心理状态下对时间流逝的主观体验。研究发现，当个体投入一项吸引人的活动中时，他们对时间的主观感知会发生变化，这种感知通常与客观时间不符。时间错觉的研究不仅为理解个体如何处理时间信息提供了洞见，而且也有助于理解心流体验中的认知机制。

9. 体验即目标

在探讨沉浸式体验的要素时，体验即目标的概念占据了核心地位。这一要素反映了个体参与某项活动本身就是其奖赏和目的，而非为了追求外在的奖励或成就。这种心态使得活动过程本身充满价值，个体因参与过程中的体验而感到满足，而不单是为了活动的最终结果。这种体验导向的态度促进了个体对活动的深入参与，使其更容易达到心流状态，活动本身就是最大的动力和满足。

当体验成为目标时，个体更可能展现出更高水平的持续性投入和内在动机。因为在这种情境下，活动从手段转变为目的，个体因为活动本身而参与，不受外界奖励的影响。这种内在动机的驱动可以带来更加正面和持久的心理效应，如自我效能感更强、满足感更高以及对活动的情感连接更强烈。个体投身于这样的活动中，往往能产生更高质量的成果，同时促进了自我发展和成长。

体验即目标的观点可以在教育、工作和娱乐等各个领域内被用来设计和评估活动。活动设计者通过创造条件，鼓励个体为了体验本身而参与，可以极大地提高活动的吸引力和价值。这种设计哲学不仅可以提升个体的整体参与度，还可以改善他们的心理健康和福祉，因为它强调了活动本身的享受和满足，而非仅仅是达到某个外在目标。

三、沉浸式体验的价值

沉浸式体验的价值在学术研究中被广泛探讨，尤其在教育、心理学和用户体验设计等领域中备受关注。这些讨论强调沉浸式体验能够带来深层次的认知参与、情感满足以及行为上的积极改变，其价值主要集中在以下几个方面。

（一）内在动机的增强

沉浸式体验与内在动机增强之间的关联揭示了个体参与活动的深层心理机制。当个体沉浸在某项活动中时，他们会经历一种深度的参与感，其中活动本身就是充分的奖励。这种体验促使个体从事活动，不是因为外部的奖赏或事先承诺的回报，而是因为活动本身具有的吸引力。个体的满足感来自活动的过程，而不仅仅是结果。

在沉浸式体验中，个体的注意力、情感和认知资源全都集中在活动上，这种集中使得活动本身变得有意义，并且能够带来愉悦和满足。由于外在奖励的缺乏或不足，内在动机的作用便得到了增强，它支持个体维持长时间的参与和投入。当活动的内在价值和个体的兴趣相一致时，个体的内在动机便得到了增强。沉浸式体验通过增强内在动机，有助于个体的自我决定和自我调节。这种自驱力量可以促进个体的自主性和创造力，使他们在无需外在激励的情况下，仍能持续提高对活动的参与兴趣。长期而言，内在动机的增强有助于个体发展稳定的兴趣和持久的学习动力，这对于个人成长和发展具有积极的影响。

（二）学习和认知的提升

沉浸式体验在学习和认知提升方面的价值体现在其能够显著增强个体的学习效率和质量。在这种体验中，由于个体的全部注意力被其从事的学习活动所吸引，外界干扰减少，使得认知资源得以全面投入，从而优化了信息的处理过程。深度的认知投入使个体对知识的吸收变得更为有效，信息得以在长期记忆中巩固，进而促进了理解和回忆的能力。沉浸状态下，由于情感和认知的高度协同，学习体验本身成为愉悦的源泉，进一步强化了学习动机和学习行为的正面循环。

沉浸式学习体验通过增强个体对知识结构的理解，促进了批判性思维和解决问题能力的发展。在沉浸状态下，个体能够更深刻地探索学习材料，进行概念之间的连接和应用，从而形成更加复杂和完善的认知结构。这种深层次的认知加工不仅在学习阶段显著提高了个体的学习效率，而且对于知识的长期保持和实际应用能力的提高发挥了重要作用。

沉浸式体验中的学习不仅限于传统的知识吸收，还包括通过体验和实践获得的非形式化学习。在实践中应用知识，个体能够在真实或模拟的环境中直观地看到理论和方法的效果，这种体验深化了个体的实践知识和技能。因此，沉浸式体验在教育和专业培训中被视为促进学习和认知提升的重要策略，它能够激发个体的探索精神，鼓励他们主动寻求知识，最终达到认知的全面提升。

（三）创造力的激发

沉浸式体验的价值在于其能够显著激发个体的创造力。当个体沉浸于某项活动时，他们通常会经历一种自我意识的暂时消融状态，这种状态释放了他们的心理束缚，使他们能够超越常规思维的边界，探索更为广阔的思维空间。在这种没有内在批评和外界评价干扰的环境中，个体更倾向于尝试新颖的思路和方法，这些尝试可能导致创新的想法和解决方案的产生。沉浸式体验中的高度集中和长时间的专注为复杂问题的解决提供了肥沃的土壤。在这样的体验中，个体能够深入地思考问题，整合不同的信息和资源，从而提出创造性的答案。在心流状态下，个体的时间感通常会被扭曲，感觉时间过得更快，这种对时间的错觉实际上可能会延长个体投入创造性任务的时间，从而增加产生创新成果的可能性。

沉浸式体验还能够促进个体对自身技能的信心，进而鼓励他们接受更具挑战性的任务。当个体在活动中感受到成功和效能时，他们更有可能进行冒险和实验，这些都是创造性思维不可或缺的部分。沉浸式体验不仅在短期内激发个体的创造力，也有助于长期培养他们持续进行创新和探索的习惯。

（四）情感体验的丰富性

沉浸式体验的核心之一在于其能够促进个体体验一系列强烈而丰富的情感。这种情感的深度和广度通常远超过日常体验，因为个体在沉浸状态下对活动的感知和反应更为敏感和直接。当个体全然投入一项活动时，他们的情感响应同样全面投入，无论是感受到的兴奋、喜悦、满足，还是对挑战的紧张和对成就的自豪，都可能被放大。这些强化了的情感不仅为个体带来立即的愉悦，而且可以提升其对活动的总体评价，增加将来再次参与的可能性。

情感体验的丰富性也与个体的长期心理健康和幸福感密切相关。沉浸式体验中的正面情感可以帮助个体建立起积极的情绪储备，抵御压力和消极情绪的侵袭。这种投入为个体提供了一种情感上的奖励，促进了个体在面对挑战时的韧性和复原力。强烈的愉悦感和成就感还能够在个体内部生成一种情感记忆，为个体在面临未来挑战时提供动力和信心。

情感体验的丰富性还涉及个体在社会互动和共情能力方面的发展。在集体活动中，共同的沉浸式体验可以加强个体之间的情感联系，促进社会凝聚力和群体身份感的形成。通过共享强烈的情感体验，个体之间

可以建立更深的理解和联系，这对于建立和维持社会关系具有长远的意义。总之，沉浸式体验的情感体验丰富性不仅增强了个体对特定活动的情感反应，而且对其整体的心理发展和社会交往能力都有着积极影响。

（五）技能的增长与自我超越

沉浸式体验在个体的技能增长与自我超越方面扮演着重要角色。这种体验通常发生在挑战与个体技能水平相匹配的情境中，为个体提供了适中的难度和机会，以便他们可以实现并展示自己的能力。在这样的环境中，个体不仅有机会巩固和提高现有的技能，而且被激励去探索新的能力边界和解决更复杂的问题。这种不断的探索和挑战是个人成长和自我实现的关键驱动力。

在沉浸式体验中，个体经常遇到必须全力以赴的任务，这种经历促使他们在活动中展现出比平时更高的专注和承诺。这不仅能导致即时的表现提升，还可以长期地加强个体的自信心和自我效能感。通过不断实践和反馈，个体可以学习如何更有效地应用他们的技能，并且随着时间的推移，这些技能得以精进和扩展。

技能的增长和自我超越也与个体的心流体验紧密相关。当个体在活动中体验到心流时，他们往往能够超越以往的自我，发掘未知的潜能。这种超越不仅是技能水平的提升，更是心理层面的突破，个体在这一过程中学会了如何克服障碍，提高解决问题的能力，以及如何在面对压力时保持冷静和专注。因此，沉浸式体验在个体的生活和工作中发挥着至关重要的作用，不仅仅是在促进技能的增长方面，更在于帮助个体实现自我超越和全面发展。

（六）社会关系的加深

沉浸式体验在加深社会关系方面的价值体现在其对群体凝聚力和社会连接的增强。当人们在集体环境中共同经历沉浸式的活动时，他们共享的情感和认知体验促进了彼此间的共鸣和理解。这种共鸣不仅建立在共同体验的基础上，还因为参与者在活动中所展现的协作和互助而得到强化。社会心理学研究指出，共同的目标和共同的努力是加强团队成员之间社会纽带的重要因素。

在集体沉浸式体验中，个体通过协作解决问题和达成目标，这种互动过程提升了他们对彼此角色和贡献的认可，从而增强了信任感和归属感。这些感觉对于建立长期且富有成效的社会关系至关重要。进一步地，共同经历的挑战和成功可以成为群体记忆的一部分，为群体成员提供了一种共同的历史和身份，这种共有的身份感进一步巩固了社会连接。

沉浸式体验还提供了一种非正式的社交环境，其中个体能够在较小压力的情况下互动，从而在个人层面建立更深的联系。这种环境鼓励开放的交流和个人情感的共享，这对于个体深化理解和同情至关重要。综上所述，沉浸式体验通过促进共鸣、协作和共享体验，不仅加深了参与者之间的社会联系，而且为建立持久的社会网络和增强群体身份提供了有力支持。

（七）以过程为导向的行为模式培养

沉浸式体验的流程导向性质有助于个体形成以过程为导向的行为模式。在这种行为模式中，个体的注意力集中在活动的进行和体验上，而非仅仅着眼于最终的结果或成果。这种模式支持个体欣赏和享受活动本身，而不只是将其视为达成某个目标的手段。心理学研究表明，当个体投入过程中，他们的内在满足感会更高，这种满足感会转化为长期的幸福感和生活满意度。

流程导向的行为模式鼓励个体在活动中寻找并体验学习和成长的机会。这种模式减少了对即时结果的焦虑，并有助于个体在面对挑战和逆境时保持韧性。由于不再过度关注结果，个体更能够容忍错误并从中学习，将注意力转向技能的提升和自我改进。这种态度促进了个体在各种活动中的持续参与和投入，为持久的个人发展奠定了坚实的基础。

流程导向的行为模式与个体的自我实现有着密切的联系。它支持马斯洛的自我实现理论，即个体追求实现其潜能和内在价值。在沉浸式体验中，由于个体对完成任务的自我满足感和成就感的追求，他们被驱使去探索、创造和实现自我超越。长期来看，这种行为模式有利于个体发展出更为复杂和成熟的自我概念，从而提高生活质量和幸福感。

（八）对时间感知的变化

在沉浸式体验的背景下，对时间感知的变化通常表现为个体在活动中的时间错觉，这不仅是他们完全投入的一个标志，也是心理学上一个重要的现象。时间错觉表明个体如此专注于当前的活动，以至于对时间流逝的主观感受与客观时间不同步，这往往意味着个体在心理上从日常压力中短暂解脱，并进入了一种"时间悬浮"的状态。这种状态为个体提供了一个临时的避难所，让他们得以从日常生活的快节奏和压力中抽离来，进而实现心理休息和恢复。

时间感知的改变在沉浸式体验中的价值还体现在个体能够更深入地投入活动中，享受其中的过程，而非仅仅关注活动的开始和结束。这种变化促使个体更加珍视当下的体验，因为他们不再受到过去或未来时间的束缚。在这种延长的"现在"中，个体有机会更全面地探索和发展自己与他人的关系，增强社会互动的深度，并以此作为构建个人社会网络的基石。

沉浸式体验中的时间错觉还可以增强个体在社会活动中的参与度和群体同步性。当团队成员共同经历时间感知的变化时，他们可能会感受到一种同步的节奏和共享的时刻，这有助于加深彼此之间的联系。通过这种共同的体验，团队成员可以在无形中建立起一种共鸣，这种共鸣是群体凝聚力的基础，并可作为共同目标实现和团队协作的推动力。因此，在沉浸式体验中，时间感知的变化不仅为个体提供了从日常紧张中恢复的机会，而且在加深社会关系和增强团队凝聚力方面发挥了积极作用。

（九）自我效能感的增强

在沉浸式体验的价值取向中，自我效能感的增强是一个关键的心理成果。根据班杜拉的社会认知理论，自我效能感指的是个体对自己完成任务和达成目标能力的信念。沉浸式体验提供了一个环境，其中个体因为对活动的深入参与而感到自己对于其行为和环境具有控制力。这种控制力的体验直接增强了个体的自我效能感，因为个体通过成功的体验验证了自己的能力和技能，这些体验在心理上被解读为自我能力的证明。

自我效能感的增强在促进社会关系的深化方面起着重要作用。个体对自己能力的信心可以鼓励他们更加积极地参与社会活动，并在团队中承担更有挑战性的任务。这种参与感和成就感进一步促进了社会互动，因为个体在团队中的有效作用提升了他们在群体中的地位和他人对他们的评价。此外，自我效能感的增强还有助于建立和维持支持性的社会关系，因为它使个体相信自己有能力与他人建立互惠互利的关系。

自我效能感与社会支持的感知密切相关，这是因为信心较高的个体更有可能寻求和利用可用的社会资源。这种资源的利用反过来又进一步增强了个体的自我效能感，因为它们为个体提供了在社会互动中成功的经验。在沉浸式体验中，这种社会支持和自我效能感的相互增强形成了一个正向循环，对于个体的社交能力、社会参与和长期的社会福祉至关重要。因此，自我效能感的增强不仅是个体心理健康的一个重要指标，也是社会关系深化的一个强有力的催化剂。

第三节　基本类型

沉浸式体验的基本类型丰富多样，涵盖了多个领域和表现形式，根据体验的特性和个体参与的深度分为认知沉浸、情感沉浸、物理沉浸、社交沉浸和策略沉浸。

一、认知沉浸

认知沉浸主要侧重于参与者的思维和认知过程，它涉及个体在执行认知任务时的全神贯注和高度集中。它通常涉及解决问题、策略规划、决策制定等智力活动，要求参与者积极思考和参与。通过挑战参与者的认知能力和思维能力，认知沉浸能够带来深刻的思考和满足感。这种沉浸状态通常在个体面临需要高度智力投入的活动时出现，如学术研究、编程、复杂的游戏玩法或艺术创作。在认知沉浸的状态下，个体的思维活动高度活跃，认知流畅性增强，从而能够更有效率地处理信息，深入地分析问题，并产生创新的解决方案。

从心理学的角度来看，认知沉浸与契克森米哈赖的心流理论有着密切的联系。心流是一种在个体完全投入一项活动时出现的最佳体验状态，此时个体会体验到高度的兴奋和满足感。在心流状态下，个体的认知能力被充分利用，对任务的注意力不受外界干扰，从而在认知上实现最大化的效率和效果。认知沉浸的这种特性使其成为促进学习和创新的强大工具，因为它激发了个体的内在动机和学习动力，使他们能够超越常规思维，探索新的思想和策略。

认知沉浸还与个体的认知发展紧密相关。在这种状态下，个体不仅能够巩固现有的知识和技能，还有机会发展新的认知策略和思维模式。这种认知扩展对于个体的智力成长至关重要，因为它推动了认知灵活性和适应性的提升，有助于个体在面对不断变化的环境和复杂问题时，能够灵活调整和有效应对。

二、情感沉浸

情感沉浸是指通过营造特定的情感氛围和环境，使参与者产生强烈的情感体验。这种体验通常涉及情感共鸣、情感投射和情感表达等方面，让参与者能够深入感受到故事或情境中的情感色彩，进而产生强烈的共鸣和情感上的满足。情感沉浸在情感心理学和体验设计领域中被广泛研究，因为它关系到情感与认知如何相互作用以促进整体体验的深度和质量。当个体经历情感沉浸时，他们的情绪反应、情感态度和价值判断与活动紧密相连，形成一种深度的情感体验。

在情感沉浸中，个体的情感参与超越了简单的快乐或满足，它包含了更广泛的情感谱系，如同理心、悲伤、喜悦或震撼。例如，在阅读一部小说或观赏电影时，情感沉浸可以让个体感同身受，体验到角色的情感波动，甚至在活动结束后还能持续感受到影响。这种情感的深化和延伸对个体的情感智力是有益的，它有助于培养个体识别、理解和管理自己及他人情感的能力。

情感沉浸的深度体验对于情感反应能力的发展同样至关重要。在深度情感沉浸的过程中，个体的情感表达和情感调节能力得到锻炼和提高。因为他们需要在活动中处理和反映复杂的情感信息，这种过程不仅促进了个体对情感的深入理解，也加强了他们对情感的控制和利用能力。长期而言，情感沉浸式体验可以促进个体在现实生活中的情感适应性，增强其在社会交往中的情感交流和共情能力。

三、物理沉浸

物理沉浸主要关注通过物理环境和设备为参与者创造身临其境的感觉。这种沉浸经常与虚拟现实（VR）、增强现实（AR）以及混合现实（MR）等技术相关联，它们通过模拟的或增强的环境刺激个体的视觉、听觉、触觉等感官，创造出身临其境的体验。在物理沉浸中，技术的作用是至关重要的，因为它们提供了逼真的模拟环境，使得个体能够在虚拟或远程环境中自如地进行操作和探索，就如同在现实世界中一样。

从人机交互的角度出发，物理沉浸的体验设计关注点在于如何利用技术提高个体的身体感知和操作的自然性。这包括确保虚拟环境的响应性和交互性与现实世界中的体验相似，以及使技术界面尽可能无形化，从而减少对个体沉浸状态的干扰。此外，物理沉浸的体验质量受到技术精确度和个体感官反应的影响，这要求设计师在创造沉浸环境时充分考虑人的生理和心理特性。

在学术研究中，物理沉浸的效果不仅被用来评估娱乐和游戏体验，还被应用于教育、训练和康复等领域。例如，在医疗训练中，通过物理沉浸的模拟环境可以提供安全且可控的条件，让学习者进行实践和技能的培训。同样，在心理治疗中，物理沉浸可以帮助患者在一个受控的环境中面对和处理他们的恐惧或焦虑。物理沉浸的学术价值在于其在不同领域内的应用潜力，它能够为个体提供学习、探索和治疗的新途径，同时为研究人类行为和感知提供了一个有力的工具。

四、社交沉浸

社交沉浸是个体在社交互动中的深度参与状态，以人际交往和社会联系为核心。这种类型的体验通常涉及多人参与、团队合作或竞争等元素，使参与者能够与他人分享体验、交流想法并建立联系。社交沉浸不仅能够增强参与者的社交体验，还能促进团队合作和沟通。社交沉浸不仅影响个体与他人之间的即时互动，而且对个体在社会网络中的长期位置和角色有深远的影响。在团队合作中，社交沉浸可能带来更强的团队凝聚力和更有效的协作，因为成员们在共同目标和活动中培养的理解和信任。

从社会心理学的角度看，社交沉浸与个体的社会身份和群体动态紧密相连。个体在社交沉浸中通过与他人的互动来定义自己的社会角色和身份。这种互动有助于建立群体规范和期望，同时加深个体对群体目标和价值的认同。社交沉浸还能促进个体内化群体特征和行为模式，不仅增强了个体对群体的归属感，还有助于形成共同的群体认同，这是维护社会团体稳定与发展的基础。

在社交沉浸中，个体的情感交流和共情能力得到加强。这种情感交流是建立深层次人际关系和社会连接的基石。通过深度情感沉浸，个体能更好地理解和感受他人的情感状态和需求，这是社会支持和互助行为的前提。在共情的基础上，个体能够提供更加贴切和有效的支持，从而加深相互之间的信任和联系。社交沉浸还与个体的社会技能发展密切相关。在社交互动的过程中，个体不断学习和适应如何与不同的人进行有效沟通和互动。这种技能提升不仅体现在语言交流上，还包括非言语沟通、情感表达和社会认知等方面。随着社会技能增强，个体在社会网络中的参与度和影响力也会随之提升。社交沉浸式体验的价值还在于其对个体自我概念和自我效能感的影响。通过与他人的互动和合作，个体能确认自己的社会角色和贡献，这种确认加强了他们的自尊和自我价值感。个体在社交互动中的成功体验可以提高他们的自我效能感，从而更积极地参与社会活动并应对社交挑战。

五、策略沉浸

策略沉浸通常涉及个体在需要精心策划和技能运用的活动中的深度参与，主要侧重于在沉浸式体验中运用策略和技巧来达成目标或解决问题。这种类型的沉浸常见于棋盘游戏、策略游戏等需要高度战略规划的活动中。策略沉浸能够激发参与者的思维能力和创造力，带来挑战和成就感。策略沉浸不仅需要个体的认知参与，还要求他们动态调整策略以应对不断变化的情境。

在这种沉浸式体验中，个体的决策能力和问题解决技能得到了强化和提升。参与者必须预测潜在的结果，权衡不同选择的利弊，并根据反馈调整自己的行动。这种连续的决策制定过程锻炼了个体的执行功能，包括工作记忆、灵活性和自我控制，这些功能对于日常生活和复杂任务的管理至关重要。通过策略沉浸式体验，个体在实际生活中遇到问题时可能会更加高效。

从心理学角度看，策略沉浸与认知心理学的多个领域密切关联。当个体参与策略游戏或挑战时，他们正在应用和练习各种认知策略，这可以提高他们的智力灵活性和创造性思维。策略游戏提供了一个复杂的环境，个体可以安全地探索不同的策略，学习如何在不同的情景中应用这些策略。这种探索和应用对于认知的发展至关重要，它促使个体开发出新的解决问题的方法，同时提升了他们适应环境变化的能力。策略沉浸式体验还与个体的心流体验紧密相关。在深度的策略思考中，个体可能会进入心流状态，这是一种完全投入当前活动的体验状态，伴随着时间感的失真和自我忘我的感觉。心流状态能够提升个体在活动中的表现，也增强了他们对活动的愉悦感和满足感。策略沉浸不仅是一种强化认知能力的体验，也是一种提供心理奖励的体验。

在教育和职业培训领域，策略沉浸式体验尤其重要。它们可以用来模拟现实世界中的复杂情境，让学习者通过游戏化的方式学习如何处理现实生活中的问题。此外，这种体验的设计也考虑到了个体差异，因为不同的人可能需要不同的策略和支持来实现最佳的学习结果。通过这种方式，策略沉浸式体验可以为个体提供一个个性化的学习环境，其中他们可以根据自己的节奏和风格进行学习和成长。

第四节　发展历程及趋势

一、沉浸式体验的发展历程

沉浸式体验的发展历程，归纳而言有四个发展阶段，如图1-3所示。

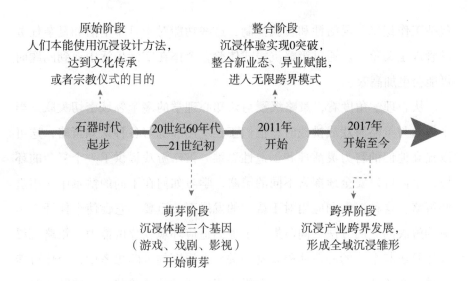

图1-3　沉浸式体验的发展历程

（一）原始阶段（石器时代—20世纪60年代）

史前时期以来，沉浸式体验的原始形式已经存在于人类社会的各种文化实践中。例如，在石器时代，部落成员围坐在篝火旁分享故事，这就是一种早期的沉浸式环境。其中叙事者和听众在火光的映照和夜色的包围中，共同经历了一个强化社会联系和文化传承的过程。在宗教仪式和建筑设计中，人们利用自然光线和彩色玻璃创造光影效果，旨在提供一种超凡脱俗，仿佛神灵降临般的沉浸式体验。这些实践不仅丰富了群体的共享经验，而且在心理和情感层面上，强化了个体与超自然存在的联系，以及对社会和文化认同的感知。

（二）萌芽阶段（20世纪60年代—21世纪初）

在这一时期，沉浸式体验作为一种文化现象开始显现其雏形，1955年某娱乐公司便是早期将这一概念实践化的典型例子，他们根据电影中的虚构世界构建了主题乐园，为游客提供了一种仿佛置身于故事场景的体验。随着时间的推移，这种体验逐渐超越了传统游乐场景，扩展到游戏、戏剧、电影等更广泛的领域。到了 21 世纪初，沉浸式体验已经演变为多样化的形式，如角色扮演游戏《龙与地下城》为玩家提供了一种通过共同想象构建的世界进行互动的平台，戏剧作品如《不眠之夜》则融入了参与者的直接体验，而如《秘密电影院》这类创新则将电影观赏与戏剧表演相结合，带给观众独特的跨界体验。这些多样化的沉浸式体验形式不仅丰富了该领域的内涵和形态，也激发了人们对沉浸式体验学术研究的兴趣并深化了他们的认识。

（三）融合阶段（2011 年—2017 年）

在这一阶段，沉浸式体验的发展呈现出双向深化的趋势，一方面体现在互动性的增强上，伴随着侦探类综艺节目带来的流行效应，密室逃脱和剧本杀等项目应运而生，这些项目通过加强参与者的互动深度，提升了体验的参与感和真实感。另一方面，科技的进步推动了沉浸式体验领域的创新发展，催生了一系列结合前沿技术的沉浸式项目。例如，新媒体艺术团队 Teamlab 创作的《花舞森林与未来游乐园》通过融合先进的光影技术，创建了动态变化的互动环境；而 SKP-S 等项目则利用智能机械技术，实现了仿生装置的沉浸式场景，这些技术的融合和应用不仅增加了体验的多维感知，也拓展了沉浸式体验的可能性和边界。

（四）跨界阶段（2017 年至今）

随着沉浸式体验逐渐成为文化和娱乐行业的焦点，它在跨界融合中展现出显著的发展。叙事的丰富性、参与者互动的复杂性以及多感官整合的程度均在不断提升，特别是在剧本杀和密室逃脱这类互动剧场领域，实现了爆发式增长。某娱乐公司推出的《星球大战》主题酒店与乐园联合项目，为参与者提供了长达数日的沉浸式体验。这种模式通过持续的参与和精心设计的故事情节，为消费者提供了前所未有的深度体验。这些趋势反映了沉浸式体验在创造全新的参与方式和体验深度方面的潜力与创新。

二、沉浸式体验发展现状

沉浸式体验的发展现状是一个多维度的现象，其中技术、内容、艺术和商业模式的融合起到了关键作用。随着信息技术的不断进步，线上平台和数字媒介提供了丰富多样的互动体验，这些平台的繁荣促进了沉浸式体验的发展，使得用户可以在任何时间、任何地点享受到沉浸式内容。然而，线下实景体验以其独特的深度连接和意义感，提供了不可复制的价值。这种价值在全球许多创新项目中得以显现，这些项目标志着沉浸式体验在各个领域的新标杆。

当前，沉浸式体验的发展表现在其如何利用内容创作、科技支持、艺术表达和商业实践的交汇点上。内容的原创性和故事的吸引力是沉浸式体验的核心，并为用户提供了情感上的共鸣和认知上的挑战。科技的应用，如虚拟现实、增强现实、感应技术等，为实现前所未有的互动性和感官刺激提供了可能。艺术的融入不仅丰富了体验的美学维度，还增强了体验的文化内涵和深度。商业模式的创新确保了这些体验能够达到可持续性，通过精准定位目标客户群，创造出商业价值。

这些项目在全球范围内的涌现，反映了沉浸式体验领域的创新活力。这些项目不仅仅是娱乐的场所，更是文化交流、教育培训、社会互动和个人成长的平台。这些体验通常需要用户全身心投入，通过创造一个多层次的互动环境，让用户能全方位地融入其中。这样的体验强调了个性化和参与感，使用户不仅是消费者，也是体验的一部分。

沉浸式体验的发展现状是一个跨学科和跨行业的融合现象。它利用最新的技术创新，结合强大的内容和艺术表现力，以及有效的商业战略，为用户提供独特的体验。这些体验不断拓展行业的边界，塑造了用户对于沉浸式体验的期望和需求。随着技术的发展和创意的不断涌现，沉浸式体验将继续在多个领域展现其无限潜力和价值。

三、沉浸式体验发展趋势

沉浸式体验的发展趋势显示出一种全方位的融合与创新。随着科技的发展，尤其是 AR、VR、MR 以及动态数据可视化等技术的应用，这一领域正经历着前所未有的转型。这些技术的应用正在不断拓宽沉浸式体验的应用范围和可能性，为用户提供更加丰富、多样化的体验方式。

当前，元宇宙的概念受到了全球的广泛关注，它被视为沉浸式体验的一种极致形式，有望创造一个全新的虚拟世界。在这个虚拟世界中，身份和价值系统将得到完善构建，使用户能够在其中进行全方位的互动和体验。然而，元宇宙的完全实现还面临许多技术和监管挑战。例如，如何解决只涵盖视觉和听觉的沉浸式体验限制，以及如何普及触觉、嗅觉和味觉等其他感官的沉浸式体验。身份系统、价值系统等关键组成部分的构建也需要时间来克服监管和技术上的障碍。

对于沉浸式体验的未来，可以预见的是，尽管元宇宙和相关的 VR 技术提供了新的体验方式，但实景的沉浸式体验在可预见的未来仍将不可或缺。实景体验的深度连接、沉浸感和意义感是数字虚拟体验所无法完全复制的。随着消费者，特别是年轻群体对于个性化和差异化体验的需求不断增长，线下实景体验将继续作为一个重要的消费市场。

未来的沉浸式体验将更多地依赖于内容、科技和艺术的创新融合，这种融合将革新并丰富传统的实景体验。无论是文化展览、教育、娱乐还是零售领域，沉浸式休验都将通过提供更为深入的参与和互动，满足用户对于新鲜体验的追求。随着技术的进步和创新的实践，沉浸式体验将继续在全球范围内发展和扩散，为用户带来越来越多元化和个性化的体验。沉浸式体验未来发展趋势如图 1-4 所示。

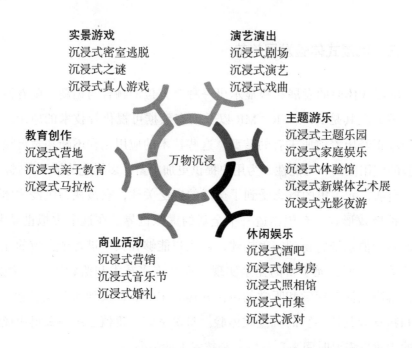

实景游戏
沉浸式密室逃脱
沉浸式之谜
沉浸式真人游戏

演艺演出
沉浸式剧场
沉浸式演艺
沉浸式戏曲

教育创作
沉浸式营地
沉浸式亲子教育
沉浸式马拉松

万物沉浸

主题游乐
沉浸式主题乐园
沉浸式家庭娱乐
沉浸式体验馆
沉浸式新媒体艺术展
沉浸式光影夜游

商业活动
沉浸式营销
沉浸式音乐节
沉浸式婚礼

休闲娱乐
沉浸式酒吧
沉浸式健身房
沉浸式照相馆
沉浸式市集
沉浸式派对

图 1-4   沉浸式体验未来发展趋势

第五节   文化逻辑与核心要义

在多学科的交汇视角中，"沉浸"作为一个复合概念，其理论框架受到了多个学科的深刻影响。人文艺术学科通过提供丰富的世界观为沉浸式体验的多样性和深度奠定了基础。新闻传播学科在解读社会和文化现象中，为沉浸式体验的传播和社会功能提供了理论支持。教育心理学科则从认知和发展的角度，探讨了个体在沉浸式环境中的体验和学习过程。技术哲学则预见了沉浸式体验在人类未来发展中可能扮演的角色，以及其潜在的哲学和伦理意义。

"沉浸"的四象限模式是一个综合性的理论结构，它整合了不同学科对沉浸式体验的探索，强调了身体在空间体验和信息传播中作为媒介的中心地位。该模式强调了技艺、技术和技能在围绕身体构建空间体验中的作用，并探讨了主体性翻转过程中如何实现身体知觉与空间造境的整合。这一过程不仅促进了身体感知的扩展，也催生了"数字化身体"的概念，进一步探索了数字技术与身体互动的新范式。

随着"元宇宙"概念的兴起，无论社会对其持有何种观点，沉浸式体验作为其核心属性的重要性都是不容忽视的。元宇宙作为一个模拟的、持续存在的、并行的数字生活空间，其对沉浸的需求凸显了这一概念的根本特征。沉浸在元宇宙中意味着一个全新层面的参与和体验，需要人们从技术、文化、心理和社会等多个维度来理解和构建这一全新的虚拟体验空间。

一、沉浸式的文化理论

（一）人文艺术

沉浸式体验在人文艺术领域的核心理念，在于其构建了一个多样化的世界观，为人类体验和理解世界提供了新的视角和尺度。随着数字技术的飞速发展，特别是 5G 移动通信和 VR 技术的应用，人文艺术领域的空间被重新塑造，创造了一种全新的数字艺术场景。在戏剧艺术中，沉浸式体验打破了传统观演的界限，为观众提供了参与剧情的可能，极大地拓展了戏剧艺术的表现形式和商业潜力。在电影学领域，VR 电影等沉浸式电影技术，不仅改变了观众的观影方式，还重塑了电影的审美空间，带给观众前所未有的感官体验。

电视艺术中的"5G+AI"技术和 MR 的介入，为观众提供了更加丰富和互动的观看体验，改变了传统的观看模式。在动画艺术中，沉浸式体验通过可交互性和多视角性，为动画创作提供了新的艺术表现形式，丰富了受众的观看选择和参与度。在设计学领域，沉浸式技术的应用，尤其是在儿童教育类 APP 的交互设计中，增强了设计的应用性和适用性，通过增强交互性和视觉表象，提升了儿童的学习动机和效率。

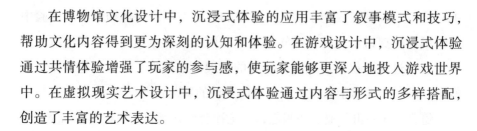

在博物馆文化设计中，沉浸式体验的应用丰富了叙事模式和技巧，帮助文化内容得到更为深刻的认知和体验。在游戏设计中，沉浸式体验通过共情体验增强了玩家的参与感，使玩家能够更深入地投入游戏世界中。在虚拟现实艺术设计中，沉浸式体验通过内容与形式的多样搭配，创造了丰富的艺术表达。

（二）新闻传播

在新闻传播学领域内，沉浸式体验已经成了人们与社会现实之间的桥梁。随着技术的进步，特别是VR、AR以及机器人写作技术的发展，新闻传播的形式和受众的体验方式都发生了革命性的变化。这些技术的运用不仅重塑了新闻叙事的逻辑，提升了视觉和听觉的感官体验，而且对新闻的真实性、客观性等核心价值提出了新的挑战，推动了对新闻传播基本理论的深入思考和认知进步。

传播学科理论对沉浸式新闻的机制和文化构建提供了重要的视角和资源。在MR和可穿戴设备等新兴媒介技术的推动下，人类的生活状态逐渐演变为依赖媒介栖息的形态。沉浸式体验在这一背景下被视为一种新的媒介形态，这种媒介不仅仅是技术手段的延伸，更是人的身体经验与社会环境相互作用的产物。沉浸式传播不只是将受众带入一个感官体验的初级阶段，它还致力通过各种媒介手段实现意识层面的深度沉浸，进而展现出以人为中心、穿透时空界限、释放意义与想象力的传播特征。

沉浸式传播在理论上被认为是一种全新的传播形态，它在现实与虚拟之间架起一座桥梁，使受众得以在一个扩展的现实中体验和解读社会。借助沉浸式体验，新闻传播不再局限于线性的叙事和被动的接收，而是成了一种动态的、互动的和参与性的过程。这种体验强调了受众的主体性和积极参与，允许他们在一个仿佛真实的虚拟环境中探索、学习和感知，从而在更深层次上理解新闻事件的复杂性和多维性。

（三）教育心理

在教育心理学的领域内，沉浸式体验已成为探索人类学习和行为的重要视角。以虚拟现实技术为核心的沉浸技术推动了课堂教学的革新，构建了以沉浸式教学为核心的教学设计模式。这种模式不仅丰富了教学资源并增加了话语的多样性，而且为学习者提供了情感参与和认知体验的多维空间。在沉浸环境中，学习者通过全面激活感官，能够在虚拟情境中体验和掌握复杂的概念和技能，从而促进他们的主动学习和综合能力的发展。

心理学的实证研究揭示了沉浸式体验的诸多影响因素和功能效果。沉浸式体验在改变个体的心理状态和行为模式方面发挥着显著的作用，如提高游戏参与度、降低社交焦虑、塑造社会认同、影响消费行为和审美倾向等。这些效应不仅有助于优化教学实践和学习过程，还能够在更广泛的社会和文化背景下深化对人类行为和心理的理解。

沉浸式体验在教育心理学中的应用打破了传统学习的框架，提供了一种新的学习模式。该模式通过全面的感官和情感参与，促进知识的内化和技能的熟练掌握。这种学习模式强调了体验的重要性，它认为，个体通过主动探索和实践，能够更高效地建构知识，培养问题解决和创新思维能力。因此可见，沉浸式体验作为教育心理学的一个研究领域，不仅为认识人类学习和行为提供了一扇新的窗口，还为教育实践和心理发展研究开辟了新视角。

（四）技术哲学

在技术哲学的讨论中，沉浸式体验被视为未来发展的关键动力和创新元素。它不仅推动了新领域的诞生，还成为定义未来模态的重要因素，为人们探讨人类主体性、能动性等深层哲学问题提供了新的视角。沉浸式技术的哲学解读涉及人类与社会、自我认知以及世界多维度探索的关系。

沉浸式体验作为一种理论切入点，使人们得以重新理解媒介特性的变化。如同从书面文字到意识解读方式的演变一样，人们正在见证从意识沉浸到知觉沉浸的转变。这种变化不仅是技术层面的进步，更是认知和体验方式的根本变革。沉浸式体验已然成为塑造未来世界图景的理论框架，为现象学研究提供了具体的参考依据。特别是随着沉浸式虚拟技术的持续发展，不断模拟和创造出逼近真实的虚拟环境。在这个世界中，传统哲学的知觉观念被重新审视和解读，从而催生出更加丰富的沉浸意识层次。

沉浸式技术所构建的虚拟世界提供了一种超越物理感知的体验方式，其中用户不再受限于物理身体的限制，能够在虚拟环境中体验不同的身份、空间和情境。这种体验冲击了人们对现实与虚拟、身体与机器界限的传统认识，促使人们反思在快速发展的技术环境中人类主体性的意义。通过沉浸式体验的探讨，技术哲学不仅揭示了人类与技术的相互作用，也指出了技术如何塑造人们对世界的认知和存在方式的未来趋势。

二、沉浸式体验的核心要义

四象限模式整合了不同学科对于"沉浸"的论述，四象限相关产业背后，资本、技术和市场等因素仍在积极推动"沉浸"理论的发展，并持续促使四象限之间的相互融合与分化。沉浸四象限构成图如图1-5所示。

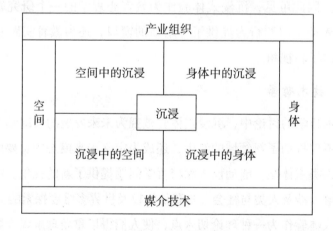

图1-5 沉浸四象限构成图

（一）身体中的沉浸与沉浸中的身体

在当代理论探讨中，"身体中的沉浸"与"沉浸中的身体"构成了沉浸式体验的双重维度，这两个概念不断地相互作用，形成了沉浸式体验的复杂性和多样性。

"身体中的沉浸"关注个体如何通过身体感知来体验和理解空间，这是一个动态的过程，其中身体不仅仅是经验的容器，更是积极的、感知的主体。在这个过程中，身体的感官体验和认知功能相结合，形成了一种独特的沉浸式体验。这些经验通过个体的行为和语言在日常生活实践中得以表述和传递。在不同产业的实践中，"身体内的沉浸"呈现出多种不同的维度。这些维度影响着产业发展中的产品和服务设计。通过技术手段增强身体的感官体验和情感满足，成了该领域研究的重点。

"沉浸中的身体"则侧重于媒介技术对身体的作用和影响，这里的身体被视为在技术介入下呈现出的新形态。沉浸技术不仅增强了人们对物理世界的感知，还扩展了人们对身体存在的理解。在这一维度下，沉浸不仅是一种物理的感知过程，也是一种心理和情感的体验。这种体验突破了传统身体感知的界限，涵盖了个体的精神状态、自我意识和对环境的感知等多重层面。技术在这一维度中的作用是多方面的，它塑造了个体对技术的感知，激发了新的消费者预期，并影响了身体实践的方式。理解技术如何在不同层面上改变身体的知觉并创造沉浸效果，以及这种改变的利弊，成了评估和发展沉浸技术的关键。

（二）空间中的沉浸与沉浸中的空间

在探讨沉浸式体验的空间维度时，"空间中的沉浸"与"沉浸中的空间"两者相辅相成，共同构成了一个完整的理论框架。"空间中的沉浸"关注物理或虚拟空间如何通过文化科技的介入而经历重构与改变。在这一过程中，沉浸式体验不仅是对空间形态的产业化改造，更是对空间进行社会性内涵赋予的过程，从而创造出具有集体意义、抽象隐喻和多重意蕴的新型空间体验。这一视角将空间转化为一种整体性的沉浸感知建构，促使人们反思产业如何根据空间的固有特性和新兴需求，对其进行有效的沉浸式改造。

"沉浸中的空间"则着重于媒介技术与空间结合后所产生的新型空间形态。这一维度下，空间不再局限于传统的实体形态，而是呈现出扩张性、伸缩性、变化性等特质，这些特质反映了沉浸技术对空间的广泛影响。此类空间形态在不同沉浸产业中表现出多样化的构造，展示了技术对空间的重塑能力。探讨这一维度的研究议题包括空间在技术影响下的变化及其对物质与环境的影响，以及在技术介入改变空间形态的过程中应遵循的原则。

尽管四象限框架为理论提供了稳定性，但产业组织和媒介技术的动态发展也可能催生出新的"跨界"沉浸形式。理论框架并非一成不变，而是需要根据现实案例的反馈进行持续的反思和修正。为了更有效地服务于沉浸现象的未来研究，理论模型应当整合现有的理论视角，并根据沉浸式体验的实践发展进行动态调整。通过这样的理论与实践相结合的方法，沉浸式体验的研究能够为理解和设计未来的空间体验提供更深刻的洞见。

第二章　文旅产业融合的基本认识

随着经济全球化的加速和科技的不断进步，文旅产业已成为推动经济增长、促进文化交流的重要力量。在这样的背景下，文旅产业的融合发展逐渐受到社会各界的广泛关注。这样融合不仅有助于提升旅游业的附加值和竞争力，还能进一步促进文化产业的繁荣，实现文化和旅游之间的双向互动和互利共赢。

文旅产业融合，就是将文化产业和旅游产业有机结合，通过资源共享和优势互补，创造出新的产业形态和商业模式。这种融合不仅涵盖产品、市场、技术等多个层面，也需要产业链上下游的协同合作。文旅产业融合对于推动旅游业从单一的观光型向复合型、体验型转变具有重要意义，同时为文化产业提供了新的发展平台和机遇。

本章将系统阐述对文旅产业融合的基本认识，涵盖基本概念、类型与模块、融合模式以及融合效益等方面。首先，笔者将明确文旅产业融合的基本概念，明确其内涵和外延，为后续分析奠定基础。其次，笔者将分析文旅融合的类型与模块，探讨不同融合方式的特点和优势。再次，笔者将探讨文旅产业融合的模式，包括政府主导型、市场主导型以及混合型等，并分析其适用性和发展趋势。最后，笔者将从经济效益、社会效益和文化效益等多个角度分析文旅产业融合的效益，评估其在促进经济发展、提升社会福祉和传承文化等方面作出的贡献。

通过本章的阐述，读者将对文旅产业融合有一个全面而深入的了解，为后续探讨沉浸式体验在文旅产业融合中的应用奠定理论基础。同时，本章内容将为文旅企业和相关机构提供有益的实践指导和参考。

第一节　文旅产业融合基本概念

一、文化产业

文化产业是以生产文化产品和提供文化服务为核心的经济领域，涵盖各种形式的创意表达和知识传播，已成为现代经济中不断增长的重要部分。根据国家统计局的划分，文化产业涵盖十大类别，体现了文化产品和服务在社会中的多元化和广泛性。特别是"文化休闲娱乐"这一类别，与旅游业密切相关，包含公园管理、风景名胜区管理等旅游相关的活动。

对文化产业的分类和认识是一个动态发展的过程，其范畴和内涵随着文化发展和社会变迁而不断扩展。新兴的文化产业，如文化创意与设计服务、演艺、动漫等，与旅游业的融合日益加深，这些产业的发展不仅丰富了文化产品和服务的内容，也给旅游业带来了新的增长点和体验维度。文化产业作为国民经济的重要组成部分，通过其独特的文化价值和创意资源，推动了经济和社会的多元化发展。它倡导以文化创意为驱动力的经济模式，通过提升产品和服务的附加值，增强消费者的文化体验，同时为文化的传承、创新和国际交流提供了新的平台和机遇。随着经济全球化和数字化的深入发展，文化产业的国际影响力和市场潜力将持续提升，成为推动可持续发展和提升文化多样性的关键力量。

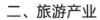

二、旅游产业

旅游产业是一种多元化的经济活动，它以食、住、行、游、购、娱等旅游要素为核心，构建起一个综合性的产业体系。该产业不仅包括住宿业、餐饮业、交通客运业、游览娱乐业和智慧旅游服务业，还涉及旅游纪念品销售等多个领域，具有明显的经济属性和市场功能。旅游产业通过提供多样化的服务和产品，满足游客的多层次需求，进而促进地区经济增长和社会就业提升。旅游产业与文化事业及文化产业紧密相连且互补性强。文化元素在旅游服务中占据重要地位，而文化消费已成为旅游消费的重要组成部分。旅游活动通常以文化景点或文化活动为节点，通过对文化遗产的探索，传递历史与文化的价值。这种文化的融入不仅丰富了旅游体验，也为文化遗产的保护和传承开辟了新的途径。

文化特色在旅游演艺、主题公园、红色旅游和特色小镇等旅游项目中尤为突出。这些项目凭借独特的文化表现形式和主题吸引游客，提供差异化的旅游产品。这些文化旅游项目作为地方文化与旅游产业融合的典型代表，在推动地方经济发展的同时强化了文化的地位和作用，成为地区文化软实力的重要体现。

三、文旅融合

文旅融合，即文化与旅游的融合，是指文化产业与旅游产业的深度结合。它通过创新商业模式、优化产品服务、加强市场推广等方式，优化资源配置，提升服务质量和效率，以满足人们对文化旅游的需求。文旅融合的目的在于挖掘和利用文化资源，增强旅游产品的文化内涵，提升旅游体验的质量，促进经济和社会的全面发展。

文旅融合在理念层面体现了文化和旅游的共生关系。在传统观念中，文化和旅游被视为两个独立的领域，但文旅融合强调它们之间的相互依存和互补性。旅游不再仅仅是经济活动，而是被赋予了文化传播的使命，通过旅游活动，游客可以深度体验目的地的文化，这种体验本身就是一种文化传承和交流。这种文旅融合使文化不再受限于传统的文化传承和艺术表现形式，而是积极融入旅游体验，为游客提供更为多样化和丰富的文化体验。

文旅融合在职能层面带来了多元化的效应。文化机构和旅游机构之间开始协同合作，共同策划文旅活动，推动文化资源的开发和旅游产品的创新。这种合作不仅有助于提高文化机构的可持续性，还为旅游业带来了新的增长点。同时，文旅融合催生了一批跨界从业者，他们具备文化和旅游双重背景，能够更好地满足市场需求，创造出独特的文旅产品和体验。文旅融合在市场层面推动了文旅产业的升级和多元化发展。新兴的文旅产品和服务，如文化主题旅游、文化体验活动、文创产品等，吸引了不同类型的游客，扩大了旅游市场的受众群体。这种多元化市场格局不仅促使企业不断创新，提高竞争力，并且为游客提供了更多选择，满足了不同人群的文化需求。文旅融合在服务层面强化了游客体验。通过文化元素的引入，旅游活动变得更加丰富多彩，游客可以参与到文化体验中，感受到深度的情感连接。这不仅丰富了旅游的内涵，也提高了游客的满意度和忠诚度，有助于目的地的品牌建设和口碑传播。

文旅融合通过充分展示和弘扬文化，丰富了旅游的内涵。文化的多样性为旅游提供了丰富的资源，可以成为吸引游客的独特卖点。当游客参与文化活动、体验传统习俗、品味当地美食或欣赏文化表演时，他们的旅游经验将变得更加深刻和有意义。文旅融合体现了文化与旅游的相互促进和共同发展。通过将文化与旅游有机结合，旅游活动成了文化传播的媒介，文化因旅游而得以更广泛地传播。游客通过旅游活动，能够亲身体验和参与文化，从而加深对文化的理解和认同。这种相互促进不仅有助于文化的传承，还为文化创造了新的传播途径，提升了文化的影响力。文旅融合为旅游产品增加了附加值。传统的旅游产品通常以景点和自然风光为主，而文旅融合使旅游产品更具特色和多样性。文化元素的加入不仅丰富了旅游的内容，还为旅游产业带来了新的商机。文化主题旅游、文创产品、文化体验活动等新型旅游产品不断涌现，吸引了更广泛的游客群体，提高了旅游业的盈利能力。

第二节　文旅融合类型与模块

一、文旅融合类型

（一）理念融合

思想是行动的先导，要把理念融合放在首要位置，从思想深处夯实文化和旅游融合发展的基础，推动文化和旅游深融合、真融合[①]。

1. 以文促旅

以文促旅的理念是指将文化的各个方面融入旅游活动中，利用文化资源推动旅游业的发展。在这一理念下，文化不仅是旅游发展的核心资源，更是促进旅游活动的动力源泉。文化生产、传播和消费的过程与旅游活动的成功紧密相连，文化需求促使旅游活动的多样化和个性化，文化创意则是提升旅游产品质量、增强其吸引力的关键因素。

将文化创意融入旅游活动能够有效提升旅游产品的价值，丰富旅游业态，从而提高游客的体验质量和满意度。这种融合不仅丰富了物质层面的产品，还包括思想道德观念的提升和文化交流的深化，使旅游产品变得更具教育意义和文化内涵。利用公共文化机构和对外文化交流平台，可以为游客提供多元化的文化体验，如博物馆参观、文化节庆参与、传

---

① 王华，邹统钎. 文化与旅游融合的理论与实践 [M]. 天津：南开大学出版社，2021：
14.

统工艺体验等，这些活动不仅增强了游客对目的地文化的认识，也有助于提升目的地的文化形象，进而推动旅游的广泛推广和市场拓展。

2. 以旅彰文

以旅彰文的理念深刻揭示了旅游在文化建设中的多重作用。旅游不仅是文化传播的有效载体，也是促进文化交流和增进文化理解的重要纽带。通过旅游的产业化和市场化运作，可以有效地丰富文化产品的供给方式和渠道，创新供给类型，从而带动文化产业的发展和文化市场的繁荣。旅游活动公众参与度高、传播范围广，使其成为文化产品和服务扩大受众群体和覆盖面的有力工具。这一点在传播中国特色社会主义文化、弘扬社会主义核心价值观方面尤为显著。旅游作为一种群众性的活动，能够深化国内文化的共识和认同。在国际层面，旅游则作为中华文化影响力扩散的桥梁，增强国家文化软实力，推动文化的全球交流和互鉴。因此，旅游在文化的展示、传播和交流中扮演着至关重要的角色，是实现文化价值传承和创新的关键途径。

3. 和合共生

和合共生的理念体现了文化与旅游之间的内在联系和相互促进的关系。要深刻认识到，文化是旅游的灵魂，旅游是文化的载体，二者相辅相成、互相促进。[①]文化赋予旅游深厚的内涵，使之不仅仅是一种简单的休闲活动，更是一次充满意义的灵魂之旅；旅游则作为文化表达和体验的平台，使文化得以活跃传播和广泛分享。这种理念强调了文化与旅游的相互依存和融合发展，认为在二者的相辅相成、相互支持下，能够形成新的发展优势和经济增长点。

在和合共生的框架下，文化与旅游的结合被视为创新和发展的重要动力。这一理念主张通过优化文化与旅游的整合，推动文化创造的活力和

---

① 彭纳. 行走"三九大"文旅"春之声"[J]. 一带一路报道（中英文），2020（3）：108-111.

旅游发展的质量。实现优秀的文化产品和高质量的旅游产品的不断涌现，从而满足人们对于美好生活的向往和需求，推动经济社会的全面发展。

和合共生亦是一种文化战略，强调在全球化的背景下，通过文化和旅游的互动，增强国家的文化软实力和文化影响力。这要求旅游业和文化产业的策略规划和实践操作中，不仅要注重经济效益，更要兼顾文化价值的传播和文化精神的展现。通过这种和合共生的发展模式，可以为旅游和文化的可持续发展注入新的活力，为经济和文化的繁荣提供坚实的基础。

（二）产业融合

要积极寻找文化和旅游产业链条各环节的对接点，发挥各自优势，形成新增长点①。

1. 促进业态融合

促进业态融合的策略，特别是在文化和旅游的结合方面，展示了一种创新的发展路径。通过实施"旅游 +"和"文化 +"战略，旨在推动旅游、文化及相关产业的综合发展，为经济增长注入新的活力。这种融合不仅仅是将文化元素添加到旅游产品中，更是在更深层次上整合资源，实现业态的优化和升级。

互联网技术在这一过程中发挥着关键作用。它不仅使文化内容的传播更为广泛和便捷，还通过数据分析等手段帮助从事旅游业的人员更好地理解消费者需求，从而设计出更加符合市场的产品。例如，通过在线平台，传统艺术和手工艺可以以全新的方式呈现给全球观众，增强了文化的传播力和影响力。促进文化生态保护区和全域旅游的发展是实现业态融合的另一重要途径。这种做法不仅保护了文化遗产，也为旅游业提供了独特的资源。通过将非物质文化遗产项目，如表演艺术、传统技艺

---

① 肖英奎.对吉林省文旅融合发展的研究与思考[J].新长征（党建版），2019（7）：24-25.

等引入重点旅游景区和度假区，既丰富了游客的体验，也为当地文化的保护和传承提供了支持。

红色旅游、旅游演艺、文化遗产旅游、主题公园和文化主题酒店等已有业态的提质升级，是实现融合发展的具体体现。这些业态通过整合历史、文化、艺术等多种元素，不仅提升了旅游体验的质量，也为文化的传播和发展开辟了新渠道。例如，红色旅游利用历史遗迹和革命文化资源，为游客提供教育和体验的机会，这种结合不仅增强了旅游的吸引力，也有助于历史记忆的保留。

2. 促进产品融合

加大旅游资源和文化资源梳理、普查、挖掘力度，以文化创意为依托，推动更多资源转化为旅游产品，是实现文化与旅游融合发展的重要策略。该策略的核心在于识别和利用那些尚未充分发掘的文化资源，将它们转化为具有市场潜力的旅游产品，从而实现文化价值与经济效益的双重增长。

发展这一策略的一个关键步骤是开发一批富有文化内涵的旅游商品，并将这些成熟的文创旅游商品推向市场，接受广大游客的检验。这一过程不仅需要创新，还需要对文化资源进行深入研究和理解，以确保开发出的产品能够真实反映文化的精髓，并吸引目标市场。建立一批文化元素多样、文化主题鲜明的特色旅游目的地，对于提升旅游体验的质量和深度至关重要。这些目的地通过展示地区特有的文化特色和历史遗产，不仅能吸引游客，还能促进对当地文化的了解和尊重。

支持开发集文化创意、度假休闲、康体养生等主题于一体的文化旅游综合体，是实现文化旅游业态多元化的有效方式。这些综合体通过提供多样化的活动和服务，满足不同游客的需求，并为当地经济的多元发展提供了支撑。推出更多认识文化遗产、寻根、研学等专题文化旅游线路和项目，对于促进文化传承和教育具有重要意义。这些专题旅游不仅提供了深入了解文化和历史的机会，还能激发游客对文化遗产保护的认识和兴趣。

3. 释放大众文旅需求

释放大众对文旅的需求，涉及构建一个既促进旅游和文化消费，又能顺应游客和当地居民消费升级趋势的长效机制。这一过程需关注消费者行为的演变，特别是体验消费、网络消费、时尚消费、智能消费和定制消费等新兴领域的发展。体验消费的兴起反映了游客对于互动性和参与感的增强需求。在文旅领域，这一需求意味着文旅企业需要提供更多富有创意和沉浸式的体验，如通过虚拟现实（VR）技术重现历史场景，或者通过互动展览让游客深入了解当地文化。网络消费的增长则强调了数字化转型的重要性，其中包括在线预订系统的优化、通过社交媒体营销增加曝光率，以及利用大数据分析游客偏好等，以提供更个性化的服务。时尚消费和智能消费的结合则体现在将最新的科技趋势与旅游体验相结合上。例如，通过智能设备提供个性化导览服务，或者利用增强现实（AR）技术为游客提供互动式的城市探索体验。定制消费的兴起则要求旅游服务提供商能够根据每位游客的独特需求和偏好定制旅游产品和服务。

为有效实现上述目标，完善行业标准体系、服务质量评价体系和消费反馈处理体系是至关重要的。这不仅涉及制定和执行旅游服务的质量标准，还包括建立一个有效的反馈机制，以持续收集和分析游客的意见和建议，从而不断优化服务。

（三）市场融合

文旅融合发展的基础是构建富有活力、供给有效、统一有序的市场。要以文化市场综合执法改革为契机，推动文化和旅游市场培育监管工作一体部署、一体推进①。

---

① 文化和旅游部人事司.机构改革为文化和旅游深度融合发展打下坚实基础[J].中国机构改革与管理，2019（4）：11-14.

1. 促进市场主体融合

促进市场主体融合在当前的经济环境中显得尤为重要。以旅游和文化产业为核心的市场主体融合，应当以促进旅游企业与文化机构的紧密合作为出发点，借此形成跨界融合的新模式。在此过程中，对于那些以文化和旅游为主营业务的企业来说，政策的支持尤为重要。这些企业通过融合发展，不仅能够增强自身的竞争力，还能促进行业内的健康发展。为此，政府可以出台相关政策，优化营商环境，特别是对于小型微型企业而言，这一点尤为关键。通过提供创新创业平台和众创空间的支持，以及升级服务，政府能够为这些企业提供一个更为有利的发展环境，良好的政策环境对于文化和旅游领域中市场主体的融合发展同样不可或缺。

2. 促进市场监管融合

现代化经济体系中，市场监管的融合是确保行业健康发展的重要环节。对于文化市场和旅游市场而言，这一点尤为显著。促进市场监管融合首先需要加强对新兴业态融合发展的关注与引导，同时更新监管理念以适应市场的不断变化。这包括实施针对性的专项整治和保障活动，旨在维护市场秩序和保护消费者权益。建设完善的信用体系对于提升市场透明度和增强消费者认可同样至关重要。开展重大案件的评选、处理举报投诉，以及有效的证件管理等工作，均是促进市场监管融合的关键措施。这些措施不仅有助于规范文化和旅游市场的运作，还能提升整个行业的服务质量和运营效率。

3. 执法队伍整合

全力推动文化市场综合执法队伍整合组建，要深入推动《关于进一步深化文化市场综合执法改革的意见》和《关于深化文化市场综合行政执法改革的指导意见》贯彻落实[1]，及时构建文化和旅游市场执法

---

[1] 文化和旅游部文化市场综合执法监督局.深化文化市场综合行政执法改革[J].中国机构改革与管理，2019（2）：16-18.

改革制度框架，按照中央统一部署的时间节点和任务，推动执法队伍整合到位[1]。

4. 推进服务融合

协同推进旅游与文化的公共服务，落脚到为居民服务和为游客服务，发挥好综合效益，是深化文化和旅游融合发展的重要内容[2]。探索和实施文化与旅游综合服务设施的改造和建设，将成为提升公共服务水平的关键。这不仅涉及公共文化设施与旅游景区的协调发展，例如在厕所等基础设施上实现同标准规划、建设和管理，也包括在服务功能上的创新与整合。公共服务机构功能的统筹设置亦显得尤为关键。在旅游公共服务设施的改造与建设中融入更多的文化元素，以彰显地方特色，这种做法不仅丰富了旅游体验，还提升了文化传播的效果。利用公共文化机构的平台，加大对文明旅游的宣传，有助于提升公众的文化素养和旅游体验质量。对公共服务资源的配置需更加注重统筹与创新。例如，将公共服务引入旅游景区和旅游度假区，构建旅游者与当地居民共享的文化和旅游新空间，这不仅能增强旅游景区的吸引力，还能促进地区文化的传播与交流。在游客集聚区域引入书店、剧场、影院等文化设施，不仅能丰富游客的文化体验，也是对地方文化资源的有效利用。统筹实施一系列文化和旅游服务的惠民项目，将进一步促进公共服务的普及与提升。

5. 推进交流融合

旅游和文化都是传播先进文化、推动文明交流互鉴、增进人民友谊的桥梁，是讲好中国故事、传播好中国声音的重要渠道。文化和旅游融合发展必须在交流融合方面下大力气、作大文章。旅游融合发展在促进文化交流与传播方面扮演着至关重要的角色，特别是在推广中国特色社

---

① 雒树刚.以习近平新时代中国特色社会主义思想为指导奋力开创社会主义文化建设新局面[J].人民论坛，2018（6）：6-9.

② 雒树刚.深入推进文化和旅游融合发展[J].时事报告，2019（9）：28-33.

会主义文化的过程中。为实现这一目标，需要在多个层面进行深入工作。在工作层面上，应当加强对外及对港澳台的文化与旅游交流工作力量的整合。这包括整合海外的文化和旅游工作机构，统筹安排各类文化交流项目和活动，全力推进中国文化的传播和旅游的推广。在渠道方面，美术馆、博物馆等文化机构，以及旅游饭店、旅行社、旅游景区景点等，均是传播中华文化的重要渠道。通过这些渠道，可以引导导游、讲解员以及游客成为中国故事的生动讲述者和自觉传播者，从而在更广泛的范围内传播中国文化。

文化和旅游领域的优势应得到充分发挥，促进文旅产品国际化。这种发挥有助于推广本国文化，提升对国外游客的吸引力。这不仅涉及进入主流市场，影响主流人群，还包括对中华优秀传统文化的精神标识的展示，以及对当代中国发展进步和中国人生活的生动表达。这样的综合性推广将对提高国家文化软实力和中华文化的国际影响力作出重要贡献。

（四）资源融合

资源融合指的是将文化和旅游资源进行有效结合，创造出新的价值和体验。这种融合不仅涉及物质资源，如景点、历史遗迹等，还包括非物质文化遗产、地方特色文化、艺术形式等非物质资源。通过资源融合，可以实现文化的最大化利用和旅游的深度开发，从而提升旅游产品的吸引力和市场竞争力。

资源融合的效益体现在多个方面。首先，它能够丰富旅游产品的内涵，提供更加多元化的旅游选择，满足游客对于深度文化体验的需求。例如，将当地的民俗文化、传统工艺或节庆活动融入旅游产品中，可以吸引那些对文化有深度兴趣的游客。其次，资源融合有助于保护和传承文化遗产。通过将文化资源转化为旅游资源的方式，不仅可以为文化遗产的保护提供经济支持，也给了更多人了解和传承这些文化的机会。此外，资源融合还能促进地方经济的发展。文化旅游的增长带动了当地酒店、餐饮、交通等相关产业的发展，为当地居民创造就业机会，提升经济收入。

资源融合在文旅融合中扮演着至关重要的角色。它不仅能够提升旅游产品的竞争力和吸引力，还能促进文化的传承与保护，同时带动地方经济的发展，实现文化与经济的双赢。

（五）科技融合

文旅融合中的科技融合是当代旅游业发展的一个显著趋势，其目的是将先进科技与文化旅游资源相结合，从而创造出全新的旅游体验和服务模式。这种融合方式不仅改变了传统旅游的面貌，也为文化的传播和体验提供了新的途径。

科技融合在文旅领域的应用广泛且深入。虚拟现实和增强现实技术的应用，使得游客能够在不受物理限制的情况下，体验到远程或历史场景的文化内涵。这种沉浸式体验让游客仿佛穿越时空，深入了解一个地区的历史和文化。此外，人工智能在个性化旅游推荐、智能导览等方面的应用，也极大地提升了游客的体验质量。通过分析游客的偏好和行为，人工智能能够提供定制化的旅游信息和建议，使旅游体验更加个性化和便捷。

科技融合还体现在对文化遗产保护和展示方面的创新。数字化技术能够对文化遗产进行高精度扫描和复原，不仅有助于文化遗产的保护，还能通过数字展览等形式，让公众更加便捷地接触和了解这些文化财富。此外，社交媒体和移动互联网的普及，也为文化旅游的推广和营销提供了新平台。通过这些平台的发展，旅游目的地和文化活动能得到更广泛的传播，吸引更多游客的关注和参与。

科技融合在提升游客体验的同时为旅游业的可持续发展提供了支持。例如，通过智能数据分析，旅游管理者可以更有效地进行资源规划和管理，优化旅游流量分配，减少对环境和文化资源的负面影响。同时，科技的应用有助于提升旅游业的经营效率和服务质量，为旅游企业创造更多的增值机会。

二、不同维度的文旅产业融合

（一）资源维度的文旅融合

文旅资源维度的融合在很大程度上体现了文化对旅游的贡献，这种贡献不仅丰富了旅游的内涵，还增强了其吸引力。从资源和产品的角度来看，文化与旅游的关系历史悠久，它们如同孪生兄弟一般，紧密相连。从古代皇帝的"巡游"到官员的"宦游"，再到文人雅士的"游学"，再到僧侣的"游方"，文化与旅游一直处于相互包含、吸纳和融合的状态中。传统文化资源并非天然的旅游资源，但文化遗产却自然拥有吸引物的属性。文化是一个多层次、多方面的统一体系，涵盖了哲学、政治、科学、文学、历史、艺术、风俗等诸多领域。这些内容本身并不一定具有吸引物特性，也不必然对普通旅游者具有吸引力。然而，与旅游资源直接关联的是文化的物质层面或非物质文化的物化成果。这些成果，如历史遗迹、艺术作品、民俗活动等，不仅为旅游提供了丰富多彩的内容，还为游客提供了深入理解和体验一个地区文化的机会。

文旅资源维度的融合，尤其在文化与旅游相结合的背景下，展现出不同的特点和深远的影响。一个地区的文化特质，包括其蕴含的文化细节和特色，是吸引游客并成为旅游目的地的核心因素。例如，博物馆作为文化资源的一部分，在英国被转化为重要的旅游产品，充分说明了文化资源在旅游转化中的重要作用。将自然风景资源赋予文化内涵，不仅使其与其他类似资源区分开来，还增强了其在市场中的独特性和辨识度。在旅游服务环节中，文化的积淀也显得尤为重要。饭店行业作为服务领域的一个例子，其提供的不仅仅是技术和服务态度，更是一种文化体验。饭店行业的不同星级标准，从卫生到亲切，从舒适到豪华，最终到文化，都体现了旅游服务中文化要素的重要性。餐饮服务中对色、香、味、形的追求同样反映了文化的深层次要求。

从文旅高质量发展的角度看，公众对于文化和旅游的需求已经从基本的"有无"转变为追求高品质和精致体验。这要求旅游业从追求数量转向追求质量和品质的提升。中国虽然是旅游大国，但在成为旅游强国的道路上，要更加注重旅游产品质量的提高，提供差异化的旅游服务。

文化虽然是旅游的灵魂，但只有通过充分解说和合理展示，使文化活化，才能真正发挥其在旅游中的作用。文化的深度与游客的旅游心理需求之间存在着微妙的关系，文化的深厚不应成为游客的压力。文化旅游的成功不仅在于吸引游客的"卖点"，更在于内容的表达、体验的持久性和回味性。这一点在自然风光型景区与纯文化景区的重游率对比中尤为明显。

（二）市场维度的文旅融合

文旅融合在产业和市场维度上的重要性主要体现为旅游对文化的显著贡献。通过旅游，文化得以借助市场的力量，实现更广泛的传播、更深入的影响及更强的活力。旅游不仅作为文化传播、传承和交流的重要载体与平台，还是检验文化向市场展示其经济和社会效益的重要平台。文旅产业的融合对于推动文化产业的规模扩大和层次提升具有重要作用，这在构建现代文化产业体系中尤为明显。旅游业作为全球最大的产业之一，其庞大的市场需求对文化产业的带动作用不容忽视。文化一旦经过新的开发和包装，进入旅游市场，便能从仅对本地居民具有的内在意义转化为对游客具有的外在意义，从而体现出其市场价值。尤其是在全域旅游理念深入人心的当下，各地区正通过全要素、全过程、全方位的方式推出"活着"的文化旅游产品，这不仅丰富了旅游体验，也促进了文化产业规模的快速扩大。

在旅游市场中，一个常见现象是文化的异化：一旦文化在旅游中完全展现给游客，它往往由真实文化转变为"表演型文化"或"假的真文化"。这种转变的一方面是将游客与当地文化及居民隔离，另一方面是用旅游市场促使传统文化进行保护、传承和创新。文化进入旅游市场意味着其从虚拟化、抽象化、书本化走向实体化、景观化、具象化，以及从传统的"静态"消费向"动态"消费的转变。实现这种转变的关键途径是文化创意。例如，依托民俗文化发展的民俗旅游、乡村文化发展的乡村旅游和度假、革命文化发展的红色旅游以及中华传统文化发展的研学旅游，都是文化与旅游融合的体现。

文旅产业融合还实现了"文化搭台、旅游唱戏"的理念，并通过旅游交流平台促进了文化的交流和互鉴。中国作为历史悠久的国家，其文化资源普遍存在于旅游中，而旅游也成了文化市场的广阔领域。旅游不仅使传统文化具备更强的市场吸引力，还扩大了文化的受众范围，从市民延伸至游客。从行业角度看，文化产业与旅游产业天然交融，相互促进，文化增强了旅游的特色化和品质化，而旅游提升了文化的市场竞争力和影响力。这种融合不仅改变了文化与旅游的传统消费模式，还为二者的共同发展开辟了新的道路。随着机构改革的持续推进和文旅部门的持续发力，文化产业和旅游产业两大产业体系最终会形成一个全新的文旅产业体系①。

三、文旅融合的模块

文旅融合的结构可分为三个主要模块，分别是外显融合、基础融合和潜在融合。首先，外显融合模块涉及地区文化产业产品和服务在市场中的表现，特别是在满足市场需求和扩大市场份额方面。这一模块是融

---

① 麦金托什，格波特.旅游学：要素·实践·基本原理[M].蒲红，方宏，张华岩，等，译.上海文化出版社，1985.

合在外部最直接的表现，涵盖产业规模和效益两个层面。其次，基础融合模块支撑地区文化产业的发展，对融合具有显著影响。这一模块包括产业关联、资源和要素三个层面。最后，潜在融合模块影响地区文化旅游产业的成长及其可持续发展，是融合的持久和根本性影响因素。此模块包含产业创新、政策和需求三个层面。

　　这三大模块之间存在相互制约和促进的关系。外显融合不仅是融合的集中体现，也是基于基础融合和潜在融合的结果。基础融合是构成文旅融合的根本条件，对外显融合和潜在融合具有重要影响，同时也受到这两者的制约。潜在融合则作为融合的隐含组成部分，是文化产业发展的激励性因素和动力，对提升文化产业融合的整体水平至关重要，需要持续的培育和改革。文化旅游产业融合模块间的关系如图 2-1 所示。

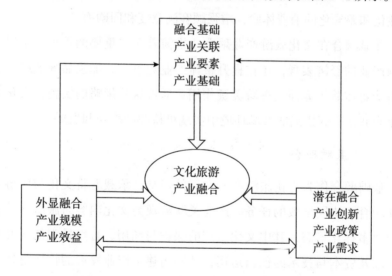

图 2-1　文化旅游产业融合模块间的关系

（一）外显融合

　　文化旅游产业的外显融合模块折射了文化与旅游的交汇如何在市场中寻求表现及其互动的优化。这一过程中，文化产品与旅游服务需紧贴市场需求，通过创新的方式增强对消费者的吸引力，并在竞争激烈的市场环境中不断扩大市场份额。在这一层面，产业规模的扩大不仅仅是数量的增加，更代表着经济效益与市场影响力的提升。这种扩张需要依托于对消费者行为的深入分析，以识别其需求变化，预测市场趋势，并据此制定策略。这一点对于竞争对手的战略评估同样关键，它帮助企业在保持自身竞争优势的同时，捕捉行业发展的新机遇。

外显融合在市场营销、品牌建设和客户服务等方面的表现，是衡量融合效果的重要指标。在市场营销层面，必须采用精准和创新的营销策略，确保文化旅游产品能够吸引目标消费者进行消费并产生共鸣。品牌建设则要突出文化特色，树立独特的品牌形象，以增强消费者认同感和忠诚度。客户服务的提升则要求企业在服务过程中融入文化元素，提供个性化和差异化的消费体验，增强顾客满意度和回购率。

外显融合在文化旅游产业融合中扮演着至关重要的角色，不仅直接影响产业的经济表现，还在提升整体产业竞争力、加强品牌效应以及增强消费者体验等方面发挥着关键作用。通过这些策略的实施，文化旅游产业能够在充满挑战的市场环境中实现可持续的增长和发展。

（二）基础融合

基础融合作为文化旅游产业发展的根基，承载着将文化与旅游元素相互融合、协同增效的任务。产业关联显现为文化内容与旅游活动紧密结合的多样化形态，其中文化遗产的保护与利用、自然景观的开发与维护，以及资本与技术的创新运用，共同构建了产业发展的物质与技术基础。此外，人力资源的素质提升、知识产权的保护与运用、创新思维的注入，均为文化旅游产业提供了不竭的动力源泉。在对基础资源进行优化配置的同时，产业政策与规划的制定和实施对于确保产业要素的协同高效运作至关重要。有效的政策工具能为产业提供指导和支持，创造有利于资源整合与创新发展的外部环境。在这一框架下，文化旅游产业的基础融合并非单一元素的叠加，而是一种动态的、系统的整合过程，其目标在于通过各个要素之间的相互作用与协调，实现产业链条中的价值最大化。

基础融合的核心在于促进产业内部和产业之间的相互连接与协作，推动资源的高效利用和产业结构的优化升级。只有在坚实的基础融合之上，外显融合的市场表现才能得到充分发挥，潜在融合的创新动力才能持续激发，最终实现文化旅游产业的全面发展和长远繁荣。

（三）潜在融合

潜在融合作为文化旅游产业发展的深层次驱动力，扮演着促进产业长期繁荣和可持续发展的关键角色。这一模块的核心在于通过持续的创新活动，加强产业的自我更新和适应市场变化的能力。产业创新的范畴扩展到新技术的应用、新产品的创造以及经营模式的革新，这些创新活动不断注入产业发展的新动力，确保产业能够在激烈的市场竞争中保持活力和竞争力。

政策的引导作用在于提供一个有利于创新和融合的宏观环境。政府的政策支持，如财政资金的注入、法律环境的优化，以及创新氛围的营造，为产业的创新和融合提供了必要的外部条件。这些政策的目的在于降低创新活动的风险，激励产业主体探索新的发展路径，同时确保产业发展的方向与社会经济的整体目标保持一致。潜在融合的视角还包括对市场需求动态的深入洞察。通过对消费者偏好的研究，产业能够更好地预测未来的市场趋势，及时调整产品和服务以满足消费者的期待。这种对市场需求的敏感性是产业能够持续融合、不断发展的基础。

潜在融合强调的是一个不断演进的过程，它要求产业不仅在现有的基础上进行优化，而且还需要不断探索新的发展机会，以实现长期的繁荣和可持续性。通过不断的创新、政策的有力引导以及对市场需求的精准把握，文旅产业可以在多变的环境中保持其核心竞争力，实现持久发展。

第三节　文旅产业融合模式

一、文化产业和旅游产业融合模式的内涵

文化产业与旅游产业在精神服务性行业中的定位，体现了其复杂性和动态性。这两个产业覆盖的行业范围广泛，且处于宏观与微观经济环境的不断变化之中，这一现实使得单一的业态模式应用于所有领域显得有些不现实，也无法确保在不同环境下均能产生卓越的价值。因此，为文化和旅游产业设计灵活且适应性强的融合业态模式，成为形成核心竞争力的关键所在。

文化产业和旅游产业的一个显著特点是其经济性与社会性的并重。在探究其融合模式时，不应仅将经济效益作为唯一目标，而应在追求经济效益的同时，考虑社会效益，以确保对这两个产业融合模式的全面理解。文化产业和旅游产业的融合旨在实现最大化的利润，但融合模式的选择和实施常受融合路径的影响，因此可能采取不同的融合过程和方式。在特定市场环境下，这种产业融合的规模不仅受到当地发展能力的限制，也受到市场机制和政府机制的约束，尤其是资源条件、消费市场要素、成本等因素都会对其产生影响。因此，文化产业和旅游产业的融合基本模式多样，由于融合动力要素、资源利用方式的差异，不同的融合模式将展现出各自的特征。

文化产业与旅游产业融合的定义，体现了两者在现代社会经济结构中的互动和协同。这种融合模式基于一种动态的互惠关系，其中文化企业和旅游企业在清晰认识到外部条件和内部资源的基础上，通过有效的市场竞争和政府干预的双重调节机制，实现价值的创造、传递和获取。

其核心目标在于实现经济价值与社会价值的最大程度统一。在这种融合模式中，在产业发展的背景下，外部条件是一个不可忽视的关键因素，特指产业发展所处的宏观社会环境。这些条件包括但不限于国家和政府层面的政治、经济以及文化政策导向，它们对产业的成长轨迹和模式产生着深远的影响。这些条件为文化产业和旅游产业的发展提供了基本框架和方向指引，影响着产业的整体走向和策略选择。内部资源的概念则更加聚焦于产业本身的优势和潜力，包括可用于产业化的文化旅游资源、人力资源和财力资源等。这些资源是产业融合和发展的基础，其有效利用和整合是融合成功的关键。

二、文旅产业融合模式构成要素

文化产业与旅游产业融合模式应视为顺应社会经济发展要求的产物。对此模式的深入研究，需要基于对其构成要素的细致分析。文化产业与旅游产业的融合，不仅仅是表面的业态结合，更是包含了每个企业独特的构成和内在联系。这种融合在特定业态和企业中展现出独特性，因此，分析其构成要素对于理解和促进这一融合模式至关重要。

在新经济环境下，应将文化产业与旅游产业融合模式视为顺应社会经济发展要求的产物。对此模式的深入研究，需要基于对其构成要素的细致分析。文化产业与旅游产业融合模式的构成要素可以分为五大核心部分：价值主张、目标市场、核心资源、知识产权制度以及资本运作。这些要素共同构成了融合模式的基础框架和运行机制。

（一）价值主张

价值主张在文化产业与旅游产业融合的背景下，呈现出双重维度。首先，它体现在通过融合产生的系列产品和服务为特定客户群体创造的价值上。这种价值不仅仅是经济利益的直接表现，更是文化旅游产业向客户提供的一系列受益和优势，反映了文化旅游产业的经济价值主张。

这些经济价值可能包括但不限于提供独特的旅游体验、文化享受以及相关服务的经济效益。

文化旅游产业的价值主张还蕴含了其传递的社会价值。不同于其他产业，文化旅游产业除了传递经济价值，还承载着传播精神文化的重要功能。这种社会价值的传递不仅提升了公众的文化素养，还促进了社会的和谐发展和文化的多元传播。

（二）目标市场

目标市场在文化旅游产业中的定位至关重要，它指的是具有不同文化旅游消费需求的细分市场。作为服务性文化产业的一部分，文化旅游产业的产品旨在满足客户的文化体验和休闲需求，而这些需求在不同市场间存在显著差异。确定目标市场并进行客户细分的过程涉及多个方面。文化旅游企业需识别和满足不同客户群体的独特需求，这可能涉及提供差异化的文化产品或服务，采用多样的分销渠道，建立不同类型的客户关系，以及识别客户群体对产品或服务差异的支付意愿。目标市场的划分还包括本地客源和异地客源的区分。企业在做出决策时必须明确其核心客户群体，确定服务哪些客户群体，也需要决定哪些客户细分群体可以忽略。

（三）核心资源

核心资源在文化产业与旅游产业融合模式中发挥着至关重要的作用，这些资源是确保融合模式可持续运转的基石。

人才资源和文化资源构成了核心资源的主要部分。人才资源涵盖了具有专业技能和创新能力的人力资本，这些人才不仅负责设计和实施融合模式，而且在持续推动产业发展和适应市场变化方面发挥了关键作用。文化资源则包括了文化遗产、传统艺术、现代创意等元素，这些资源不仅是文化产业的基础，也是吸引游客的重要因素。有效的资源整合和利用对于增强文化产业与旅游产业融合的深度和广度至关重要。核心资源的优化配置和创新利用能够增强产业竞争力，提升产品和服务的品质，从而为实现经济效益和社会效益的双重目标奠定坚实基础。因此，对于文化产业与旅游产业而言，深入理解并有效管理其核心资源，是实现持续发展和市场成功的关键。

（四）知识产权制度

文化旅游产业在知识经济中的显著地位，标志着知识产权在创造、运用、保护和管理方面的重要性日益凸显。此领域强调知识、智力和创造力的投入，使得文化差异成为推动旅游经济增长的主要动力。知识产权的角色重要性在于确保文化创意的价值得以合法化和货币化，成为产品与服务的核心价值载体。

在此背景下，知识产权不仅是文化产业经济化和产业化的重要标志，而且对于保持文化多样性和促进文化创新具有不可忽视的作用。例如，对民族音乐、传统工艺或者地方特色美食等文化元素的知识产权保护，不仅保障了创作者的权益，也为传统文化的传承与发展提供了法律保障。

因此，为了维护文化旅游产业的持续发展，建立和完善知识产权制度显得尤为重要。这既包括对文化产品的版权、商标、专利等法律保护，以确保创新成果能够得到合理的利用和保护。此外，这也意味着需要加强对知识产权的管理和运用，提高文化旅游业者在全球化背景下对知识产权的认识和利用能力。通过这种方式，文化旅游产业不仅能够保护和传承文化遗产，还能在全球市场中发挥更大的影响力。

（五）资本运作

资本运作在文化产业与旅游产业融合中扮演着关键角色，不仅提供必要的资金支持，还可以提高资源配置效率。资本运作涉及成本结构和收入来源两个主要方面。成本结构关注的是文化旅游企业在特定融合模式下的主要成本。尽管在各种融合模式中努力最小化成本是重要的，但考虑到文化产业与旅游产业融合的核心在于原创性和创造性人才，过分强调成本降低可能会损害企业的长期竞争力。因此，适当投资于创意和人才是维持和增强文化旅游产业核心竞争力的关键。

收入来源则指文化旅游企业从各个客户群体中获得的现金收入，包括一次性和经常性收入。企业需深入理解各个客户细分群体的价值诉求，以发掘潜在的收入来源。文化旅游企业在追求经济效益的同时，需考虑长期的可持续发展，避免因仅看重短期利益而推出可能损害文化价值的产品和服务。因此，资本运作不仅是资金流动的管理，更涉及如何平衡成本、收入与文化旅游企业的长远发展。

三、文旅产业融合模式类型

（一）根据融合形式来划分

融合形式划分的依据为文化产业和旅游产业的核心价值特征、融合互动方式以及融合程度大小等。根据这一划分标准可以将其分为产业一体化融合模式、产业充足融合模式、产业延伸融合模式、产业渗透融合模式四类[①]。

1. 产业一体化融合

产业一体化融合是指在特定空间范围内，文化产业与旅游产业通过多维度的整合实现互相渗透与共同发展的过程。这种融合不仅涉及产业规划的统一和发展的协调，而且包括产品和服务设施的整合，市场及管理的统一。产业一体化融合的核心在于打破传统产业之间的界限，通过跨界合作、资源共享及协同创新，形成一个多元互补、高效协同的产业体系。

（1）因地制宜化融合。因地制宜化融合是指在文化产业与旅游产业一体化发展过程中，各地区根据自身的资源禀赋、地理位置和市场特性，制定与本地条件相适应的发展策略。这种策略强调在产业融合与发展过

---

① 李锋.文化产业与旅游产业的融合与创新发展研究[M].北京：中国环境出版社，2014：264.

程中考虑地区特有的文化和旅游资源，以实现区域间的错位发展和优势互补。因地制宜化融合也涉及识别和强化地区文化产业与旅游产业的核心元素，如产业主体、产业重点等，以明确区域产业发展的方向和重点。

实现因地制宜化融合的关键在于制定科学合理的规划和政策，这些规划和政策应基于对地区资源、市场需求和文化特征的深入理解。具体而言，这包括对地区文化资源的深度挖掘和利用，旅游产品和服务的创新，以及适应地区特点的市场推广策略。此外，政策支持在促进文化与旅游产业融合发展中也起着至关重要的作用，它包括但不限于财政资助、税收优惠、人才培养和技术创新支持等方面。

（2）通过产业资源的融合，实现产业一体化融合发展。产业资源的融合是实现文化产业与旅游产业一体化融合发展的关键途径。这种融合要求在更广泛的范围内、更高的层次上进行要素配置的优化和产业资源的整合。通过加强产业间的对接，可以优化投资、提升服务质量、促进产业升级，并扩大文化旅游市场。产业集群的建设是提高产业辐射力、形成产业链和扩大区域文化旅游产业带的有效途径。这要求突破行政区域和管理体制的限制，以市场需求为导向，以产业为纽带，以企业为主体，实现资源共享和优势互补。

大型文化旅游项目的开发作为龙头，有助于加强文化产业与旅游产业间的信息交流，推动产业间的对接和融合。这些项目不仅能促进产业之间的互动，还能增强产业的辐射力和带动力。创新是推动区域文化旅游产业融合发展的又一关键点。深化产业间的合作，共同建立创意创新平台和共享的产业公共服务平台，可以大幅提升区域融合发展能力。基础设施建设是推动区域文化旅游产业经济一体化的重要保障。在一体化融合的框架下，加强地区文化产业和旅游产业重大基础设施的合作，通过基础设施的一体化发展，可以形成组团式格局，促进信息交流和共享，进一步强化融合效应。

（3）通过产品融合，构建区域统一市场。在当前竞争日益激烈的市场环境中，通过产品的融合构建统一的区域市场对文化产业和旅游产业而言尤为关键。这种融合旨在实现资源共享、要素整合及优势互补，并通过合作共赢来应对内外部的竞争挑战。为达成这一目标，核心策略包括优化体制机制、加强沟通与协作，以及消除行政干预和市场壁垒。实施一体化规划是推动市场统一的重要手段。此举旨在打破传统的行政和市场障碍，共同构建一个涵盖人才、资本、技术、信息等各类生产要素的一体化市场。在这样的市场环境中，生产要素能够自由流动，实现最优配置，从而促进区域市场的对接和融合。可以有效地促进区域内的资源共享，提高生产效率，同时增强区域市场的综合竞争力。

产品融合在构建统一区域市场的过程中扮演着至关重要的角色。它不仅提升了区域内的产业协同和互补性，还为区域内的文化产业和旅游产业提供了更广阔的市场空间和更多元的发展机会。

2. 产业重组式融合

产业重组式融合是一种涉及不同产业间的整合过程，特别是在文化产业与旅游产业领域中尤为重要。在这种融合模式下，原本独立的产品或服务通过共同利益的驱动，通过重新组合的方式实现一体化整合。这种发展模式的核心在于打破原有的价值链，形成一种混沌状态，随后通过新的价值构造通道将各自价值链中的核心环节重新组合，从而形成一条全新的价值链，实现产业的融合发展。

各个子产业之间的重组可以催生出全新的产品或服务，这些新型产品或服务与原有的产品服务有着本质的不同。例如，在内容上的融合体现为各子产业加强原创、创意和策划方面的合作，如影视城的设计、博物馆的艺术设计、节庆策划等，培育出具有原创能力的文化旅游产品。例如，浙江横店影视城在设计初期就融合了影视文化产业和旅游业，通过布局、功能组合等方式实现了两大产业的重组融合。此外，商业模式上的融合也是关键举措，涉及投资、产品设计、品牌管理、产品链延伸、价格设计和市场营销等方面。这种商业模式的融合有助于实现两个产业间的互利共赢。

在当代高新技术快速发展的背景下，产业重组融合日益展现出以先进技术为核心、创意为驱动力的特征。这种融合趋势主要表现在产业链的上下游环节，产生的新产品具备科技化、创新性和体验化的特点。例如，影视产业、音乐产业和创意产业在吸纳旅游产业发展思路的基础上，通过行业间的紧密融合，实现了文化产业和旅游产业在真正意义上的融合发展。虚拟旅游、旅游影视等新兴文旅产业的兴起便是这种跨界重组融合的直接成果。这些产业的融合不仅仅是单个产业的发展，更是产业链延伸和拓展的体现。这种融合过程中，不同产业之间的相互作用和补充，推动了文旅产业的跨越式发展，为产业带来了新的生机和活力。文化产业和旅游产业重组融合模式如图 2-2 所示。

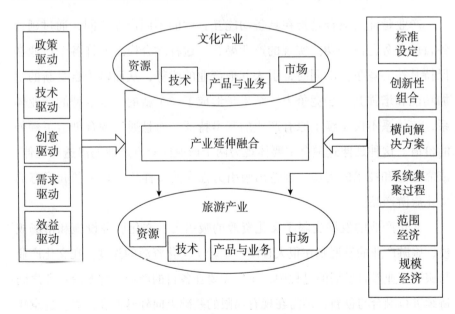

图 2-2　文化产业和旅游产业重组融合模式

在当前的发展模式中，文化旅游活动或产品作为旅游产业与文化产业融合的桥梁，通过产业活动的重组实现了两者的有效融合。例如，在探讨以节庆展会为平台的文化旅游产业形态时，不可忽视的是其在地方特色和文化创意方面的独特结合。该模式下，节庆展会不仅作为一种活动形式存在，更是一种整合当地文化、旅游资源的有效途径。在这种框架下，文化产业和旅游产业的资源得以有效整合，从而创造出互动性强的文化创意体验旅游活动或项目。

此种模式的核心在于将文化创意与旅游体验紧密结合，通过创新和重组活动，使之成为融合产品的具体呈现形式。举例来说，当地的历史、艺术、民俗等元素，可以通过节庆活动以各种互动体验的方式呈现出来。例如，通过工艺展示、文化演出、美食体验等活动，不仅增强了游客的参与感，也让当地文化得到更广泛的传播和认知。

3. 产业延伸式融合

产业延伸式融合是指在具备功能互补性的不同产业之间，通过延伸各自的业务范围和功能实现的产业融合。这种融合模式允许各个产业在保持其核心竞争力的同时，引入其他产业的优势，从而赋予自身新的附加功能和增强其市场竞争力。结果是形成了一个新的、融合型的产业体系，该体系不仅延续了原有产业的基本特征，而且通过融合创造了额外的价值。这种延伸式融合主要体现为两个产业向对方产业的渗透和延伸，依靠创意和技术的支持，创造出吸引力强大的多样化文化主题和形态的文化旅游产品。

文化产业的发展受限于文化资源的吸引力、文化服务设施和市场规模，旅游产业的发展则在很大程度上依赖于文化资源的深度。在文化产业与旅游产业融合发展的过程中，不仅需要在各自的产业内部及跨产业之间持续进行融合与创新，还需在现有局限的基础上向外延伸和扩展。这意味着视野的拓展不仅限于各自产业能覆盖的范围，还应尽可能多地向对方产业部门延伸，以丰富文化产业或旅游产业的内涵，扩大市场供给。

延伸式融合发展模式借助于产业间功能的互补性，实现价值链活动环节向其他产业的渗透和延伸。这种模式打破了各自产业的界限，促进

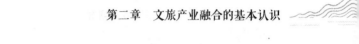

了产业的融合发展。具体而言，延伸式融合模式可进一步分为旅游产业向文化产业延伸融合模式和文化产业向旅游产业延伸融合模式。

（1）旅游产业向文化产业延伸融合发展模式。旅游产业通常扮演着主导角色，主动向文化产业进行延伸。这种模式的核心在于将文化产品生产基地、文化产业园区等赋予旅游功能，将其作为空间载体来发展旅游产业，从而在完成两大产业间的功能互补的基础上实现融合发展。文化产业园区作为产、学、研一体化的文化产业集聚区，既包括文化产品的设计、制作、交易，也涉及专业人才的培养等多方面功能。这些园区本身既服务于文化产业发展，也成为独特的旅游景点。通过旅游产业的延伸，可以最大限度地发挥这些园区的旅游吸引力，从而实现其旅游功能。

这种融合模式不仅增加了文化产业园区的经济收益，加快了成本回收，还促进了游客数量的增加，有利于文化产业园区人气的聚集，有助于品牌效益的形成和市场知名度的提升。这一方面推动了文化产业的发展，另一方面也丰富了旅游产业的内容和形式。中国在这方面的典型案例包括上海的8号桥工业创意园区和北京的"798艺术区"①。这些案例通过实现其旅游功能，不仅取得了显著的经济效益，而且在社会效益方面也有所成就，展示了旅游产业向文化产业延伸融合发展模式的有效性和可行性。

（2）文化产业向旅游产业延伸融合发展模式。在文化产业与旅游产业的融合发展模式中，文化产业向旅游产业的延伸融合是一个重要的趋势。这种融合模式的核心在于利用文化产业的丰富资源和创意内容，拓展旅游产业的产品和服务范畴。在这一过程中，文化元素被嵌入旅游活动中，形成了一种新型的旅游体验，即文化旅游。

文化产业的延伸融合发展模式涉及将文化艺术、传统手工艺、历史遗产等元素与旅游景点、路线和活动相结合。这种结合不仅增强了旅游

① 李锋.文化产业与旅游产业的融合与创新发展研究[M].北京：中国环境出版社，2014：132.

产品的吸引力和市场竞争力，而且提高了文化产品的可见度和影响力。通过这种融合，文化产业的创意和内容得以更广泛地传播，旅游产业也因引入丰富的文化元素而变得更加多元化和深层次。

这种融合模式对于地区经济的发展具有积极意义。它不仅能够促进文化资源的保护和传承，还能带动地区经济的发展，特别是在促进就业、增加收入和推动相关行业发展等方面表现突出。总的来说，文化产业向旅游产业的延伸融合发展模式既为两大产业的共同繁荣提供了一个有效的途径，也为消费者创造了更丰富和深入的体验。

（3）渗透型融合模式。渗透型融合发展模式利用技术创新或管理创新作为媒介，实现旅游产业与文化产业之间价值链环节的相互渗透。这种融合方式促进了两个产业的交融，进而形成了新型的旅游文化产业或文化旅游产业形态。在这种模式中，根据渗透的具体方向，可以划分为文化产业向旅游产业的渗透融合模式和旅游产业向文化产业的渗透融合模式。这种分类反映了融合过程中产业间功能和资源的互动与整合，展示了文化与旅游产业在新时代背景下的融合趋势和发展方向。

第一，文化产业向旅游产业渗透融合模式。文化产业会发挥其产品的文化内容市场传播优势，进而通过技术和管理创新，突破传统边界。这种模式着重于开发富含文化主题的旅游产品，推动旅游产业与文化产业的融合发展。具体来说，旅游和文化产业通过特殊的表现手法、制作技术，以及虚拟现实等高新技术，将文化元素融入传统的旅游产品中，特别是自然风景和人文古迹类景观。这种创新性的融合方式使得原本属于各自产业的价值链活动相互渗透，形成了相互交融的产业结构。

从内容产业的角度来看，文化产业与旅游产业的融合模式主要是基于技术创新，并依靠渠道融合和内容融合来推进两大产业的整合。在这一融合过程中，旅游景点利用文化产业的多元传播渠道来传递其独特的真实内容，从而提升景点的知名度和吸引力。同时，文化产业利用自然或人文景观作为其虚拟内容的展示平台，通过这些景观创造吸引人的故事和体验，进而增强内容的吸引力和影响力。

这种融合不仅增加了旅游景点的文化价值和吸引力，还为文化产业提供了丰富多样的内容素材和创作灵感。通过渠道和内容的融合，两大产业相互促进，共同发展，既为消费者提供了更加丰富、多元化的体验，也为两大产业的发展开辟了新的可能性和市场空间。

第二，旅游产业向文化产业渗透融合模式。旅游产业通过向文化产业的渗透，为后者引入旅游功能，借助两者功能的互补实现融合发展。在中国，众多地区正致力建设文化产业园区，以促进文化产业的发展。采用此融合模式所产生的文化旅游产品特征在于其展示性和大众参与性。引入旅游功能，进而产品能够吸引大量游客，促进人气聚集和品牌效应的形成。这种策略可以弥补文化产业短期内盈利不足的问题，逐步实现核心产品的直接盈利。这种模式不仅加快了产品进入市场的速度，也增强了市场影响力，有效解决了文化产业园区发展过程中遇到的瓶颈问题。因此，旅游产业向文化产业的渗透融合，不仅为文化产业提供了新的增长点，也为旅游产业带来了更加丰富和深入的文化体验。

（二）根据融合主导力量来划分

1. 市场主导的自发型模式

市场主导的自发型融合模式是以市场需求为核心动力，促进文化产业与旅游产业的自然融合。创意性文化旅游产品或服务的市场需求在特定区域内推动了文化产业与旅游产业的融合，起着至关重要的传导作用。这种融合模式的形成依赖于市场需求、创意和空间等阶段性因素的互动。

随着市场对创意性文化旅游产品和服务需求的增长，自然吸引文化研发人才和艺术人才聚集，促成创业和创新的空间集聚效应。这些人才倾向于选择具有丰富文化底蕴且成本相对低廉的区域，如老厂房和仓库，作为创业和创作的基地。在这些特定区域，文化的集聚形成了一种自我强化的创新机制，不断吸引更多艺术人才加入，从而进一步扩大了文化

产品和服务的需求。

随着时间的推移，这些区域逐渐发展成为具有独特创意特色的文化旅游产品和服务的消费市场。这种市场主导的自发型融合模式不仅促进了文化产业与旅游产业的相互作用和发展，也为城市的文化旅游市场注入了新的活力和创新动能。这种市场主导的自发型融合模式既有效地促进了文化产业与旅游产业的互动和发展，也为城市的文化旅游市场带来了新的活力和创新动能。

2. 政府引导型模式

政府引导型模式在文化产业与旅游产业融合中起着决定性作用，表现为一种"自上而下"的人才培育形式，通常是政府战略规划的直接结果。在这种模式下，政府通过制定总体发展战略和规划，采用政府资源配置的主导方式，引导和激励融合性文化旅游产业的优先和快速发展。文化旅游产业园区作为政府引导融合模式的一个典型例子，在建设和发展中体现了政府的主导作用。这种模式主要依托区域内的文化旅游资源，结合政府的整体规划和指导，模仿经济开发区的成功经验，采用制度传导机制和产业政策优惠来吸引文化和旅游要素在园区内集聚和融合。

政府通过招商引资、招才引智等策略，吸引文化旅游产品经营者和文化中介组织入驻园区，逐步形成独特的文化氛围和特色，从而打造出区别于其他地区的文化品牌。这些园区成为文化旅游产业融合的孵化器和推进器，有力推动了文化旅游产业的发展。

在规划文化旅游产业园区时，政府会综合考虑区域经济发展、产业结构升级和产业战略规划等因素，选择具有高发展潜力的地区。同时，根据所选地区的特色，创造适宜的文化旅游消费环境，以吸引不同类型的文化旅游企业和消费者。这种综合性的规划和发展策略，有效地促进了文化旅游产业的繁荣和多元化发展。

3. 市场需求与政府引导协同型模式

市场需求与政府引导协同型模式在文化旅游产业融合发展中扮演着关键角色。这一模式的核心在于市场需求与政府政策导向之间的相互作用，共同推动产业融合。这种协同作用体现在市场需求对文化旅游产品和服务的引导，以及政府在策略制定、政策支持和资源配置方面的引导作用。通过这种模式，能够更有效地促进文化旅游产业的健康、有序发展。这一模式是在多元动力的推动下，市场和制度机制共同发挥作用，形成多向互动的复杂融合格局。这种融合模式的典型体现是在文化旅游产业发展的某一阶段，更多社会力量对于文化旅游产业所蕴含的创新空间和高产出效应的共识。

在市场需求与政府引导协同型模式中，市场、政府和投资商等多种社会力量之间建立了合作共赢的关系。以上海"8号桥"为例，其文化产业与旅游产业的融合过程中，市场需求是政府推动的初期动力。政府或投资商选择该区域作为文化基地后，采用项目管理方式进行招商引资，以文化产业和旅游产业的标准来构建文化旅游环境。产业发展的投资商通常也是管理者。当文化旅游融合形成集聚区并发展出网络和创新效应后，文化旅游区的发展将促进新一轮的文化旅游产品市场需求，并进一步赢得政府的关注和政策支持。文化产业和旅游产业融合模式相关比较如表 2-1 所示。

表 2-1 文化产业和旅游产业融合模式相关比较

融合主导模式	融合动力要素	融合资源利用方式	典型代表	融合特征
市场主导	成本因素、消费市场、适宜环境因素	原有资源自发型	宋庄	高专业化、市场灵活、根植性强
		原有资源的改造	北京 798	

融合主导模式	融合动力要素	融合资源利用方式	典型代表	融合特征
政府主导	高新技术、适宜环境因素	原有资源提升与改版	上海新天地	系统运作较强
		资源全新规划	成都音乐公园	
市场与政府导向相结合	成本因素、适宜环境因素	原有资源改造	上海 8 号桥	联动性较强、合作与竞争突出
		资源全新规划	成都宽窄巷子	

（三）根据融合中资源导向划分

1. 依托原有资源自发形式的模式

依托原有资源自发型融合模式是基于文化企业或旅游企业对特定文化选择的取向而形成的融合形式。在此模式下，企业对于特定地域的文化环境或自然环境展现出一致的认同感，并在此基础上自发地在某一地区聚集，进而形成融合。

这种文化产业与旅游产业的融合模式首要依赖于适宜的文化环境。环境恬静秀美，民风淳朴豪放的氛围能吸引众多艺术家，并为其提供了良好的创作背景和灵感来源。其次，中介机构的参与对这种融合模式至关重要。以宋庄为例，宋庄成为中国最大的原创艺术家集聚地，部分原因在于策展人和国际机构的介入，他们代理艺术家的作品，使之成为艺术市场的重要部分。最后，融合成本的低廉是这种模式的一个突出特点。例如，艺术家租用闲置的工业厂房作为工作室，这样的低成本生活和创作环境对许多艺术家具有很高的吸引力。

2. 原有资源改造利用模式

原有资源改造利用模式是指产业市场主体对历史文化街区等现有资源进行规划设计和建设，以直接利用这些资源开展文化活动、休闲、娱乐和旅游等业务，进而促进产业的融合发展。这一模式在多个城市的发展中得到了应用和体现，例如成都的宽窄巷子、上海的田子坊和新天地等，都是该模式的代表性案例。在这种模式下，历史文化资源被视为重要的资产，通过恰当的规划和设计，这些资源被重新赋予新的生命力和商业价值。重点在于保持原有文化遗产的风貌和特色，同时引入现代化的经营理念和功能，使之成为集文化传承、商业活动和休闲娱乐于一体的综合空间。通过这种改造利用，不仅保护和传承了历史文化遗产，也为当地居民和游客提供了新的文化体验和休闲方式。

3. 原有资源提升模式

原有资源提升模式专注于创新性地利用和拓展区域内已有的文化产业发展资源。其核心是在现有资源基础上引入新元素或将其扩展到旅游产业领域。这种做法旨在提升原有资源的使用价值，同时创造新的产业链，促进文化产业与旅游产业的融合，从而实现双重产业的相互增效。

该模式在文化创意产业聚集区的建设中尤为常见。以上海市旅游纪念品产业发展中心为例，这种模式通过对原有文化资源的深度挖掘和创新性转化，不仅丰富了文化产业的内涵，也为旅游产业注入了新的活力。在这一过程中，文化元素与旅游产业的结合不仅增加了区域的吸引力，还拓宽了市场的覆盖范围和深度。

4. 政府引导的全新规划融合模式

政府引导的全新规划融合模式是一种由政府主导的产业融合策略，其中政府机构选定一个新的区域进行专门规划，旨在重点发展特定类型的文化旅游产业。这种模式通常涉及大规模的基础设施投资、公共服务平台建设，并伴随着吸引投资的特殊优惠政策，以吸引行业领头企业进驻，从而在该区域内形成文化旅游产业的融合集聚区。在此模式下，政府不仅在物质资源配置方面发挥作用，还在政策制定和市场导向上提供指导。例如，浙江横店影视基地和云南楚雄彝人古镇就是这种全新规划融合模式的典型案例。这些地区通过政府的全新规划和支持，成功地将文化旅游资源转化为具有强大吸引力和高经济价值的产业集聚区。政府引导的全新规划融合模式的实施，不仅有助于文化旅游产业的集中和高效发展，还能推动区域经济的增长和社会发展。

四、根据比较优势的融合类型划分

依据比较优势理论将其分为三大类：基于成本优势的融合、基于消费市场的融合和基于高新技术的融合。这三种融合模式反映了不同产业间相互作用的动态过程和发展趋势。

（一）基于成本优势的融合模式

基于成本优势的融合模式在文化产业与旅游产业的协同发展中发挥着关键作用。此模式以资源共享和协同运作为核心，旨在通过有效配置资本和优化资源使用来降低交易成本和组织成本。这种策略的实施，不仅促进了规模经济的实现，还增强了两大产业在市场中的竞争力。在该融合模式下，地理位置和地租成本的考量成为重要因素。地租成本相对较低的区域，因其在初期投资和运营成本方面的优势，往往成为文化与旅游业融合的优选地。此类区域的选择，不仅降低了企业的财务负担，而且为创新活动和长远发展提供了有利条件。这种地理优势的利用，不仅体现了成本效率的追求，而且反映了对地区特色和文化资源的深度挖掘。

成本优势融合模式还涵盖了资源整合和产业链协同的方面。通过整合各类资源，如人力、物质、信息等，文化产业与旅游产业能够实现相互之间的优势互补。例如，文化产业的创意资源与旅游产业的服务体系的结合，可以创造出新的产品和服务模式，进而提升整体产业的附加值。

（二）依托消费市场的融合

依托消费市场的融合模式在文化旅游产业中的应用，体现了该模式对市场需求和消费者偏好的深入理解与有效响应。这一模式特别强调在既是客源地又是旅游目的地的双重性质空间内实施产业融合，以此来吸引更广泛的消费群体并扩大市场规模。具体而言，城市中心区域和主要旅游景区因其在消费者集聚和流动性方面的优势，成为实施此种融合模式的理想场所。这些区域通常具备较高的人流密度和较广泛的市场覆盖范围，使得文化和旅游相关产品及服务能够接触到更多潜在消费者。例如，上海城市广场位于豫园商圈，此区域历来是上海的旅游中心，兼具旅游纪念品展示与销售功能。其作为旅游商品产业发展的核心，已吸引众多专门从事旅游商品设计的公司入驻。这一现象不仅展示了消费市场融合模式在实际应用中的成功案例，而且凸显了此模式在促进文化创意与旅游业务结合、推动地方经济发展方面的潜力。

依托消费市场的融合模式还强调了创意与创新在促进产业融合中的重要性。在文化和旅游产业的结合中，创新的产品和服务设计不仅可以提高消费者的体验质量，还能激发新的市场需求，进一步推动产业的持续发展和市场的扩张。

（三）依托高新技术的融合

这一模式充分利用高新技术的推动作用，促进了文化新业态与旅游新业态的形成，从而不断为两大产业注入创新活力和发展潜力。随着高新技术在不同领域的广泛应用，如数字媒体、虚拟现实等，文化产业和旅游产业的融合呈现出更多元化和动态化的特征。

高新技术的引入不仅改变了传统文化旅游产业的运营模式，还拓展了其市场边界和服务范围。例如，数字技术的应用既使得文化内容的展示和传播更为灵活多样，也为旅游体验提供了更加丰富和沉浸式的感受。在这一过程中，新兴的技术和业态相互交融，共同推动了文化与旅游产业的转型升级。这种基于高新技术的融合模式还促进了地区经济的发展。随着某地区成为新型文化旅游产业的发展示范区，如北京数字娱乐产业示范基地、成都数字娱乐产业园等，该地区的技术创新和产业融合水平逐渐提高，从而吸引了更多的人才和服务资源。这种集聚效应不仅加速了当地文化旅游产业的发展，也促进了相关技术和服务的广泛传播和应用。

五、根据融合价值链划分

（一）产业融合的文化旅游新产品模式

产业融合下的文化旅游新产品模式展现了旅游产业与文化产业之间的紧密互动与协同发展。在此模式中，文化产业的内容与旅游产业的活动环节相结合，通过技术创新实现了两大产业边界的突破与融合。这种融合不仅丰富了旅游产品的内涵和外延，也为文化产业提供了新的表达和扩散平台。旅游产业在与文化产业的互动过程中，开发出了多种多样的文化旅游产品，如旅游演艺、主题公园（包括网游主题公园、动漫主题公园等）、特色旅游商品和会展旅游等。这些产品和景点的开发，不仅为旅游者带来了更加丰富和深入的文化旅游体验，还促进了传统旅游产品的改造和提升。这种产业融合模式还助力了文化产业链的完善和延伸，拓展了文化产业的发展空间。通过在文化旅游内容制作环节的融合，两大产业实现了资源共享和优势互补，进一步推动了产业创新和多元化发展。

（二）产业链延伸的文化产业景点化模式

文化旅游新产品模式的出现，标志着旅游产业与文化产业之间的界限日渐模糊。这种模式要求旅游产业对文化内容进行整合与创新，使文化产业的精神和物质内容跨越了原有的行业边界。旅游产业不仅仅是文化内容的传播者和消费者，更成为其创造者和再生产者，这种角色的转换显著提升了旅游产品的文化价值和体验质量。具体表现在旅游演艺、主题公园、特色旅游商品以及会展旅游等新兴领域，这些新兴形态的文化旅游产品不仅丰富了旅游业的产品线，也为文化产业提供了新的展示和交流平台。通过技术创新的推动，旅游产业和文化产业的融合模式不断深化，既增强了文化内容的表现形式，也推动了其在旅游产业中的广泛应用，提升了文化旅游产品的多样性和吸引力，从而实现了文化与旅游的无缝对接，提供了更为丰富和多元化的文化旅游体验。

（三）产业联动的新型旅游营销模式

产业联动的新型旅游营销模式突破了传统的营销策略，体现了文化产业与旅游产业在价值链中的深度融合。旅游产业不再是单一的服务提供者，而是变成了文化产业内容的积极传播者和创新者。文化产业，特别是娱乐和媒体行业的传播性、宣传性和展示性质，为旅游营销提供了新的维度和平台。通过整合文化产业的资源，旅游产业能够创造出新的营销传播渠道，这些渠道包括但不限于旅游电子商务、影视作品营销以及演艺和会展营销。这些渠道的利用，不仅增加了旅游产品的曝光率和吸引力，而且通过文化内容的引入，极大地提升了旅游产品的文化价值和消费者体验。新型旅游营销模式的应用，使得旅游产品的营销更加多元化和精准化。通过文化产业的联动，旅游产业能够接触更广泛的潜在消费者群体，并在消费者中建立起一定的品牌认知。此外，通过利用各种文化元素，旅游产业能够开发出具有特色的旅游产品，从而在激烈的市场竞争中脱颖而出。

（四）功能附属融合模式

功能附属融合模式体现了文化产业与旅游产业之间的互补性和协同增效。在此模式中，旅游活动不是独立存在的经济行为，而是文化产业功能实现的辅助手段。文化产业通过其固有的社会功能与作用，为旅游产业提供了新的活动平台和发展空间，旅游产业的吸引力和服务功能也为文化产业的活动增添了价值。这种融合模式在实际操作中表现为旅游功能有机嵌入文化产业活动中，使得旅游活动能够顺应文化产业的节奏和需求。例如，在会展旅游中，会展活动的举办带动了本地旅游活动的开展，旅游活动的安排和组织紧密围绕会展的主题和需求展开，实现了对文化产业的有效补充和对旅游产品的创新开发。

功能附属融合模式的实践，不仅促进了文化产业的社会功能发挥，也拓宽了旅游产业的服务范畴，进而实现了资源共享和相互促进的"双赢"状态。这种模式的应用增强了文化产业的吸引力，提高了旅游产业的经济效益，同时提供了新的视角和思路，为两大产业的发展提供了新的可能性。

第四节　文旅产业融合效益

随着人们收入水平不断提高、国内消费结构不断升级与城镇化建设的持续加快，旅游的目的已不再局限于单纯的观光游览。高品质的文化旅游能够提供更丰富的体验感、满足感和幸福感，成为衡量生活质量的重要指标。为了适应这一变化，文化旅游产业的发展需以满足人民群众对美好生活的需要为出发点。这要求文旅从业者依托优秀传统文化资源，优化文化旅游资源配置，不断创新和推出文化旅游精品，从而使公众在旅途中能够更好地享受文化的熏陶和旅行的乐趣。通过这种方式，文化旅游不仅成为人们生活的一部分，更是提升生活品质的重要途径。

（一）培育文化旅游新业态

文化和旅游产业，以其高度的渗透性、交叉性和融合性，不断在发展过程中相互融合，并在与其他行业的互动中催生新的业态，成为推动经济增长的新动力。这种融合不仅表现在两个产业内部的相互影响和渗

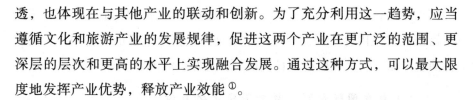

透，也体现在与其他产业的联动和创新。为了充分利用这一趋势，应当遵循文化和旅游产业的发展规律，促进这两个产业在更广泛的范围、更深层的层次和更高的水平上实现融合发展。通过这种方式，可以最大限度地发挥产业优势，释放产业效能①。

1. 以文旅融合推动乡村振兴

助力文旅融合，推动乡村振兴。文化旅游融合在推动乡村振兴方面扮演着至关重要的角色。乡村地区拥有丰富的文化资源和自然风光，这些资源在文旅融合的过程中可以被更有效地开发和利用。通过文旅融合，可以激活乡村地区的文化资产，将传统文化、乡村风貌与现代旅游需求相结合，创造出新的文化旅游业态。这样的融合不仅能够促进乡村地区的经济发展，还能带动就业，提升当地居民的生活水平。

培育文化旅游新业态的过程中，需要重视对乡村传统文化的保护和传承。通过将乡村的历史、民俗、手工艺等文化元素融入旅游产品，可以提升旅游体验的独特性和吸引力。此外，还需借助现代科技，如数字媒体、虚拟现实等，创新乡村旅游的展示方式，吸引更多游客体验乡村的文化魅力。发展乡村文化旅游业态也需遵循可持续发展原则。在开发乡村旅游资源时，应维护生态平衡，保护自然环境，确保旅游发展与环境保护相协调。

2. 旅游演艺成为文旅融合的"排头兵"②

2019年3月，文化和旅游部印发了《文化和旅游部关于促进旅游演艺发展的指导意见》指出：到2025年，旅游演艺市场繁荣有序。③旅游演艺逐步进入快速发展期，但是也因为缺少创新性和原创性等问题而受到诟病。对此应当坚定文化自信，坚持正确的价值导向和以人民为中心

① 张艳.唐山文化旅游产业融合发展研究：以迁安为例[J].当代经济，2018（20）：89-91.
② 王德刚.把旅游演艺打造成文旅融合"排头兵"[N].中国旅游报，2019-04-05（003）.
③ 范周.文旅融合的理论与实践[J].人民论坛·学术前沿，2019（11）：43-49.

的创作导向，加强对优秀传统文化资源的活化保护和创造性发展，不断丰富演艺文化内容，提高质量，不断创造出群众满意的、喜闻乐见的旅游演艺产品，满足人民群众日益增长的美好生活需要①。

（二）拓宽国际视野，提升国民文化自信

文化与旅游的融合发展，在全球化背景下，对于提升国家形象、传播文化、扩大国际交流合作具有重要意义。文化作为国家形象传播的纽带，旅游则是国家形象展示的重要窗口。在这一过程中，文化与旅游的深度融合不仅可以推动产业的逆势增长和经济的转型升级，还能够扩大国家间的交流合作，加强人文往来，传播国家的文明成果和文化内涵，从而增强国家认同感并提升国家形象。

《"十三五"旅游业发展规划》对构建旅游开放新格局、实施积极的旅游外交战略提供了指导，体现了中国在文化与旅游融合发展方面的国际视野。通过这种策略，旨在通过旅游业的发展推动文化的国际交流与传播，同时为增进国与国间的理解和友谊提供了新的途径。在此过程中，强化文化与旅游的融合发展，不仅有助于提升国内产业的竞争力和吸引力，还有助于提升国民的文化自信和国家的国际地位。从国际视野出发，加强文化与旅游的融合发展，对于推动国家形象的提升和文化自信的增强具有重要的战略意义。

在新的历史时期，文化旅游融合发展肩负着重要的历史使命。首先，必须树立文化自信，通过深入梳理和挖掘优秀文化资源，调整产业结构，促进产业转型，以丰富入境游客的文化旅游体验。这不仅提高了境外游客的满意度和体验感，也在潜移默化中传播了中华民族的文化魅力。同时，文化旅游融合发展应倡导文明出境游的理念，强调每位游客在境外的行为不仅是个人行为，更是国家文化和形象的展示。传承和弘扬中华

---

① 候术山，高艳阳.以人民为中心发展思想的价值意蕴与实践路径[J].学理论，2020（6）：1-3.

民族作为文明古国和礼仪之邦的优良传统变得尤为重要。这不仅涉及提升国民素质和规范出境行为，也是为中国精神、中国气质的对外传播搭建桥梁的关键一环。通过这种方式，文化旅游融合发展能够在国际舞台上展示中国的文化魅力和民族风采，增强中国在全球文化交流中的影响力。

第三章　沉浸式文旅产业融合机制与动力

　　"机制"一词源于希腊文，指机器的构造和工作原理，还可指有机体的构造、功能和相互关系，泛指一般性工作系统的组成及其相互作用的过程和方式，在经济学、社会学、管理学中广泛应用①。对机制的理解应当主要包括三个方面内容，即构造、运行及功能②。构造方面，文化产业与旅游产业的融合是一个复杂的系统，其组成元素包括文化资源、旅游资源、市场需求、政策支持、技术创新等。这些元素相互作用，共同构成了文化旅游产业的基础。运行方面，文化旅游产业的运作是动态的，它涉及文化资源的开发、旅游产品的创新、市场营销的策略、消费者需求的变化等。这些因素的相互作用产生了特有的秩序和发展模式。功能方面，文化旅游产业的融合不但能促进经济增长，提高地区的知名度和吸引力，而且对于保护和传播文化遗产、提升地方文化认同感等方面具有重要意义。

　　为了更深入地理解文化产业和旅游产业融合的内在机制，需要研究这些组成要素如何互相作用，从而使文旅产业融合得到更好的发展。这包括分析政策如何影响文化资源的保护和开发、技术创新如何改变旅游产品的

① 谢尚大.合规师必读：企业规章制度设计[M].北京：企业管理出版社，2022：98.
② 李锋.文化产业与旅游产业的融合与创新发展研究[M].北京：中国环境出版社，2014：97.

开发和营销、市场需求如何驱动产业的变革等。通过对这些内在规律性问题的深入研究，可以更好地理解和推动文旅产业的健康发展。

第一节　文旅产业融合机制

一、文旅产业融合机制

文化产业与旅游产业的融合是在多重动力因素的共同作用下形成并迅速发展的产业现象。这些动力因素包括市场需求拉动、经济利益驱使、竞合行为主导、技术进步、政府管制放松以及资源观念改变等。融合机制以满足消费者在休闲娱乐方面的需求为基础，实现了文化产业与旅游产业之间的深度关联。在这种关联中，文化产业为旅游产业提供可持续利用和可更新的文化资源，旅游产业则通过其服务的延伸促进了与文化产业的融合。这种融合不仅增强了两大产业的相互作用和依存关系，还催生了一种新的业态，即具备文化产业和旅游产业双重性质的文化旅游产业。这一融合机制标志着两大产业在满足日益增长的文旅需求的同时，为产业发展提供了新的方向和机遇。文化产业和旅游产业融合机制如图3-1所示。

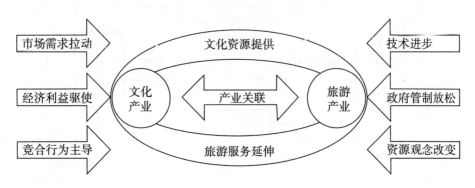

图 3-1　文化产业和旅游产业融合机制

二、文化产业与旅游产业呼应机制

文化产业与旅游产业的融合在两者的发展历程中构成了一种重要的产业创新。在特定的条件下，无论是文化产业还是旅游产业，都表现出一定程度的稳定性。然而，随着系统内部的涨落动态，旧有的产业结构逐渐失去稳定性，催生出创新的需求。在这个过程中，创新可以被视为"创造性的破坏"，它不仅打破了原有的产业结构和模式，也促进了从旧结构向新结构的演化。这种演化过程不仅为文化产业和旅游产业的发展开辟了新路径，也为两者的综合发展提供了新的动力和方向。

旅游产业与文化产业的融合发展经历了一个包含初始、中期和后期三个递进阶段的过程，并涵盖了创意、产品、企业、市场四个不同的层面。在这一发展过程中，两大产业表现出深刻的相互依赖和相互促进的关系。本研究旨在构建旅游产业与文化产业之间的互动融合发展机制，以清晰地展示它们在融合过程中的相互作用及各自的贡献。通过这一机制的建立，旨在深入解析旅游产业与文化产业融合发展的内在逻辑和动态特征，进而阐明其在整体经济发展中的重要性和作用。文化产业和旅游产业呼应机制如图 3-2 所示。

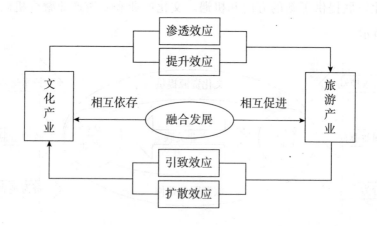

图 3-2　文化产业和旅游产业呼应机制

（一）文化产业：融合中对旅游产业的渗透和提升效应

沉浸式体验在文化产业与旅游产业融合过程中发挥了关键作用，尤其是在提升旅游产业的渗透效应和提升效应方面。在当前社会，旅游已不仅仅是地理位置的迁移，更是一种文化与精神层面的体验和探索。随着文化产业的介入，旅游产品从单一的自然景观或历史遗迹转变为包含丰富文化内涵的综合性体验。这一转变不仅体现了文化产业对旅游产业的深远影响，也展示了沉浸式体验在这一过程中的重要性。

沉浸式体验的核心是让旅游者在游览过程中深度参与，体验文化的独特魅力。这种体验方式不仅限于视觉和听觉的享受，更重要的是心灵上的触动和情感上的共鸣。例如，主题公园通过将虚拟世界转化为实体体验，运用声光电等现代技术，为游客提供了一个全方位、多感官的沉浸环境。这不仅增强了游客的体验感，也使得旅游产品本身更具吸引力和竞争力。文化产业的融合不仅丰富了旅游者的体验，还提升了传统旅游产品的文化内涵。传统旅游产品往往依赖于自然景观或人文历史，而文化产业的加入，使这些传统资源被赋予了新的文化意义和情感价值。例如，张艺谋的《印象》系列，便是通过将当地文化与自然景观相结合，创造出独特的文化旅游产品，这不仅增强了游客对目的地文化的理解和体验，也极大地提升了旅游目的地的吸引力。

文化产业的介入还带来了新的商业模式和运营机制。通过文化与旅游的融合，可以创造出新的市场机会和经济增长点。例如，影视作品的热播带动了相关拍摄地的旅游热潮，这不仅增加了旅游地的知名度，还带动了当地的经济发展。在这一过程中，文化产业的创意和技术为旅游产品的升级提供了支持，使旅游产业能够更好地适应市场的变化和需求。

（二）旅游产业：融合中对文化产业的引导和扩散效应

旅游产业对文化资源的开发保护和文化的传播起到了关键作用。许多历史文化遗产在时间的长河中面临着自然和人为的双重威胁，而旅游产业的发展为这些文化遗产的保护提供了资金和社会关注的可能性。文化资源作为旅游产品的核心，其天然的吸引力使得游客愿意为体验这些文化遗产付费，这样的经济效益又反哺了文化资源的保护和维护。旅游产业的发展还带动了文化的传播和交流。不同文化背景的游客在旅游过程中相互交流，促进了文化的碰撞与融合，这不仅加深了游客对本地文化的理解，也促进了本地文化的传播与发展。

旅游业作为世界上最大的产业之一，其庞大的市场规模为文化产业提供了广阔的市场空间和消费群体。例如，哈利·波特系列的电影和小说通过旅游产业的融合，如主题公园的开发，实现了品牌和市场的扩展，这不仅增加了文化产品的知名度，也扩大了其市场规模。此外，文化旅游的发展还激发了游客对文化的兴趣和文化产品的消费欲望，文化博览会等活动也有效提高了文化产品的知名度，使文化产品成为旅游消费的重要组成部分，从而大幅增加了文化产品的消费量。

通过沉浸式体验，游客可以更深入地感受到文化的独特魅力，这种深度参与不仅增强了游客的体验感，也加深了对文化资源价值的认识。例如，将历史文化遗产通过现代技术和创意呈现给游客，使得游客在感受历史文化的同时，加深了对该文化遗产的理解和尊重。这种沉浸式的文化体验不仅丰富了旅游产品的内涵，也增加了文化资源的保护意识和市场价值。

三、文化产业——旅游产业融合成长的关联机制

文化产业与旅游产业的融合成长，本质上是一个由微观经济组织单元，即企业的融合化成长所推动的宏观经济现象。这种融合首先源于单一企业层面的策略决策，随后演化为整个行业的普遍模式。企业通过融合化成长，实现资源利用效率的提升、产品竞争优势的确立和市场竞争环境的优化，进而成为其他企业模仿的对象。

在文化产业与旅游产业的融合中，沉浸式体验作为一种创新的服务方式，成为推动这一融合的核心动力。创意技术的扩散是企业进行融合化成长的基础条件，沉浸式体验正是这一创意技术革新的体现。通过提供独特的文化体验，企业能够吸引更多游客，创造出独特的市场优势。然而，企业要实现结构和能力的转换，还必须克服由于原有产业服务限制而产生的转型成本，包括软硬件升级、管理组织改革等方面的投入。随着越来越多的企业加入融合化成长的行列，整个市场竞争结构发生变化。这种变化不仅影响企业的行为模式，也改变了市场绩效的评价标准。在这一过程中，企业绩效的变化通过反馈机制影响企业行为，进而影响市场竞争结构的演变。这种相互作用的过程，进一步促进了文化与旅游产业融合后产品的市场需求变化。

当沉浸式体验所带来的文化旅游产品市场需求得到有效扩散，并且其规模足以支持行业内一定数量企业的发展时，可以认为产业融合是成功的。这种成功不仅体现在经济效益上，更体现在文化传播和体验创新上。沉浸式体验作为融合的核心，不仅改变了游客的体验方式，也推动了文化产业与旅游产业的共同发展，实现了两个产业的相互促进和共生共赢。企业融合成长与产业融合的关联机制如图3-3所示。

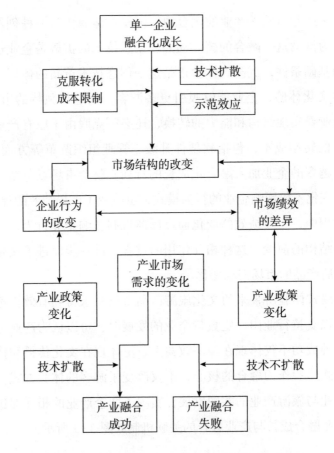

图 3-3　企业融合成长与产业融合的关联机制

四、沉浸式体验融合机制

沉浸式体验在文化旅游（文旅）融合机制中发挥着至关重要的作用，其核心在于通过深度参与和互动体验，为游客提供独特、个性化的旅游体验。沉浸式体验的实现，不仅依赖于技术手段的创新，还包括文化内容的深度挖掘和环境创设的精心设计。下面旨在探讨沉浸式体验在文旅融合中的应用机制，分析其对旅游业发展的影响，并提出实现高质量沉浸式体验的策略。

沉浸式体验的概念源于心理学和娱乐产业，强调的是参与者在某个环境或活动中的全身心投入。在文旅领域，这种体验通常是通过故事叙述、环境布局、多感官刺激等方式实现的。例如，通过虚拟现实、增强现实等技术，游客可以"穿越"到古代城市，亲身体验历史事件，或者在虚拟环境中与文化遗产互动。这种技术的应用不仅增强了游客的参与感和体验感，也极大地丰富了文旅产品的内涵。

沉浸式体验在文旅融合中的关键，在于如何有效地结合文化元素和旅游体验。这不仅要求对文化遗产进行深入的挖掘和解读，还要求将这些元素与游客的实际体验相结合。这种结合不仅是物理空间的结合，更是情感和认知的融合。例如，通过演绎重现历史事件或民俗活动，游客不仅可以视觉上欣赏到文化的独特性，更能在参与中感受到文化的内涵和精神。

在沉浸式体验的设计中，故事叙述是一个不可或缺的元素。一个好的故事能够引起游客的共鸣，激发他们的好奇心和探索欲。故事叙述的有效性不仅取决于内容的吸引力，还依赖于其呈现方式。例如，通过互动剧场、实景演出等形式，将游客置于故事的环境中，使其成为故事的一部分，这种体验往往比简单的观看更加深刻和难忘。除了技术和故事叙述，环境创设也是沉浸式体验不可忽视的方面。环境的设计需要与故事内容和文化背景紧密相连，创造出有助于沉浸的空间和氛围。例如，通过光影效果、声音布置和空间布局，创造出一个能够激发感官体验的环境，从而增强游客的沉浸感。

沉浸式体验对于文旅融合的影响是多方面的。首先，它能够显著提升游客的满意度和忠诚度。当游客在旅游过程中获得了独特和深刻的体验，他们更可能对该旅游目的地产生强烈的情感连接，从而增加再次访问的可能性。其次，沉浸式体验可以作为一种有效的文化传播方式。通过体验，游客可以更深入地理解和欣赏目的地的文化和历史，这对于文化的保护和传承具有重要意义。最后，沉浸式体验还能促进当地经济的发展。沉浸式体验通过吸引更多的游客，不仅能带动旅游业的增长，还能带动相关产业链的发展，如餐饮、住宿、交通等。

第二节 文旅产业融合动力

文化产业和旅游产业融合的动因，国内学者从不同的角度有不同解释。李美云对于产业融合的动因，进行系统分析，将文旅产业融合动力归于以下两个原因：融合内因——经济性；融合外因——需求与竞争。赵黎明认为，文化旅游业基于内部推力和外部压力，会形成产业融合的持续性发生机制[①]。

文化产业与旅游产业的融合体现为社会经济发展的一种自然趋势，在产业分工日益精细化的背景下，产业要素的路径依赖性逐渐降低，而游弋性增强，导致文化与旅游产业的边界不断被打破。在此过程中，两大产业的要素突破原有界限，与外部产业要素进行交流和整合，这是产业结构转型和系统性发展变化的显著标志，标志着系统从一种平衡状态向另一种新的平衡状态的转变。本研究从系统论的视角出发，将文化产业与旅游产业的融合视为两大产业系统在与外部环境互动，特别是与其他产业系统进行协作的结果。动力要素系统的分析展现了三个层面：宏观经济环境为文化与旅游产业融合提供了宏观条件，促进和影响着产业的适应性发展行为，其中文化旅游需求的变化引导着企业的产品生产和市场行为。企业作为市场主体，其追求利益最大化的本能驱动其行为，在这一过程中企业间的竞争与合作关系起着决定性作用。从微观层面看，文化产业与旅游产业的融合不单是两者自发的行为，亦是受外部发展压力驱动的必然结果。技术进步、政策环境以及创意激发等因素共同构成了文化与旅游产业融合的外部动力系统。据此分析，文化产业和旅游产

---

① 赵黎明. 经济学视角下的旅游产业融合 [J]. 旅游学刊，2011（5）：7-8.

业融合的动力系统可以人为地分为动力引发子系统、内力子系统和外力子系统三部分。

　　动力引发子系统为文化与旅游产业融合提供了必要的宏观经济条件，为融合过程注入初步动力。内力子系统则是融合过程的序参量，它涵盖了文化产业和旅游产业内部因素，如企业追求利益最大化的根本动机，以及企业间竞合关系的动态。这一子系统是融合过程中的内在驱动力，决定了融合深度和稳定性。外力子系统则由技术进步、政策环境、创意激发等外部因素构成，为产业融合提供了持续的外部动力，促进了产业间的互动与整合。

　　在此动力系统框架下，可以将文化产业与旅游产业融合的力量形象地比喻为一个动力三角形，其中内力子系统确定了三角形的高度，体现了内在动力的影响程度。外力子系统和动力引发子系统共同确定了三角形的底边长度，反映了外部条件和宏观环境的支持广度。三角形的面积象征着融合动力的总体大小，表征了文化与旅游产业融合的潜在能量和实现程度。文旅产业融合动力系统如图3-4所示。

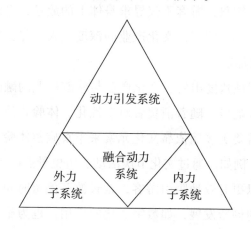

图3-4　文旅产业融合动力系统

一、引发动力

文旅产业融合是在一定的社会经济基础上产生的。其主要有三方面动力：其一，强关联性和战略匹配性是其融合的基础；其二，产业知识能力或能力要素的积累；其三，产业升级发展需要。①

（一）强关联性和战略匹配性是其融合的基础

文化产业与旅游产业之间的强关联性与战略匹配性，构成了这两大产业融合发展的核心基础。在全球化和数字化时代的背景下，这种融合不仅是两个产业内在发展趋势的必然结果，而且是响应市场需求、促进产业升级和创新的关键策略。

文化产业与旅游产业的内在联系为融合提供了天然的基础。文化产业，包括文化遗产、表演艺术、视觉艺术等，本质上是情感、价值观念和历史传承的承载者。而旅游产业，以其对地理位置、自然景观和文化背景的依赖性，自然而然地与文化产业形成互补。这种互补性在旅游活动中体现得尤为明显，游客不仅寻求身体上的放松，更追求文化上的满足和心灵上的触动。因此，文化产业的深度融入，能够显著提升旅游产品的吸引力和附加值。

从战略匹配性角度出发，文化产业与旅游产业的融合是对现代消费模式变化的积极响应。随着消费者对个性化、体验式消费的需求日益增长，旅游产业需要更多地依靠文化元素来丰富旅游体验，提升服务的差异化和竞争力。例如，通过文化节庆活动、历史景点的再生利用等方式，旅游目的地可以更有效地吸引游客，延长游客停留时间，增加消费。此外，文化产业的创新发展，如数字文化的应用，也为旅游产业提供了新的增长点和创新模式。

---

① 李锋．文化产业与旅游产业的融合与创新发展研究 [M]．北京：中国环境出版社，2014：100．

然而，这种融合并非没有挑战。文化产业与旅游产业在运营模式、市场定位以及消费者需求等方面存在一定的差异。因此，有效的产业融合策略需要基于对这些差异的深入理解和精准把握。例如，在实施融合策略时，企业需要考虑如何在保持文化的原汁原味同时满足旅游市场的需求。企业层面的战略匹配对于产业融合的成功至关重要。企业在考虑融合策略时，应与其长期发展战略相匹配，确保融合活动能够支持并加强其核心竞争力。这种战略匹配不仅涉及产品和服务的创新，还包括对企业内部管理结构、运营流程的调整，以及对外部合作伙伴和供应链的优化。

（二）产业知识能力或能力要素的积累

　　产业知识能力的积累对于企业及其所处产业的发展至关重要。这种积累并非一朝一夕之功，而是在长期的经营活动中，通过不断学习、实践和创新形成的。知识能力的核心在于其对企业商业模式与业态进行改造和革新的潜力，这一过程中，知识产权、核心技术、市场拓展能力以及资源整合能力等元素发挥着重要作用。

　　在知识经济时代，知识和信息已成为企业竞争力的核心。企业之所以能够在市场中占有一席之地，很大程度上取决于其知识管理能力，即如何有效地获取、整合、利用以及创新知识。知识的积累与管理不仅关乎技术和产品的创新，更与企业的战略规划、市场定位和品牌形象紧密相关。因此，企业的知识能力实际上是其综合实力的体现，是其在市场竞争中立足的根本。知识的积累不仅是量的累积，更是质的飞跃。随着知识的不断累积，企业能够更好地理解市场需求，洞察行业趋势，从而有效地调配资源，提高运营效率。同时，知识积累能够促进企业内部的技术创新和产品迭代，使企业能够更快地适应市场的变化，把握市场的机遇。此外，知识的积累还有助于企业构建和巩固其核心竞争力，这种竞争力往往源于企业独特的知识资产，如专利技术、品牌形象等，这些

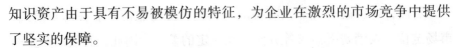

知识资产由于具有不易被模仿的特征，为企业在激烈的市场竞争中提供了坚实的保障。

知识积累的过程也可能对企业原有的商业模式产生冲击。当知识积累达到一定临界点时，原有的商业模式可能已经无法适应新的市场需求和技术条件，这时，企业就需要对其商业模式进行创新和调整，以适应知识积累带来的变化。这种商业模式的创新不仅是对产品和服务的更新，更是对企业经营理念、管理模式和市场策略的全面革新。

（三）产业升级发展需要

在当代社会经济的新发展阶段中，文化产业和旅游产业面临的转型升级任务尤为迫切。这一转型升级不仅关乎两个产业的未来发展方向，更是实现经济结构优化和促进社会文化进步的关键。文化产业和旅游产业的升级，意味着必须从发展模式、形态以及内涵上进行全面的变革，以适应新时期的发展需求和市场变化。

首要的转型方向是由粗放型向集约型的转变。长期以来，文化产业和旅游产业多依赖于规模的扩张来驱动增长，这种模式在一定程度上忽视了资源效率和环境可持续性。集约型发展则强调资源利用的效率和优化，注重通过技术创新和管理优化来提高产业的整体竞争力和可持续性。在这一转型过程中，如何有效地利用现有资源，提高资源配置的科学性和合理性，成了重要的课题。

转型需要实现从单纯注重经济功能到发挥综合功能的转变。文化产业和旅游产业在促进经济发展的同时，担负着传承文化、促进社会和谐等重要职责。因此，这两个产业的发展不应仅局限于经济效益的追求，更应关注其对社会文化层面的贡献。例如，通过文化旅游的发展，不仅可以推动地方经济的增长，还可以促进文化的交流与传播，加强民族团结和文化自信。业态创新是实现产业转型升级的关键途径。随着创意产业的兴起，创新的思维方式和发展模式正在重塑传统的文化和旅游产业。

创意产业的发展不仅提供了新的经济增长点，更为文化产业和旅游产业的融合提供了新的视角和方法。这种融合表现在文化内容与旅游体验的深度结合，以及技术手段在提升游客体验中的应用。例如，利用虚拟现实技术增强旅游体验，或是通过数字化手段保存和展示文化遗产，这些创新不仅能够提升游客的体验，还能增强文化传播的效果。

二、内生性动力

内力子系统研究方面，文化旅游供需的矛盾是研究着眼点，文旅需求的引导力以及企业行为的主导力是内力子系统的重要方面。

（一）市场需求拉动是其融合的逻辑起点

企业以服务为舞台，以商品为道具，以消费者为中心，创造能够使消费者参与，使得消费者回忆的活动①。而当代的文化消费与旅游消费需求之变革，见证了消费者偏好与行为的深刻转型。此变化的核心在于消费者对产品与服务的期望日益多元化、细分化，同时蕴含着更加丰富的情感与个性化需求。现代文化与旅游企业，若想在竞争激烈的市场中占有一席之地，必须洞悉这些变化的本质与发展趋势，以更加精准和高效的方式满足消费者的多样化需求。在多元化的趋势下，消费者不再满足于传统的单一产品或服务。他们追求的是能够体现个人身份与价值观的消费体验。由于个体差异及社会环境的变化，文化消费与旅游消费的目标、时间、空间和内容等方面均呈现出多样性。随着科技的发展与全球化的推进，消费者能够接触到更多元的产品与服务，从而使得他们的需求更加细分与复杂。组合化是另一关键特征。在现代社会，人们虽享有更多的闲暇时间，但工作与生活的压力同样不容忽视，这也使得休闲时间变得尤为宝贵。在这样的背景下，消费者期望通过一次性的消费活动，满足多重需求。例如，在一次旅游中同时体验文化、休闲与探险等多种

---

① 吉尔摩.体验经济[M].夏业良，译.北京：机械工业出版社，2008.

活动，从而实现时间与经济效益的最大化。

情感化需求的提升，标志着部分消费者对产品与服务的期望已超越了物质层面。在消费升级的时代背景下，单一化的产品性能与质量已难以满足全部消费者。消费者更加注重产品、服务以及环境中融入的情感元素，如何通过这些元素提供满足感、构建竞争优势，成为企业吸引和留住顾客的关键。信息共享的兴起，尤其在网络信息化时代，对旅游消费行为产生了深远的影响。旅游信息的共享不仅源于旅游传播媒介的扩张，如新媒体和自媒体，也源于信息获取渠道的多样化。这些变化使得文化旅游者既是信息的消费者，也成为信息的创造者。随着移动互联网的普及，微博、微信、论坛等成为了解文化旅游信息的重要来源。信息共享不仅加速了信息的传播速度，也触发了消费者的即时消费需求，对文化旅游市场的影响日益显著。

当前文化消费与旅游消费需求的变化，反映了现代社会消费者行为的深层次转变。企业要想在这一变革中取得成功，不仅需要关注产品与服务的质量和性能，更应重视消费体验的多元化、组合化与情感化，同时充分利用信息共享带来的机遇，以创新的思维和方法满足消费者的新需求。信息共享触发了文化旅游者的瞬时消费需求，要求文化旅游信息服务的提供者快速整合信息服务资源，响应文化旅游者的瞬时需求[1]。

在当前的经济与社会环境中，文化产业与旅游产业之间的互动与融合，正成为一种显著的趋势。这种趋势根源于消费需求的深刻变化，即从单纯的有形产品消费向富含无形价值的体验消费转移。有形产品的价值在很大程度上依赖于其所蕴含的无形部分，如品牌、文化内涵和服务体验等，而无形价值的实现又往往需要有形产品作为载体。在这一过程中，文化的丰富内涵与旅游活动的体验性质相结合，为满足消费者在自我完善、审美享受等高层次需求方面提供了广阔的空间。

---

① 王乐鹏，王颖，李春丽.基于 SNS 机制发展旅游电子商务的途径研究 [J].电子商务，2011（7）：19.

随着消费者的成熟与市场的发展，差异化体验和综合服务的需求日益显著。文化旅游消费者开始寻求"一站式"服务，涵盖吃、住、行、游、购、娱等多个方面，这一需求的增长促进了文化产业与旅游业的融合发展。在这个过程中，市场竞争的激烈化要求企业提供更加差异化的产品与服务，以满足消费者对个性化和一站式服务的需求。为满足此类需求，文化企业与旅游企业开始积极探索合作模式，以在竞争中取得优势。这种融合与创新的推动力来自消费者对于高质量文化旅游体验的不断追求。文化产业与旅游产业的融合，实质上是对人民日益增长的文化旅游需求的适应与回应。这种需求的持续提升，成了推动我国文化产业与旅游产业深度融合的根本动力。在这个过程中，企业的创新能力和对市场变化的敏感度成为其成功的关键。总体而言，文化产业与旅游产业的融合不仅是市场驱动下的产物，也是文化与经济发展的必然趋势，它在满足人们对高层次文化旅游需求的同时，为两大产业的发展提供了新的动力和方向。

（二）经济利益的驱使和追求是融合的内部原因

在探讨文化产业与旅游产业融合的内部原因时，经济利益的驱使和追求占据了核心地位。这一现象在经济学的多个理论框架下均得到了解释和支持。从经济性的视角出发，文化产业与旅游产业均以增进经济效益为其根本目标。这种目标不仅反映在对利润的直接追求上，还体现在对市场竞争力的提升上。

在古典经济学视角下，企业被视为以追求利润最大化为目标的生产主体。这一观点揭示了文化产业与旅游产业融合的经济动机：两者的结合能够创造新的收入来源，扩大市场份额，从而实现利润最大化。然而，演化经济学提供了更为丰富的视角，认为企业不仅追求利润最大化，还关注于达到其抱负水平。在这一框架下，文化产业与旅游产业的融合被视为一种适应市场变化、满足企业抱负的策略。竞争对手的创新行为促使企业探索新的可能性，其中包括跨产业的融合与合作。企业能力理论进一步深化了对企业行为的理解，强调企业本质上是一个能力体系，其竞争优势依赖于能力的积累、保持和运用。在这个理论下，文化产业与旅游产业的融合可以被看作企业寻求新能力、拓展产品市场的战略行为。这种融合不仅是企业提升自身核心竞争力的手段，也是受限于企业资源或核心能力时的一种必然选择。

在文化产业与旅游产业的融合方面，旅游业通过文化元素的融入，不仅提升了旅游资源的质量和内涵，还扩展了旅游产品的数量和种类，从而增加了旅游收益并促进了旅游业的进一步发展。与此同时，这种融合也使旅游成为文化发展的媒介，旅游产业的介入扩大了文化产业的市场空间。通过强化文化内容的表现形式和艺术手法，文化产品被转化为文化旅游产品，有效实现了文化产业的价值增值。这种融合还能产生范围经济并降低交易成本，这构成了两大产业对融合的积极追求。

（三）企业的竞合行为是两大产业融合的主导力量

在探讨文化产业与旅游产业融合的动力时，企业的"竞合"行为显现为一个关键的主导因素。这种行为模式超越了传统的纯竞争或纯合作理念，体现了企业在面对市场变化和消费者需求时的复杂互动策略。企业的本质追求是实现效益最大化，而这一目标的实现依赖于满足消费者需求的程度。为达成此目标，企业不断探索技术创新和新产品开发，努力在不断变化的环境中寻求持续的竞争优势。

文化产业与旅游产业的融合正是这种竞争与合作行为的具体体现。企业在竞争中寻求合作，形成了"竞合"的新型互动模式。这种模式下，企业超越了传统的行业边界，采取跨界合作的策略，实现资源的共享与优势的互补。在这一过程中，不仅推动了自身的发展与壮大，也促进了整个行业的创新与进步。企业的这些行为源自对消费者需求的深刻理解和积极响应。随着消费者对文化旅游的需求日益提高，企业之间的竞争也随之加剧。这种竞争不仅推动了产业的创新，还促使企业走向合作，寻找新的发展机遇。企业之间的相互渗透和融合，加速了文化产业与旅游产业的结合，从而形成了一种新的、更为丰富和多元的市场格局。

三、外生性动力

（一）其他产业发展的压力助推文化产业——旅游产业融合

在当前经济转型和社会进步的背景下，我国正面临产业发展的重大挑战和机遇。特别是对于非文化旅游产业而言，这一时期不仅带来了发展压力，也提供了转型升级的契机。在这种背景下，非文化旅游产业与文化产业及旅游产业的融合成为一种显著的趋势，这种趋势既源自产业自身的内在需要，也受到外部环境的推动。

从产业自身的角度来看，其他产业在长期的发展过程中积累了大量的废弃资源。这些资源若得到合理的再利用和转化，不仅能够增加产值，提升效益，还能够延长产业链，实现资源的最优化配置。文化产业和旅游产业为这些废弃资源提供了新的利用途径，如将废弃的工业设施转化为工业旅游景点或文化体验区，不仅丰富了文化旅游业态，也提高了产业的附加值和市场竞争力。面对经济转型的挑战，其他产业迫切需要寻找新的发展空间和方向。文化产业和旅游产业因其独特的吸引力和广阔的发展潜力，成为这些产业转型升级的理想选择。通过与文化产业和旅游产业的融合，这些产业不仅可以实现功能的置换和创新，还可以拓展自身的市场范围和消费群体。例如，蒸汽机火车旅游和邮轮游艇制造业的发展，展示了如何将传统产业与文化旅游产业结合，创造出新的旅游产品和体验。这种融合不仅提高了传统产业的价值和竞争力，也为文化旅游产业带来了新的发展动力和创新方向。

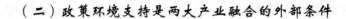

（二）政策环境支持是两大产业融合的外部条件

在文化产业与旅游产业的融合进程中，政策环境的支持扮演了至关重要的外部条件角色。政策的制定与调整，特别是在管制放松和战略重视方面的变化，为这两大产业的融合提供了关键的推动力。在早期，文化与旅游在我国并未被视为一个独立的经济产业，而是作为文化事业和外事接待型活动而存在。然而，随着政府指导思想的根本转变，这两个领域开始被正式认定为独立的经济产业，伴随着对其管制的逐步放松，文化与旅游产业得到了显著的发展。

政策环境的支持不仅降低了产业间的壁垒，还促进了行业间的渗透、交叉和融合。政府的放松管制为私营企业和外资企业进入文化与旅游产业领域创造了条件，这些新的市场参与者以其对旅游市场新需求的敏锐把握和新产品开发的灵活性，成为推动两大产业融合的重要力量。在政策的引导下，文化企业和旅游企业得以更好地响应市场变化，积极探索和创新合作模式，从而推动了文化旅游产业的快速发展。政府的政策支持不仅限于法律法规的完善，还包括了对文化与旅游融合发展的明确指导。

（三）技术进步的推动是融合的催化剂

技术进步在文化产业与旅游产业融合中发挥着催化剂的作用。在产业融合的广泛背景下，技术创新和技术融合成为推动产业发展和转型的关键因素。特别是在文化产业与旅游产业的结合过程中，技术进步不仅提升了产品的创造力和表现力，还扩展了其传播范围和管理效能，从而加速了两大产业的融合。技术进步的影响首先体现在新型组织结构的出现上。信息技术和数字技术的发展，尤其是互联网的普及，使得新型的文化旅游产业组织如在线旅游营销平台迅速崛起。这些平台改变了传统的营销模式，提供了更为便捷和多样化的服务方式，加快了文化旅游产品的流通和消费者接触的频率。旅游景点等传统组织也开始利用网络技术构建营销网站，加强与消费者的互动和连接，这些技术的应用促进了文化产业和旅游产业间的新型融合结构的形成。

技术进步在增强文化旅游产品体验性方面发挥了重要作用。例如，在主题公园中，先进的灯光技术、舞台效果和数字虚拟技术等的应用，极大地提升了游客的互动体验和沉浸感。这种技术上的革新不仅使文化旅游产品更具吸引力，也为消费者提供了全方位的体验感受。这样的技术应用不仅增强了文化旅游体验的深度，也促进了产业融合的持续深化。

在这一过程中，创意和创新的重要性愈加凸显。技术进步为创意的实现提供了更广阔的舞台，使得文化旅游产品能够以更加丰富多彩的形式呈现给消费者。新技术的应用不仅增强了产品的吸引力，也为文化旅游产业的创新发展提供了强大的动力。技术进步在文化产业与旅游产业融合中的催化作用是多方面的。它不仅改变了产业的组织结构和运营模式，还深化了产品体验和市场影响力，进一步推动了两大产业的深度融合。在未来的发展过程中，技术进步将继续作为一个关键的催化剂，推动文化产业与旅游产业朝着联系更加紧密和内容更加创新的方向发展。

（四）创意是文化产业——旅游产业融合发展的契机

创意作为生产力的重要组成部分，在文化产业与旅游产业的融合中扮演着关键角色。经济学家长期以来关注创意对经济增长和产品价值提升的作用，而在当前的经济环境下，创意的作用更加凸显，特别是在促进不同行业的重组与合作方面。创意产业以其知识密集型、高附加值和高整合性的特点，成为构建新产业结构的重要通道。

创意不仅是促进融合的催化剂，还是整个融合过程的核心要素。文化产业和旅游产业依赖于特定的资源，通过将这些资源转化为市场上的产品，最终传递给消费者，从而实现文化旅游产业的功能。创意的引入使得对文化旅游资源的利用不断创新，结合新技术的支持，实现了产品融合创新。创意不仅贯穿于产业经济的发展过程，还推动了文化产业和旅游产业的深度融合。从系统论的角度来看，系统的巨大变化往往由微小变化通过非线性相互作用引发。在文化产业与旅游产业的融合中，创意正是引发这种微小变化的关键契机。通过对产业系统要素，如资源、市场、产品、企业等进行创意性的整合，可以引发出新的产品和企业，从而导致系统内要素数量的变化和要素间关系的重新配置，进而引起系统结构的变化。成功的融合型文化旅游产品因其巨大的经济效益和影响力，能够引发广泛的模仿和"羊群效应"，总会出现一些有代表性的创新融合产品，这些产品会引起产品结构和企业组织结构的变化，最终导致文化产业与旅游产业融合的扩散和深化。

四、融合动力模型

文化产业与旅游产业融合的驱动机制是一个复杂的协调互动程序，其影响融合模式变化的要素通过特定的相互作用形成，促进融合创新的发展。这一驱动机制建立在两个基本假设之上：一是外部环境的持续变化，二是已有产业融合的存在。在这些假设的基础上，文化产业与旅游产业的融合动力模型得以阐释，如图3-5所示。

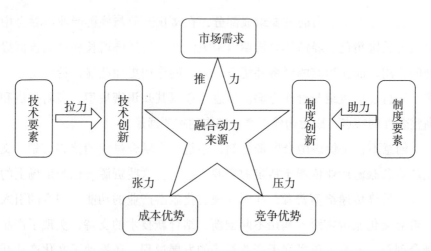

图 3-5　文化产业与旅游产业融合动力模型

　　融合创新的驱动因素中，外部因素如技术进步、市场需求和产业竞争的持续变化对融合模式产生重要影响。这些外部驱动因素与内部因素，即战略匹配和知识积累之间相互作用，共同推动产业融合的进程。当外部驱动因素不足以引起显著变化时，融合模式可能在一段时间内保持稳定。然而，一旦外部环境发生重大变化，外部驱动因素的影响增强，将迫使企业相应地调整内部因素，推动原有融合模式的变革。在新的融合模式创立过程中，原有融合模式的相关性发挥了自催化的作用。这种自催化作用不仅促使企业更有效地利用知识和信息，而且通过重新组合这些资源，产生了更多更新的知识，为企业创新融合模式提供了坚实的基础。此外，原有融合模式的功能耦合加强了产业要素之间的联系，提高了产业融合程度，扩展了企业的资源和能力。

　　这种动态互动导致了原有产业融合模式的破裂，经历了一系列的分拆与整合，最终形成了更高层次的产业融合模式。文化产业与旅游产业的融合不仅是一个静态的结合，更是一个动态发展、不断进化的过程，这一过程体现了外部环境变化和内部因素相互作用的复杂性。

第三节　沉浸式体验赋能文旅产业融合机制与动力

一、融合机制分析：技术创新、内容创新、市场创新

（一）技术创新

　　技术创新是沉浸式体验赋能文旅产业融合的核心动力。随着科技的飞速发展，新技术和新应用不断涌现，为文旅产业带来了前所未有的机遇。首先，虚拟现实（VR）技术可以重现历史场景，让游客穿越时空，身临其境地感受历史文化的魅力。其次，增强现实（AR）技术可以为游

客提供实时的导览和互动体验，使旅游活动更加生动、有趣。此外，人工智能（AI）、物联网（IoT）等先进技术也被广泛应用于文旅产业中，提升了旅游产品的科技含量和互动性。

技术创新不仅为游客带来了更加新颖、独特的旅游体验，还推动了文旅产业的数字化、智能化升级。通过引进新技术，文旅企业能够优化资源配置，提高运营效率，降低运营成本。同时，技术创新促进了信息技术产业与文旅产业的深度融合，催生了众多新的旅游业态和服务模式，为文旅产业的创新发展注入了强大动力。

（二）内容创新

内容创新是提升文旅产业核心竞争力的重要途径。文旅产业的核心在于其独特的文化内涵和旅游资源。通过深入挖掘地方文化、历史、民俗等资源，结合现代科技手段进行创意加工和呈现，可以打造出具有地方特色的沉浸式旅游产品。这种内容创新不仅丰富了文旅产业的内涵，还提升了产品的附加值和竞争力。

在内容创新方面，文旅企业需要注重对文化资源的挖掘和传承，同时结合现代科技手段进行创意加工和呈现。例如，可以通过 AR 技术展示文物古迹的修复过程，让游客更加深入地了解文物古迹的全貌及其蕴含的历史文化；通过 VR 技术模拟古代生活场景，让游客体验古代文化的魅力。此外，文旅企业还可以结合地方特色资源，开发独具特色的旅游线路和产品，吸引更多游客前来参观和体验。

内容创新不仅提升了文旅产品的品质和吸引力，还促进了文化产业与旅游产业的深度融合。通过文化资源的挖掘和传承，文旅企业能够弘扬地方文化特色，推动文化产业的发展；同时，通过旅游产业的推广和营销，也能够让更多人了解和喜爱地方文化，实现文化产业和旅游产业的互利共赢。

110

（三）市场创新

市场创新是拓展文旅产业市场空间的关键。随着消费者需求的不断变化和市场竞争的加剧，文旅企业需要不断创新和改进旅游产品以满足消费者的需求。首先，文旅企业需要精准定位目标市场，了解消费者的需求和偏好，为游客提供更加符合其需求的旅游产品。其次，文旅企业需要创新营销策略和渠道，通过社交媒体、短视频等新媒体渠道进行营销推广，吸引更多潜在游客关注和参与。最后，文旅企业还需要提升服务质量，提供更加贴心、周到的服务，提高游客的满意度和忠诚度。

在市场创新方面，文旅企业需要注重与消费者的沟通和互动。通过大数据分析游客的行为和需求，文旅企业能够了解游客的喜好和偏好，为游客提供更加精准、个性化的旅游服务。同时，文旅企业需要加强与旅游目的地的合作和联动，共同打造具有地方特色的旅游品牌和产品，提高整个旅游目的地的知名度和美誉度。

市场创新不仅有助于拓展文旅产业的市场空间，还能够提升文旅企业的品牌形象和竞争力。通过不断创新和改进旅游产品，文旅企业能够满足消费者的多元化需求，提高市场占有率和盈利能力；同时，通过加强与旅游目的地的合作和联动，还能够推动整个旅游目的地的发展和繁荣。

二、沉浸式体验驱动文旅融合的动力

（一）消费者需求的变化与趋势

随着人们生活水平的提高和消费观念的转变，消费者对旅游产品的需求也在不断变化。他们更加注重旅游体验的品质和个性化，追求与众不同的旅游感受。沉浸式体验作为一种能够满足消费者这种需求的新型旅游方式，正逐渐成为文旅产业发展的重要动力。消费者对于沉浸式体验的需求不断增加，推动了文旅产业向更高层次、更宽领域发展。

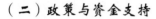

（二）政策与资金支持

政府在文旅产业的发展中扮演着重要的角色。通过制定一系列政策，如文化旅游产业发展规划、科技创新支持政策等，政府为文旅产业融合提供了明确的发展方向和政策支持。此外，政府还通过提供资金支持、税收优惠等措施，鼓励企业加大研发投入和技术创新力度，推动文旅产业与信息技术的深度融合。这些政策和资金的支持为文旅产业的创新发展提供了有力保障，促进了沉浸式体验技术的研发和应用。

（三）产业链上下游的协同合作

沉浸式体验的发展离不开产业链上下游的紧密合作。上游企业如内容提供商、技术开发商，通过提供高质量的旅游资源和先进的技术支持，为沉浸式体验的发展提供了坚实的基础。下游企业，如旅游景区、旅行社等，则将上游资源整合成具有吸引力的旅游产品，并通过市场推广来吸引消费者。通过加强产业链上下游的协同合作，可以实现资源共享、优势互补和互利共赢的局面，推动文旅产业的整体发展。

（四）市场竞争与品牌塑造

市场竞争是推动文旅产业融合的重要动力。为了在激烈的市场竞争中脱颖而出，企业需要不断创新和改进旅游产品以满足消费者需求。同时，企业需要通过品牌塑造来提升产品的知名度和美誉度，增强市场竞争力。在市场竞争和品牌塑造的过程中，企业会不断挖掘当地文化特色和资源，结合沉浸式体验技术，打造独具特色的旅游产品。这不仅推动了文旅产业向更高层次发展，也实现了与其他产业的深度融合。

（五）技术创新引领

技术创新是推动文旅产业融合的关键因素。随着虚拟现实、增强现实、人工智能等技术的不断进步，沉浸式体验的形式和内容不断丰富和创新。这些技术的应用不仅提升了游客的旅游体验，也为文旅产业融合提供了更多的可能性。此外，技术创新还推动了文旅产业的数字化转型和智能化升级，提高了产业的整体效率和竞争力。

三、文旅融合中的沉浸式体验：可持续发展与地方社区共赢的引擎

（一）体验设计的创新与多样化

体验设计的创新与多样化在沉浸式体验的文旅产业融合模式中占据着核心地位。沉浸式体验的主要目的是创造一个环境，让游客能够深入参与并感受，从而超越传统观光模式的局限。这一过程中，创新的内容设计和先进技术的应用，如虚拟现实、AR 以及场景再现技术，起到了至关重要的作用。

虚拟现实技术在沉浸式体验设计中的运用，为游客提供了一种全新的旅游体验方式。通过 VR 技术，游客可以置身于一个完全虚拟的环境中，体验那些在现实世界中难以实现的场景。例如，游客可以通过 VR 技术参观遥远的历史遗址、体验古代文化或是探索未来城市的样貌。这种技术不仅极大地丰富了游客的体验内容，也为文化传播和教育提供了新的可能性。

增强现实技术的应用，则是在现实世界中增加虚拟信息的方式，为游客带来更加丰富和互动的体验。通过 AR 技术，游客可以在现实世界的景点上叠加虚拟信息，如历史场景的重现、文化故事的讲解等，这不仅使得游览更具教育意义和趣味性，还能够增加游客对当地文化的理解和兴趣。

场景再现技术，则是通过高度仿真的环境建造和演绎，让游客感受到身临其境的体验。这种技术通常结合实体场景的构建和多媒体技术的运用，如 3D 投影、环绕声音效等，来重现特定的历史事件、文化场景或自然景观。通过这种方式，游客不仅能够从视觉上感受到场景的真实性，还能在听觉、嗅觉甚至触觉上获得全方位的沉浸式体验。

在应用这些技术时，内容的设计同样至关重要。内容设计不仅要注重故事性和文化内涵的挖掘，还要结合目标受众的兴趣和需求。例如，针对年轻游客设计的体验内容，可以加入更多的互动性和游戏元素；针对历史爱好者，则可以重点展现历史细节和文化背景。通过这种方式，沉浸式体验不仅仅是一种娱乐方式，更是一种文化和历史教育的途径。

（二）文化内涵的深度挖掘与传播

沉浸式体验在文化与旅游产业融合模式中的应用，显著地体现在对当地文化内涵的深度挖掘和有效传播上。这种模式下，旅游开发者的任务不仅仅是提供传统意义上的观光机会，更重要的是深入挖掘当地文化，从中提炼出具有吸引力和代表性的文化元素，并通过沉浸式的展示方式进行有效传播。这样的做法不仅显著提升了游客的体验质量，也在很大程度上促进了当地文化遗产的保护和传承。

在沉浸式文化体验的设计中，故事讲述起着至关重要的作用。故事是连接游客与当地文化的桥梁，能够有效地激发游客的兴趣和情感参与。通过讲述当地的历史故事、神话传说或者民间故事，游客可以在一个充满想象和互动的环境中，更深刻地感受和理解当地的文化特色。例如，一个关于古代传说的沉浸式剧场体验，不仅能够让游客感受到故事的魅力，还能让他们对当地的历史和文化有更加深入的了解。

文化体验工坊则是另一种有效的沉浸式体验方式。在这样的工坊中，游客不仅是被动的观众，而且是积极的参与者。他们可以亲手体验当地的传统手工艺，如陶瓷制作、织布或传统画艺，或者参与当地的文化活动，如传统节庆或乐器演奏。这种参与式的体验使游客能够更加深刻地体会到当地文化的独特性和魅力，同时增强了对当地文化的尊重和理解。

除传播当地文化，这种模式还考虑了对文化的保护和传承。通过精心设计的沉浸式体验，旅游开发者不仅向游客展示了文化的魅力，更向他们传达了文化的价值和意义。这不仅有助于提高公众对文化遗产保护的意识，还能够激发当地社区成员对自身文化的自豪感和保护意愿。例如，通过展示当地文化的传统技艺，不仅让游客对这些技艺产生兴趣，也促进了当地传统手工艺的复兴和发展。

沉浸式体验在文旅产业中的文化内涵挖掘和传播方面发挥着重要作用。通过创新的展示方式和深入的文化体验设计，这种模式不仅提升了游客的体验质量，更在文化的传播、保护和传承方面起到了积极的作用。这种模式的实施，不仅为游客带来了难忘的旅游体验，也为当地文化的可持续发展和全球文化多样性的保护作出贡献。

（三）可持续发展与地方社区的融合

沉浸式体验在文化与旅游产业融合中的发展，不可避免地涉及可持续性和地方社区的融合问题。这一模式要求旅游项目的开发不仅要注重对环境的影响和保护，还要充分考虑到促进旅游业发展与维护当地社区利益之间的平衡。在这个过程中，与当地社区的紧密合作成为实现文旅产业可持续发展的关键，这种做法不仅能够为游客带来更加真实和独特的文化体验，也支持了当地经济的发展，实现了旅游业与当地社区的共赢局面。

可持续性在文旅产业中的重要性不仅体现在生态环境的保护上，还涉及文化遗产的保护和经济的持续发展。在开发沉浸式体验项目时，需要采取措施减少对自然环境和文化遗产的负面影响。例如，在设计体验项目时，应考虑使用环保材料，限制游客数量，以减轻对自然景观和历史遗址的压力。此外，通过向游客展示和教育当地的环境保护和文化遗产保护理念，可以提升公众对可持续旅游的认识，促进环保意识的提高。

地方社区的融合则是沉浸式体验发展的另一关键方面。与当地社区的合作不仅可以为游客提供更加真实的文化体验，还能够促进当地社区的经济发展。例如，通过与当地手工艺人合作，开发一些文化体验项目，如手工艺工作坊，不仅可以为游客提供独特的体验，还能帮助当地手工艺人获得收入，促进当地传统手工艺的传承。同时，这种合作能够帮助当地社区成员提升自己的技能和知识，从而提升其在旅游市场中的竞争力。

　　在实现文旅产业的可持续发展中，还需关注社会公平问题。这意味着在开发旅游项目时，不仅要考虑经济效益，还要确保当地社区成员能够公平地分享旅游发展带来的收益。例如，通过确保当地居民在旅游项目中担任重要角色，或者将旅游收入的一部分用于支持当地社区的发展项目，可以帮助当地社区从旅游业的发展中获得实际利益。

第四章　沉浸式体验现代技术与文旅项目

随着科技的飞速发展和人们生活品质的不断提升，文旅产业正在经历一场前所未有的变革。传统的旅游模式已经无法满足现代游客对于新奇、独特且富有深度体验的需求。而沉浸式体验文旅项目作为一种新兴的文化旅游模式，正以其独特的魅力迅速崛起。它有效地融合了文化与旅游产业，极大地丰富了游客的旅行体验。

沉浸式体验文旅项目不仅是一种旅游活动，更是一种全新的文化体验方式。它通过虚拟现实（VR）、增强现实（AR）、混合现实（MR）以及人工智能（AI）等先进技术，将游客带入一个全新的、充满奇幻与想象的世界。在这个世界里，游客可以身临其境地感受历史文化的厚重，可以亲身参与各种民俗活动，并体验各种传统技艺，甚至可以穿越时空，与古人对话、与历史互动。

这种全新的体验方式不仅让游客在旅行中获得了前所未有的愉悦和满足感，更在无形中加深了他们对于中华文化的认同感和自豪感。同时，沉浸式体验文旅项目为文旅产业的发展注入了新的活力，推动了相关产业的创新和发展，为当地经济的繁荣和可持续发展作出了积极贡献。因此，探讨沉浸式体验文旅项目在现代旅游产业中的应用和发展趋势，不仅具有重要的理论价值，更对实践工作具有深远的指导意义。

第一节　沉浸式体验现代技术

一、沉浸式体验现代技术的种类

（一）虚拟现实（VR）

沉浸式体验在虚拟现实（VR）领域的应用，代表了一种前沿技术的融合，旨在创造一个能够让用户全方位沉浸其中的环境。VR 技术通过刺激人的感官，构建一个虚拟的三维空间环境，从而实现沉浸式体验。

1. 技术基础

虚拟现实技术的核心在于创建一个高度逼真的虚拟环境，使用户感觉自己仿佛身处其中。这依赖以下关键技术。

（1）三维计算机图形学。这包括复杂的模型构建、贴图、光影渲染等技术，确保视觉效果的真实感。

（2）头戴式显示器（head mount display, HMD）。作为用户与虚拟环境交互的主要接口，HMD 通过两个小型显示屏幕直接作用于用户的眼睛这一感官，配合跟踪技术，实现视角的自然转换与深度感知。

（3）空间定位与运动跟踪。通过传感器捕捉用户的位置和运动，实时反馈至虚拟环境中，确保用户的身体动作与虚拟环境中的互动同步。

（4）立体声音处理。通过模拟真实世界的声音方向和距离，增强用户在虚拟环境中的沉浸感。

（5）触觉反馈技术。通过特殊的手套、衣服或其他设备，模拟触觉体验，进一步增强沉浸感。

2.应用领域

VR 在文化旅游（文旅）领域的应用，代表了数字技术与传统文化、旅游资源的创新融合。VR 技术通过创建虚拟环境，使用户能够体验到超越时空限制的文化遗产、自然景观及各类旅游活动，从而达到高度沉浸式的文旅体验。

（1）虚拟旅游体验。VR 技术能够重现世界各地的名胜古迹和自然风光，用户只需佩戴头戴式显示器（HMD），即可在虚拟环境中"身临其境"。这种体验特别适合那些因时间、经济或其他条件限制无法亲自前往的用户。例如，用户可以通过虚拟现实访问埃及金字塔、巴黎埃菲尔铁塔或是远在太空的国际空间站。

（2）文化遗产再现。VR 技术对于文化遗产的保护与传承具有独特的价值。通过高精度的三维扫描与数字化技术，可以精确复原历史遗迹和文化艺术品，甚至是那些已经遭到破坏或消失的文化遗产。这不仅使得广大公众能够以全新的视角欣赏和学习这些文化财富，也为学术研究提供了珍贵的资料。

（3）教育与互动学习。在教育领域，VR 技术可以提供互动性极强的学习体验，尤其在历史文化教育中表现突出。学习者可以通过虚拟现实技术，深入到重现的历史场景中，如古罗马城市、中国的故宫博物院等，这种身临其境的体验能够极大地提高学习的兴趣和效率。

（4）虚拟活动与节庆。随着 VR 技术的发展，各种文化活动与节庆也可以通过虚拟现实平台进行。这样不仅能够突破地理位置的限制，吸引全球观众参与，还能创造出传统活动无法比拟的新型体验。例如，虚拟音乐节、在线博物馆之夜等活动，通过 VR 技术提供了新的观赏和互动方式。

随着技术的不断进步，未来的虚拟现实技术将更加注重提高用户体验的自然度和沉浸感。技术研发的方向包括但不限于提升图像渲染质量、减少延迟、增强多感官交互（如嗅觉、味觉模拟）等。此外，随着人工智能技术的融合，虚拟现实环境将能够更加智能化地响应用户行为，提供个性化的互动体验。

3. 具体应用

（1）故宫博物院的 VR 展览。故宫博物院利用 VR 技术提供了不同展厅和展品的虚拟游览体验。这使得即使错过了线下展览的观众，也能通过故宫展览 APP 进行观展。故宫博物院 VR 展览如图 4-1 所示。

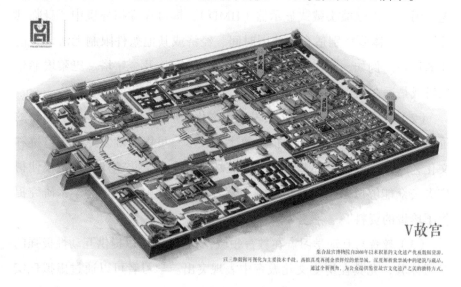

图 4-1 故宫博物院 VR 展览

（2）旅游平台的 VR 营销旅游平台，通过拍摄旅游目的地的全景宣传视频，提供了旅前体验服务。这样的营销方式让用户能够在实际旅行前，就可以了解旅游景点或酒店的真实情况。

（二）增强现实（AR）

增强现实（AR）技术作为沉浸式体验的关键分支，通过在用户的现实世界中叠加虚拟信息，创造出一种增强的现实感觉。与虚拟现实（VR）不同，AR 技术不是替代现实，而是在现实世界中添加数字图层，

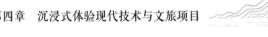

以增强用户的感知和互动。这种技术的实现主要依赖于以下几个核心组件。

1. 核心技术组件

（1）视觉叠加。AR 技术的核心在于能够将生成的图像或信息无缝叠加在用户当前的视野之上。需要使用智能手机、平板电脑、AR 眼镜等设备的摄像头和显示屏来实现。

（2）空间感知。通过摄像头和各种传感器（如加速度计、陀螺仪、深度传感器）来感知用户的空间位置和方向。这允许系统准确地将虚拟对象定位在现实世界中的特定位置。

（3）实时渲染。AR 系统需要能够快速渲染虚拟图像，并与用户的实时视角和移动同步更新，以保证沉浸式体验的连贯性和实时性。

（4）交互界面。提供用户与增强现实环境互动的界面，这可能包括触摸屏幕、语音命令、手势识别等多种形式。

2. 应用领域

增强现实（AR）技术在文旅领域的应用，为用户提供了一种全新的互动与沉浸式体验。通过将数字信息叠加到现实世界中，AR 技术极大地丰富了旅游体验，使得传统的文化旅游活动更加生动和有吸引力。

（1）实景导览与互动解说。AR 技术能够在用户通过手机或 AR 眼镜观看实际景点时，实时叠加文化历史背景、艺术作品解读等丰富的数字信息。例如，在参观古迹时，用户可以看到关于该地点的历史资料、重要事件的重现，或是已经消失的建筑的虚拟重建，这种实景结合虚拟信息的方式，大大增强了游览的教育意义和趣味性。

（2）互动体验与游戏化。通过 AR 技术，文旅景点可以设计各种互动体验和游戏，提升游客的参与度和体验感。游客可以通过完成特定的互动任务，如寻找虚拟宝藏、解开历史谜题等，来探索文化遗产。这种游戏化的体验使得文化学习变得更加轻松有趣。

（3）虚拟商品与纪念品。AR 技术还可以用于创造虚拟商品和纪念品。游客可以通过 AR 应用扫描特定的二维码或识别图像，获取虚拟纪念品，如增强现实中的艺术品复制、虚拟纪念照片等，将这些纪念品在社交媒体上分享，增加了旅游的互动性和传播性。

（4）增强型展览与表演。在博物馆、艺术展或文化节等活动中，AR 技术可以用来增强现场展览或表演的观赏体验。通过 AR 眼镜或智能手机，观众可以看到展品的额外信息、艺术家访谈、作品创作背后的故事等。AR 还能使得戏曲、舞蹈等传统表演融入虚拟元素，为观众带来全新的视觉体验。

（5）定制化旅游推荐。结合位置服务和个性化推荐系统，AR 技术可以提供定制化的旅游信息和建议。当游客在特定地点时，AR 应用能够根据个人兴趣和偏好，推荐附近的文化景点、特色餐饮或即将举行的活动，使得旅游体验更加个性化和便捷。

增强现实技术在文化旅游领域的应用，不仅为传统的旅游活动注入了新的活力和创意，也为文化的传承提供了新的方式。而增强现实技术的未来发展将进一步融合人工智能和机器学习技术，以实现更加智能化和个性化的用户体验。随着技术的进步和设备性能的提升，预计会出现更加轻便、更具有沉浸感的 AR 眼镜，减少对手持设备的依赖。此外，随着 5G 网络的普及，高速的数据传输将使得 AR 内容更加丰富，互动性更强，实时性更高，为用户提供更加丰富和流畅的增强现实体验。

3. 具体应用

（1）博物馆和艺术展览。AR 技术能够将虚拟的艺术作品、文物或景观叠加在真实环境中，帮助观众更好地理解和欣赏展品。例如，苏州博物馆的 AR 导览营造了趣味观展氛围，增强了参观者的体验，如图 4-2 所示。

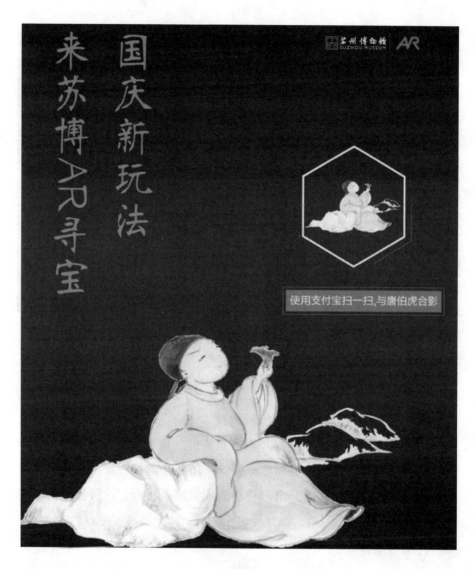

图 4-2　苏州博物馆的 AR 导览

（2）景区互动体验。通过 AR 扫描地图触发动态效果，如景点介绍、语音讲解、旅行路线推荐等，并实现虚拟与现实的互动。例如，温州园的 AR 智慧导览系统集成了景区导航导览、风格化地图、步数统计、一键报警等功能，如图 4-3 所示。

图 4-3　温州园的 AR 智慧导览

（三）混合现实（MR）

混合现实作为一种先进的沉浸式技术，它是在 VR 与 AR 的基础上进一步发展，实现了虚拟内容与现实世界的深度融合和互动。MR 技术不仅能够在用户的视觉上叠加虚拟图像，还能让虚拟对象与现实世界中的物体进行实时互动，创造出一种新的现实感。目前，这种技术的应用覆盖了教育、娱乐、制造、医疗等多个领域。

1. 技术基础

MR 技术的实现依赖于高精度的空间定位、环境感知、视觉处理和高级计算能力。关键技术包括以下几点。

（1）高级视觉处理系统。能够实时捕捉用户视角和环境变化，确保虚拟对象与现实世界的视觉融合自然无缝。

（2）空间定位与映射。通过传感器、摄像头等设备，MR 系统能够理解和映射周围环境的三维结构，以便在适当的位置和比例中准确放置虚拟对象。

（3）环境感知能力。MR 设备能够识别用户的环境，包括空间的大小、形状以及其中的物体和表面，允许虚拟内容与实际环境中的物理对象相互作用。

（4）先进的用户交互接口。包括语音、手势识别等多种输入方式，为用户提供与虚拟和现实世界互动的自然方法。

2. 应用领域

混合现实技术，作为沉浸式体验的先进形态，结合了 VR 和 AR 的特点，通过融合实际和虚拟世界来创造新的环境和视觉化体验。MR 技术在文化旅游（文旅）领域的应用，开辟了增强互动体验和提高参与感的新途径，使用户能够以前所未有的方式探索和体验文化遗产、自然景观和旅游活动。

（1）虚拟与现实的无缝结合。MR 技术的核心优势并非简单叠加到现实世界，而是以一种看似实际存在的方式融入用户的实际环境中。这种技术使得文化展示、历史重现等具有更高的沉浸感和真实感，用户可以与这些虚拟元素进行直接交互，如同与现实世界的物体互动一样自然。

（2）文化遗产的互动体验。在文化遗产领域，MR 技术可以用来重现历史场景或已经不复存在的遗迹。通过 MR 眼镜，游客可以在现实的遗址上看到历史建筑的全貌，甚至进入建筑内部，探索古人的生活场景。此外，MR 还可以提供与历史人物的互动体验，如虚拟导游或历史人物的全息影像，为游客讲解历史故事，增加游览的趣味性和教育性。

（3）自然景观的增强探索。在自然景观旅游中，MR 技术能够提供丰富的地理和生态信息。游客在观赏风景时，可以通过 MR 设备了解到植物的名称、生态特征，或是观察到动物的 3D 模型及其行为习性。这种增强信息的提供，不仅丰富了游客的知识，也增加了其对自然环境保护的认识。

（4）交互式展览与表演。MR 技术在博物馆和艺术展览中的应用，可以创造更加互动和个性化的参观体验。展品旁的 MR 设备能够根据观众的兴趣点提供深入的信息展示，甚至可以展现艺术品的创作过程或背后故事。在表演艺术中，MR 技术可以将虚拟效果与现场表演结合，创造出令人惊叹的视觉效果，增强观众的感官体验。

（5）旅游规划与导航。MR 技术可以提供一个全新的旅游规划和导航工具，游客可以在实际出发前，通过 MR 设备预览旅游地点的全貌，制订出行计划。在旅行中，MR 设备能够提供实时的导航信息，指示路线，甚至展现出目的地的历史信息和待发现的秘密，使旅游变得更加轻松和有趣。

随着技术的不断进步，MR 技术未来的发展将更加注重提升用户体验的自然度和沉浸感，减少设备依赖，通过更加先进的感知技术和人机交互方式，实现更加深入的虚拟与现实世界的融合。此外，随着 5G 等高速网络技术的普及，MR 技术将能够实现更高的数据传输速率和更低的延迟，使得远程协作、虚拟社交等应用成为可能。

3. 具体应用

（1）全息可视化内容。MR 技术通过交互式的全息可视化内容，为观众带来类似科幻影片走进现实的震撼感受。这种技术非常适合展示体积庞大、结构复杂、精密昂贵的产品。虽然这些产品不便于携带和拆解，但利用 MR 技术可以让观众看到实物或了解其内部结构。

（2）文化的具象传达。MR 技术能够将难以用语言和文字描述的历史场景、人文景观通过视频和动画的形式展现出来，"复原"展品的真实面貌，并与现实场景进行有机互动，增强了博物馆的趣味性和观看体验。

（3）情景盒子与强对话交互。MR 展演空间通过情景盒子与强对话交互，激活艺术要素的"展演性"，为观众提供了一个个具备独立叙事能力的情景盒子，通过这些盒子串联起的空间序列，观众可以体验展演行为的依归。

（4）MR 空间交互。MR 空间交互正向更具对话性的趋势发展，如在北外滩沉浸式光影艺术展及 SAMSKARA 生生不息沉浸艺术展中，3D Mapping 投影技术构建起物理层面上颜色、线条、光影相统一的一体化空间。北外滩沉浸式光影艺术展如图 4-4 所示。

图 4-4 北外滩沉浸式光影艺术展

（四）多媒体交互技术

多媒体交互技术在沉浸式体验的现代应用中扮演着核心角色，它通过结合文本、图像、视频、声音等多种媒体形式，并引入交互性，以提高用户的参与度和体验感。在沉浸式技术的背景下，多媒体交互技术不仅限于信息的简单呈现，而是通过创新的交互设计，让用户能够主动探索内容，从而深入体验和理解复杂的信息或故事。这种技术目前已应用在教育、娱乐、商业展示、医疗健康等多个领域。

1. 核心技术

（1）感应技术。通过触摸屏、运动传感器、眼球追踪和脑电波传感器等，捕捉用户的物理动作或生理响应，将其转化为系统输入，实现与多媒体内容的交互。

（2）增强现实与虚拟现实。通过 AR 和 VR 技术，将计算机生成的图像与现实世界或完全虚拟的环境结合起来，提供沉浸式的视觉体验。

（3）3D 图形和动画。利用三维建模和动画技术创建生动的虚拟场景和角色，增强视觉效果，提供更加真实的模拟环境。

（4）声音处理。采用立体声、环绕声技术以及声音定位技术，提高声音的真实感和沉浸感，通过声音引导用户的注意力或增强场景的氛围。

（5）智能算法。利用人工智能和机器学习算法，分析用户的行为和偏好，提供个性化的内容和互动体验。

2. 应用领域

多媒体交互技术在沉浸式文化旅游（文旅）领域的应用，已经成为提升旅游体验和文化传播的重要手段。通过结合视觉、听觉、触觉等多种感官元素，以及实现高度交互的技术，这些应用不仅能够吸引游客参与，还能深化他们对文化遗产、历史故事和自然景观的理解和感知。

（1）虚拟导览和重现历史。多媒体交互技术使得虚拟导览成为可能，游客可以通过触摸屏、平板电脑、智能手机或 VR 头盔，在没有物理上前往某地的情况下，对遥远的地方进行探索。例如，通过 360 度视频和 3D 建模技术，用户可以进行历史场景的虚拟游览，如古罗马城市、埃及金字塔等，体验重现的历史瞬间，提高了体验的沉浸感和教育价值。

（2）互动式展览和教育。在博物馆、艺术画廊和文化展览中，多媒体交互技术通过互动式展品和展览来吸引参观者，使得游客不仅是被动接受信息，而是通过触摸、声音反馈、增强现实等方式与展品进行互动。这种方式可以提供更加个性化的学习体验，让参观者通过游戏、模拟体验等形式深入了解文化和历史背景。

（3）增强现实导游。利用增强现实（AR）技术，可以在用户的手机或 AR 眼镜上叠加文字、图像、视频或 3D 模型，为游客提供实时的信息和导览服务。例如，在游览古迹时，AR技术可以显示出每个部分的详细信息，甚至重现历史上的场景，如历史人物在古迹中的互动，使得游客的游览体验更加生动和教育意义更加深刻。

（4）多感官体验。通过集成声音、触觉反馈和视觉效果的多媒体交互技术，文旅项目可以创造出全方位的多感官体验。例如，在自然保护区的导览中，除了视觉上的美景展示，还可以通过立体声音效模拟自然环境中的声音，如鸟鸣、水流声等，甚至可以通过特制的装置模拟气味和触感，如森林的清新气息和河水的湿润触感，大大增强了游客的沉浸感和体验的真实性。

（5）社交互动与共享。多媒体交互技术还支持社交功能，游客可以通过社交网络分享自己的体验和感受，与朋友和家人共享旅游的精彩瞬间。此外，一些应用允许用户在虚拟环境中与其他游客互动，如共同参与虚拟探险、解谜等活动，增加了游览的趣味性和互动性。

随着技术的不断进步，多媒体交互技术在沉浸式体验领域的应用将越来越广泛和深入。人机交互界面将更加自然和直观，如通过语音、手势等更加多样化的交互方式，减少对传统输入设备的依赖。同时，随着人工智能技术的融合，多媒体内容将能够更加智能化地适应用户的需求和偏好，提供更加个性化和动态的互动体验。

3. 具体应用

（1）互动性展览设计，通过触摸屏、大型触摸墙等多媒体设备，展示内容以动态、立体的方式呈现给观众。例如，在科技产品展览中，观众可以通过触摸屏幕选择感兴趣的产品并进行互动操作，深入了解产品的特点和功能。

（2）沉浸式博物馆体验。博物馆利用5G和AR等多媒体技术，增强与游客的互动性，使游客成为展览的参与者。例如，扬州中国大运河博物馆打造的360度沉浸式多媒体剧场，通过互动屏和AR技术展现古代舟楫的风姿，营造"人在画中游"的体验。

（3）数字媒体语言的创新应用。利用多视角的递进体验，独创"三维版画"数字媒体语言，提供沉浸式的感官体验。游客可以在船舱中聆听戏曲，或走上船头，领略运河沿岸城市的风土人情。

（4）文化故事的沉浸式演绎。结合文物特征打造沉浸式游览体验，如三星堆博物馆的"奇遇三星堆"，通过互动性的表演和艺术形式，讲述古蜀国的故事，将游客带入蜀国世界，如图4-5所示。

图4-5　奇遇三星堆

二、促进文旅产业融合发展的策略

（一）创新商业模式

促进文旅产业融合发展的核心在于创新商业模式，这需要从整合资源、拓宽服务范畴、利用数字技术、实现可持续发展等多个维度进行考虑。创新商业模式旨在通过跨界合作、技术应用和服务创新，打造独特的文旅体验，满足日益多样化的消费需求，同时为文旅产业的可持续发展提供动力。

资源整合方面，通过跨行业合作形成互补的商业模式是关键。例如，文旅企业可以与科技、零售、餐饮等行业合作，通过共享资源和客户基础，创造新的价值链。这种模式不仅能提高资源利用效率，也能为游客提供一站式的服务体验，从而增强竞争力和吸引力。利用 VR、AR、AI 等技术，文旅企业可以打造沉浸式的旅游体验，提供个性化的导览服务，优化运营管理。技术的应用不仅能够丰富游客的体验，还能通过数据分析提供精准的市场洞察和产品创新。

通过设计独特的旅游产品和体验，如主题旅游、文化体验工作坊、互动式展览等，可以满足消费者对于个性化和差异化服务的需求。此外，强调故事性和文化深度的服务设计，能够提升文旅产品的附加值，吸引更多寻求深度体验的游客。发展绿色旅游、乡村旅游等模式，不仅有利于保护文化和自然遗产，也能促进地方经济发展和社会就业。同时，通过倡导负责任的旅游行为，企业可以构建积极的品牌形象，为文旅产业的长期发展奠定基础。

（二）技术与文化内容的结合

促进文旅产业融合发展的关键之一在于技术与文化内容的结合。这种结合不仅能够提升旅游体验的质量和深度，也为文旅产业开辟了新的增长路径。

通过三维扫描、VR 等技术，可以对文化遗址、历史建筑及艺术作品等进行高精度的数字化复原和保存。这不仅有助于保护易受环境和时间影响的文化资源，也能通过虚拟展览等形式，让全世界的人们可以跨越地理限制，从而欣赏到这些珍贵的文化遗产，极大地扩展了文化传播的范围。

发展 AR 和 MR 技术在文旅领域的应用。通过将 AR 和 MR 技术应用于旅游景点的解说和导览服务中，可以为游客提供互动式的学习体验。游客通过智能设备观看景点时，可以看到叠加的历史信息、文化故事或是虚拟重现的历史场景，这种沉浸式的体验不仅增加了游览的趣味性，也提高了文化教育的效果。结合 AI 技术开发个性化的旅游推荐和服务。利用 AI 技术对游客的偏好、行为习惯进行分析，可以提供定制化的旅游行程、文化活动推荐及个性化导览服务。这种服务不仅能够提升游客的满意度和体验感，也有助于提高旅游资源的利用效率和经济价值。

利用社交媒体和内容分享平台进行文化内容的创新传播。通过故事讲述、虚拟体验等形式，将传统文化以新颖的方式呈现给公众，既能够激发年轻一代的文化兴趣，也能够促进文化旅游产品的营销和品牌建设。推动跨界合作，形成技术与文化内容融合的生态系统。通过政府、企业、文化机构和技术公司等多方面的合作，共同开发新的文旅项目和产品，可以有效整合资源，促进创新，形成互利共赢的发展态势。

（三）提升用户体验的设计原则

在促进文旅产业融合发展的过程中，提升用户体验是核心。用户体验的优化不仅能直接提升游客的满意度，还能增强文旅产品的市场竞争力。

1. 以用户为中心的设计

了解用户需求和偏好，提供定制化的旅游服务和体验，如个性化的旅游路线规划、专属的文化体验活动等，以满足不同游客的独特需求。

优化旅游服务的预订流程、支付方式、导览服务等，以提高用户体验的便捷性。例如，开发一站式的旅游服务平台，提供各种旅游资源和服务。

2. 情感化设计

利用故事讲述的方式，将文化和历史背景融入旅游产品和体验中，提高用户的情感参与度和文化共鸣。故事化的内容更容易打动人心，留下深刻印象。通过打造沉浸式的旅游体验场景，如重现历史场景、文化节庆活动等，让游客在体验过程中产生强烈的情感体验和文化认同感。

3. 互动性增强

鼓励游客参与到文化活动和旅游体验中，如文化工作坊、互动式展览等，通过实践活动提高游客的互动性和体验深度。利用社交媒体和数字技术，创造条件让游客可以与其他游客以及当地社区居民进行互动，分享自己的体验和故事，增加旅游体验的社交价值。

4. 可持续性设计

融入绿色旅游理念，通过设计低碳、环保的旅游产品和体验，如自然景观探索、生态文化体验等，提倡负责任的旅游行为。强调文化遗产保护和非物质文化遗产传承的重要性，设计旅游产品时充分考虑对当地文化的尊重和保护，促进文化可持续发展。

5. 技术融合设计

充分利用 VR、AR、AI 等技术，创新旅游产品和服务，如虚拟导览、AI 智能导游等，以提升用户体验的新颖性和互动性。利用大数据和用户行为分析，不断优化和调整旅游产品和服务，根据用户反馈和市场变化灵活调整，确保旅游体验的持续优化。

第二节　沉浸式体验文旅项目

一、主题公园

沉浸式主题乐园通过创新技术和精心设计的环境,为游客提供了身临其境的体验。例如,某乐园的模拟空间,以某电影为蓝本,创造了一个充满奇趣想象的世界。游客可以乘坐独木舟穿梭于神秘森林,与外星生物互动,享受前所未有的沉浸感。沉浸式主题乐园如图 4-6 所示。

图 4-6　沉浸式主题乐园

（一）创新型主题体验

1. 创新的体验模式

沉浸式主题公园以其独特的体验模式，成为现代娱乐休闲领域的一大创新。这种模式的核心在于通过先进技术，如增强现实（AR）和虚拟现实（VR），打破了传统主题公园的界限，为游客提供了一种全新的沉浸式体验。在这样的环境中，游客不再是单纯的观赏者，而是变成了参与者，能够在一个逼真的世界中自由探索和体验。这种沉浸式体验的魅力在于其全方位的感官刺激。利用 VR 头盔和各种感应设备，游客可以体验到身临其境的感觉，仿佛真的置身远古时代的恐龙世界或是浩瀚的外太空之中。这种体验远远超过了传统视觉和听觉的刺激，包括了触觉和嗅觉等更多的感官元素。例如，当游客走在虚拟的古埃及金字塔中，不仅能看到壮观的场景，还能感受到沙漠的炎热、风沙的侵袭，甚至能感受到苍老的历史气息。这种全方位的感官体验，使游客能够更加深入地沉浸在体验中，从而获得更加丰富和真实的感受。

除了感官体验的丰富性，沉浸式主题公园还通过精心设计的互动环节增强了游客的参与感。在这些环节中，游客不再是被动接受信息的对象，而是成为故事的一部分，可以通过自己的选择和行动影响虚拟世界的走向。例如，在一个以中世纪为背景的虚拟体验中，游客可以选择成为一名骑士，通过解谜和战斗来影响故事的发展。这种参与式的体验使得每个游客都能在公园中得到独一无二的体验，进一步提升了游乐的趣味性和吸引力。

技术的不断进步为沉浸式主题公园提供了更多可能性。随着 AR 和 VR 技术的发展，这些公园能够创造出更加逼真、更加丰富的虚拟环境，为游客提供更加震撼的体验。同时，随着个性化和定制化需求的增加，公园可以利用数据分析和机器学习技术，为每个游客提供定制化的体验路径，从而满足不同游客的独特需求。

2. 提供教育性的方式

沉浸式主题公园在提供娱乐的同时蕴含着深刻的教育价值。与传统游乐设施相比，这类公园更注重通过互动体验，让游客在娱乐中学习，从而实现知识的传播和文化的普及。沉浸式主题公园通过将教育内容与娱乐体验相结合，为游客提供了一个既有趣又富有教育意义的环境。在沉浸式主题公园中，教育元素通常与特定的主题紧密相连。这些主题可能涉及历史事件、科学探索、文化艺术等多个方面，每个主题都旨在通过互动和体验来传递知识和观念。例如，一个围绕古埃及文明设计的体验区不仅会让游客欣赏到通过虚拟技术呈现的金字塔和法老的雕像，还会通过互动展项介绍古埃及的历史、文化和艺术。在这种环境中，游客不仅能观看和体验，还能通过参与各种互动活动深入了解相关知识。

沉浸式主题公园的教育性体现在它们能够激发游客的好奇心和探索欲。当游客置身于一个模拟的历史场景或科学实验室时，他们会被那里的环境、故事和活动所吸引，自然而然地产生了解更多信息的愿望。在这种自发的探索过程中，游客能够更加主动地吸收知识，这种学习方式远比传统的书本学习更加生动和有效。沉浸式体验的多感官特性也大大增强了教育内容的吸收。当游客在一个模拟的火星基地中行走，他们不仅能看到火星表面的景象，还能感受到地面的震动，甚至体验到穿着宇航服的重量。这种多感官的体验使得学习内容变得更加直观和生动，从而更容易被游客所记住。

沉浸式主题公园通过创新的技术手段提供了个性化学习体验。利用数据分析和人工智能，公园可以根据游客的兴趣和行为模式提供定制化的教育内容。这意味着每位游客都能获得符合自己兴趣和需求的学习体验，从而提高学习的效果和满意度。

3. 新时代的商业机遇

沉浸式主题公园在提升游客体验的同时，为运营商开辟了广阔的商业市场。这种新型的娱乐方式通过结合高科技设备和创新的展示手段，不仅吸引了广泛的游客群体，还为市场提供了新的增长点和盈利模式。这些公园通过采用前沿的技术，如 AR、VR 等，创造了一个与众不同的游乐环境。这些技术的运用，不仅提高了游客的体验质量，也使得公园的吸引力大大增强。例如，一个利用 VR 技术重现历史场景的主题公园，能够吸引对历史感兴趣的游客，而一个以科幻为主题的 VR 游戏区，更能吸引年轻人和科技爱好者。这种多样化的游客群体，为沉浸式主题公园的市场拓展提供了更多的可能性。

沉浸式主题公园的另一个商业优势在于其独特的体验方式。与传统主题公园相比，沉浸式主题公园为游客提供了更加个性化和互动性强的体验。游客在参与过程中不仅是单纯的观看和体验，还可以通过互动影响故事的发展和结果。这种参与式的体验方式，使得游客的体验更加深刻和难忘，从而增强了游客的回访意愿和口碑传播，为公园带来了更多的回头客和新客户。

科技的不断发展为沉浸式主题公园提供了持续的创新动力。随着 AR、VR 等技术的进步，沉浸式主题公园能够不断更新和升级其展示内容和体验方式，从而保持其长久的吸引力。这种不断创新的能力，不仅有助于吸引新的游客，还能促使老客户重复访问，以体验新的内容和活动。科技的发展还为公园带来了新的营收模式，如通过虚拟现实技术提供的线上体验，为无法亲自到访公园的游客提供了另一种选择，从而开辟了新的市场和收入来源。

二、文化元素融合

沉浸式主题公园在设计和运营中广泛融入了地方文化元素，这种融合不仅展示了当地的文化特色，也极大地丰富和深化了游客的文化体验。

（一）景点设计中的文化融合

沉浸式主题公园通过在景点设计中融合文化元素，既体现了对地方文化深厚的理解和尊重，也展现了创新设计理念的融合。这种设计方法不仅仅局限于表面的装饰风格，而是渗透到整个空间布局和细节设计之中，从而创造出既具有文化深度又充满互动体验的游乐空间。在这种设计理念下，沉浸式主题公园的每一个角落都可以看作是一种文化的展现。例如，苏州园林博览园就是一个具有代表性的沉浸式主题乐园，如图4-7所示。

图 4-7 苏州园林博览园

1.古典园林元素的保留与传承

在苏州园林博览园中，可以看到传统的亭台楼阁、曲径通幽、假山流水等古典园林元素。这些元素通过精细的雕刻和布局，展现了苏州园林的精致和韵味。同时，设计师注重对传统造园手法的传承，如借景、对景、框景等，使景点在视觉上更具层次感和深度。

2. 现代设计手法的运用

在保留传统元素的基础上，苏州园林博览园还融入了现代设计的理念。例如，在景点的布局上，设计师采用了现代的空间划分手法，使景点在保持整体协调的同时具有现代感。此外，设计师还运用了一些新材料和新技术，如使用环保材料建造景观设施，利用智能系统实现景点的智能化管理，提高了景点的实用性和可持续性。

3. 文化活动的举办

为了更好地展示苏州的文化魅力，苏州园林博览园还定期举办各种文化活动。这些活动包括苏州传统戏曲表演、书法绘画展览、园林文化讲座等，为游客提供了一个深入了解苏州文化的平台。通过这些活动，游客可以更加直观地感受到苏州园林文化的独特魅力。

景点设计中的文化融合还体现在对地方传统艺术形式的运用上。在设计中融入传统的诗词书画，不仅是对传统艺术形式的一种展示，更是创造了一种文化沉浸的体验。游客在游览过程中，不仅能欣赏到美丽的景致，还能通过阅读墙上的古诗词、观赏传统书法和绘画，感受到中国古代文人墨客的情怀和审美追求。这种设计方式使得游客在欣赏美景的同时，也在无形中接受文化的熏陶。沉浸式主题公园在景点设计中融合文化元素的方式，不仅限于视觉艺术，还包括对音乐、舞蹈等表演艺术形式的融合。在一些主题区域中，游客不仅能看到传统的建筑和艺术作品，还能听到传统音乐，甚至观看到现场的传统舞蹈表演。这种多元化的艺术融合为游客提供了一个全方位的文化体验，使得他们能够更加全面地了解和感受到一个地方的文化。

沉浸式主题公园在景点设计中融合文化元素，还体现在现代技术与传统文化的结合。通过运用 AR、VR 等现代技术，将传统文化元素以新的形式呈现给游客。例如，通过 AR 技术，游客可以在观看古代壁画时，看到画中人物和场景"活"了起来，从而获得更加生动和直观的文化体

139

验。这种现代技术与传统文化的结合，不仅丰富了游客的体验方式，也使得传统文化在新时代焕发了新的活力。有的展览通过对中国传统山水画的笔触、水墨和色彩进行重组，将二维平面拓展到三维空间，让游客通过肢体动作与作品交互，体验到大好河山的雄伟壮观，如图 4-8；还有通过 AR 技术，将《清明上河图》打造成可沉浸式体验的艺术展演，让游客变为画中人，走入汴京的众生百态，如图 4-9 所示。

图 4-8　沉浸式互动

图 4-9　光子膜巨型投影（清明上河图）

（二）表演艺术的文化展现

沉浸式主题公园中表演艺术的文化展现是其吸引游客的关键要素之一，它不仅呈现了地方文化的精髓，也为游客提供了深入了解和体验这些文化的机会。在这些主题公园中，通过舞蹈、戏剧、音乐会等多种表演形式，结合传统艺术与现代表演技术，创造了一种独特的文化体验。这种融合不仅展示了地方文化的独特性，也使其更易于被国际游客接受和欣赏，从而达到了文化传播与交流的目的。

在沉浸式主题公园中，表演艺术通常以高度还原的方式呈现地方文化特色。例如，在融合泰国文化元素的主题公园中，传统的泰国舞蹈和音乐被精心安排和表演，以向游客展示泰国文化的独特魅力。舞者身着传统服装，表演典型的泰国舞蹈，如拉姆舞和高低音乐会，这些舞蹈不仅展示了泰国文化的美感，也传递了泰国文化的故事和情感。音乐、舞蹈和服饰的结合，为游客提供了一个视觉和听觉的盛宴，让他们在欣赏的同时感受到泰国文化的内涵。除了传统艺术的展示，沉浸式主题公园还巧妙地将现代表演技术融入表演艺术中，使传统文化在现代环境下焕发新的活力。通过对现代灯光、音效技术和舞台效果的应用，传统表演艺术在视觉和听觉上得到了极大的增强。例如，在表演泰国舞蹈时，通过运用现代灯光技术，舞台可以创造出日出、热带雨林等自然景观的效果，使舞蹈在更加生动的背景下展现，从而提升了观众的观赏体验。这种技术与艺术的结合，不仅增强了表演的吸引力，也使得传统文化在新时代下更加容易被国际游客理解和接受。

表演艺术在沉浸式主题公园中的展现还体现在其对文化交流和教育的贡献。通过这些表演，游客不仅能观赏到异国的艺术形式，还能通过观看表演了解到不同文化的历史和故事。例如，在观看泰国舞蹈时，游客不仅能欣赏到优美的舞姿，还能通过舞蹈中的动作和表情理解泰国的文化传统和宗教信仰。这种文化的传播方式比单纯的文字和图像传播更加生动和直接，能够在游客心中留下深刻的印象。芭堤雅爱之国度这个全新的欧陆式乐园充满了欧式风情。房屋、道路和设计都充满了浪漫的氛围，如图 4-10 所示。游客可以在这里拍照留念，而每晚的 18:30、19:45 和 21:00 还有露天表演。

图 4-10　芭雅爱之国度

（三）互动体验与文化教育

沉浸式主题公园在提供互动体验与文化教育方面表现出独特的优势，这些体验不仅增强了游客对当地文化的理解和认知，也为其提供了一种深度的文化参与和学习方式。通过文化工作坊、互动展览和参与式活动，游客得以在亲身体验中学习和感受文化，这种教育方式既直观又富有互动性，使文化学习变得更加生动和有趣。

在沉浸式主题公园中，文化工作坊作为一种重要的互动体验方式，使游客能够直接参与到文化创造的过程中。这种参与式的学习方式，让游客在动手制作的同时，感受和理解文艺复兴时期的文化精神和审美观念。互动展览也是沉浸式主题公园中重要的文化教育形式。与传统的静态展览不同，互动展览通过运用各种感应技术和多媒体手段，创造了一种动态的参观体验。游客可以通过触摸、声音互动等方式，与展览中的文化元素进行互动，从而获得更加深刻的文化体验。例如，一个展示古埃及文明的互动展览，可能会让游客通过触摸屏幕来解开古代文字的谜题，或是通过虚拟现实技术体验走进金字塔内部的感觉。这种互动性使得文化学习变得更加生动有趣，增强了游客对文化知识的吸收和记忆。

参与式活动则为游客提供了一种更加全面的文化体验方式。这些活动通常结合了表演艺术、游戏和故事讲述等多种形式，让游客在参与的过程中深入体验文化。例如，在一个重现中世纪欧洲市集的活动中，游客不仅能观看到中世纪风格的表演，还能参与到模拟的市集交易中，体验中世纪的生活方式。这种沉浸式的体验，使得游客在游玩中就能学习到关于那个时代的历史和文化，从而对文化有了更加深刻的理解和感受。

三、互动式体验设计

（一）个性化体验的设计

沉浸式主题公园之所以能吸引广泛的游客群体，是因为其在个性化体验设计方面的创新和技术应用。个性化体验的核心在于通过技术手段深入理解游客的需求和兴趣，从而创造出符合个体偏好的互动体验。这种设计理念体现在多个方面，如利用 AI 和数据分析预测游客偏好，定制个性化的游览路线，以及提供互动式展览和游戏，其内容和难度根据游客的选择和反应而调整。

在深入探讨沉浸式主题公园个性化体验设计的具体实施方式时，不可忽视的一点是人工智能在数据处理和行为分析中的作用。AI 系统能够收集和分析游客在公园内的行为数据，如游览路径、停留时间、互动频率等，进而生成个性化的推荐。这种数据驱动的方法使得主题公园能够对游客的兴趣和偏好有更深层次的理解，从而设计出更加贴合游客需求的体验。个性化体验的设计还体现在互动式展览和游戏的实施上。这些活动不仅仅是静态的展示，而是能够根据游客的实时反应进行内容和难度上的调整。在实现个性化体验的过程中，主题公园还需考虑到隐私保护和数据安全的问题。虽然利用 AI 技术和数据分析能够提高个性化体验的质量，但同时要确保游客的个人信息得到妥善保护。这就要求主题公园在设计和实施个性化体验时，须遵守相关的隐私保护法规，并采取有效的保护数据安全的措施。

（二）沉浸式故事叙述的设计

沉浸式主题公园的互动式体验设计中，沉浸式故事叙述扮演着核心角色。在这种设计理念中，游客不再是被动的观察者，而是成为故事的一部分，直接参与和影响故事的进程。这种体验的核心在于创造一个引人入胜的虚构世界，其中游客通过完成各种任务和挑战，深入体验和推动故事的发展。这种设计不仅涉及视觉和听觉元素的精心策划，还包括了互动游戏和任务的设计，使游客在参与过程中能更深入地沉浸于故事情节中。

在沉浸式故事叙述设计中，故事情节和角色的创设是至关重要的。故事情节需要具有足够的吸引力和深度，使游客愿意投入时间和精力去探索和参与。角色设计则应充满魅力和特色，能够激发游客的共鸣和兴趣。通过这些精心设计的故事元素，游客被邀请进入一个完全不同的世界，体验一种与日常生活截然不同的冒险和挑战。互动游戏和任务的设计是沉浸式故事叙述中不可或缺的部分。这些游戏和任务不仅仅是故事的补充，更是故事发展的驱动力。通过解谜、完成挑战或与故事中的角色互动，游客可以推动故事情节的进展，同时加深了他们对故事的理解和参与感。这种设计使得每一位游客的体验都是独特的，因为他们的选择和行动直接影响着故事的发展和结局。

在实现沉浸式故事叙述时，技术的应用也起着关键作用。先进的视听技术、VR、AR 等手段被广泛应用于创造一个逼真的虚构世界。这些技术不仅提高了故事的真实感和沉浸感，还为游客提供了更加丰富和多样的互动方式。例如，通过 VR 技术，游客可以置身于故事情境之中，与虚构角色进行交流，或是亲身体验故事中的关键时刻。

（三）参与式互动活动的设计

在沉浸式主题公园的互动式体验设计中，参与式互动活动的设计起着核心的作用。这类活动通过结合身体参与和心理参与，创造出既有趣又具挑战性的体验。其设计不仅追求创新性和互动性，还强调提高社交性和趣味性。通过这些活动，游客不仅能够体验到游戏的乐趣，还能在互动中与其他游客进行交流与合作，从而深化整体体验。参与式互动活动的设计涵盖了多种形式，包括但不限于 VR 技术提供的模拟体验、现场的角色扮演游戏、互动式挑战和解谜任务等。这些活动的设计理念在于创造一个既真实又虚构的体验空间，让游客在参与过程中既能感受到身临其境的刺激，又能在现实世界中与他人互动。

虚拟现实技术的应用是参与式互动活动设计中的重要组成部分。通过 VR 技术，游客可以被引入一个完全由数字创造的世界，体验不同于现实的环境和情境。这种技术的应用不仅提高了活动的沉浸感和真实感，还为游客提供了一种全新的互动方式。在这些虚拟环境中，游客可以进行各种探索和任务，如解谜、完成挑战等，这些任务通常需要游客运用智力和体力，从而增加了参与的深度和乐趣。现场角色扮演游戏则是另一种典型的参与式互动活动。在这类游戏中，游客不仅是故事的观察者，更是故事的参与者和创造者。通过扮演特定的角色，游客可以与其他参与者互动，共同推动故事的发展。这种互动形式不仅增强了游客的参与感，还提高了活动的社交性和合作性。

除了上述提到的活动类型，参与式互动活动的设计还包括创造各种互动式挑战和解谜任务。这些任务通常设计得既有趣味性又具挑战性，能够激发游客的好奇心和探索欲。通过完成这些任务，游客不仅能够体验到成就感，还能与其他游客进行交流和合作，从而加深了整体体验的社交性。在设计这些参与式互动活动时，还需要考虑到游客的多样性。不同的游客可能有不同的偏好和能力，因此活动的设计需要具有足够的灵活性和包容性。活动的安全性也是不可忽视的重要因素，尤其是在使用高科技设备和进行物理活动时。

第三节　沉浸式文旅商综合体

沉浸式文旅商综合体是一种特定类型的综合体项目，它融合了商业、旅游和文化元素，旨在为游客提供全方位、更深入的体验的同时，创造商业价值，为地方经济和文化产业作出贡献。这种综合体模式在吸引游客、提高地方吸引力、促进经济增长方面具有巨大的潜力，因此在商业、旅游和文化领域受到广泛关注和投资。

一、多功能融合

沉浸式文旅商综合体的多功能融合是其核心特征之一，这种设计不仅为游客提供了一站式服务体验，也促进了当地经济的发展。

（一）服务功能的融合

沉浸式文旅商综合体通过多功能融合，为游客打造了全面而便捷的服务体验。这种融合不仅满足了游客的多样化需求，还提高了游客体验的便利性。在沉浸式文旅商综合体中，不同业态相互联系、相互促进，形成了一个有机的整体。文化展览为餐饮和购物区提供了人流量和吸引点，餐饮和购物区则为文化展览提供了配套服务并产生延伸效应。这种协同作用使得整个综合体的服务功能更加完善和高效，为游客提供了更加丰富、立体的体验。沉浸式文旅商综合体还注重技术创新，利用先进的技术手段为游客提供更加新颖、独特的体验。通过智能化导览系统和数据分析技术，可以更加精准地了解游客的需求和行为习惯，为游客提供更加个性化的服务。这些技术手段也为不同业态之间的融合提供了更多的可能性。

（二）空间布局的融合

沉浸式文旅商综合体中的空间布局融合是其设计的重要特征，它通过精心规划的空间布局来实现多功能的高效结合和互动。在这种设计理念下，购物、餐饮、娱乐和文化体验等不同功能区域被有机地整合在一起，形成了一个既独立又互相联系的综合空间。

在这种空间布局中，开放式或半开放式的设计理念起到了核心作用。通过打破传统封闭和隔离的空间设计，综合体创造出了一种流动性和连续性的空间体验。这种布局不仅提升了空间的使用效率，也增强了游客的体验连贯性。例如，中国大运河博物馆就是一个典型案例，它利用超高清无人机技术丰富了虚拟体验内容，将古代舟楫的风姿通过互动屏和增强现实技术展现给观众，提供了一个既教育又娱乐的沉浸式体验，如图 4-11 所示。故宫的《清明上河图 3.0》展演通过 8K 超高清数字互动技术和 4D 动感影像，让观众在新颖的感受中领略传统文化的生命力。

图 4-11　大运河博物馆

这样的布局设计不仅方便了游客的活动，也促进了不同功能区域之间的自然过渡和互动。空间布局的融合还体现在如何通过设计强化各功能区域的特色的同时使它们相互补充。文化体验区可能通过具有文化特色的装饰和设计，如地方艺术品的展示或当地历史的图像，来营造独特的文化氛围；娱乐区域则可能更注重于创造轻松愉快的氛围。这些不同风格的空间设计在保持各自特色的同时，又通过巧妙的布局使游客能够无缝地在不同体验之间转换，从而增加了游客体验的多样性和丰富性。

（三）经济发展的促进

多功能融合设计在现代城市规划中扮演着重要角色，特别是在文旅商综合体的构建上，其影响力不容忽视。此类设计通过整合休闲娱乐、购物、餐饮、文化艺术等多元功能，为游客提供了一站式的体验，极大地丰富了游客的活动选择。这种综合性的体验不仅提升了游客的满意度，也极大地延长了他们在目的地的停留时间，从而直接增加了消费频率和总金额。

　　在这种模式下，文旅商综合体成为一个多层次、多元化的消费和文化交流平台。它不单单是购物或者休闲的场所，更是文化交流的中心，吸引着各种艺术展览、文化活动的举办。这些活动的吸引力进一步增强了游客对该地区的兴趣，促进了更多外来游客的到访，从而为当地商家和服务业带来了更多的商机和收入。文旅商综合体的建设和运营还促进了当地就业市场的发展。随着游客数量的增加，酒店、餐饮、零售等相关行业需要更多的员工来满足服务需求。这不仅为当地居民提供了就业机会，也提升了整体的就业水平。随着经济的增长，地方政府的税收也会相应增加，为公共服务和基础设施的改善提供了更多的资金支持。

二、文化主题特色

　　沉浸式文旅商综合体在设计和运营中注重文化主题的融入，使其具有商业价值的同时也具有文化传播价值。

（一）文化主题的整合设计

　　沉浸式文旅商综合体作为一种新兴的城市文化空间，其在文化主题的整合设计上展现出独特的创造力和实践意义。在这种设计中，文化元素被融合于建筑风格、内部装饰以及环境布局之中，形成了一种全方位、多层次的文化体验空间。这种设计不仅仅是物理空间的布局，更是一种文化意义的再现和诠释。例如，以特定历史时期或文化传统为主题的综合体，其建筑设计和装饰元素不仅仅追求视觉上的复原，更重要的是通过这些视觉元素重现历史文化的氛围和精神内涵，如西索石寨就是一个位于四川省阿坝州马尔康市西索村的文化综合体。该项目结合了当地独特的嘉绒藏族文化符号与卓克基土司官寨的建筑形制，通过传统石材叠砌的外立面样式进行设计，旨在传承当地的历史文化，如图4-12所示。

图 4-12　西索石寨

　　这种设计策略在无形中增强了游客的文化认同感和历史体验感，使得文旅空间不再是简单的观光场所，而是成了一种文化沟通和教育的平台。在这种沉浸式的环境中，游客被邀请进入一个由历史故事、文化符号和艺术表达共同构建的世界。每一个角落都精心设计，以确保游客在每个瞬间都能感受到浓厚的文化氛围。这不仅提升了游客的参与度和体验质量，而且通过这种深度的文化体验，促进了文化的传播和交流。更为重要的是，这种设计模式对于传承和弘扬文化具有重要意义，通过现代化的表达方式让传统文化得以在新的时代背景下焕发新生。

（二）文化主题活动的策划

　　在沉浸式文旅商综合体中，文化主题活动的策划是构建深度文化体验的关键环节。这些活动不仅仅是增添娱乐元素，而是在提供愉悦体验的同时，深化游客对特定文化主题的理解和感受。策划者通过举办主题展览、文化讲座、工作坊以及互动体验活动，创造了一个多维度的文化交流平台，其中每一项活动都是对文化主题的深入探索和表达。例如，艺术主题的综合体通过展示不同艺术流派的作品，举办艺术家见面会，为游客提供了一种从欣赏到参与的全方位体验。这种体验不仅限于表面的观看，更重要的是让游客在亲身体验的过程中，理解艺术创作的内在逻辑和情感表达。这样的互动不仅加强了游客对艺术的认知，也激发了他们对艺术创作和文化价值的深层次思考。

这种策划还体现了对文化教育的重视。通过有趣且富有教育意义的活动，游客在轻松愉快的环境中获得知识，对文化有了更为深刻的认识。这种策略不仅提高了文旅综合体的吸引力，更重要的是通过这些活动，有效地传播了文化知识，提升了公众对文化遗产的保护意识。

（三）文化主题与商业结合的创新

沉浸式文旅商综合体在文化主题与商业结合方面的创新，体现了对传统文化与现代商业实践相融合的深刻理解。这种结合方式超越了传统的商品销售模式，将文化元素深度融入商业服务和体验之中，创造了一种新型的消费文化空间。在这样的空间中，文化不再是被动的展示对象，而是成为活跃的参与者，与商业活动相互融合、相互促进。以民俗主题的综合体为例，其不仅提供地方特色的餐饮服务，还可能在购物区域展示和销售传统手工艺品。这种做法不仅可以让游客享用到地方美食，还能亲身体验当地的文化特色，增强了消费的文化内涵和体验价值。无锡田园东方是国内比较成功的田园综合体之一，位于江苏无锡阳山镇，由某园林集团投资 50 亿元建设。项目规划总面积为 6246 亩，融合现代农业、休闲旅游和田园社区，倡导人与自然和谐共融与可持续发展，如图 4-13 所示。

图 4-13　无锡田园东方

传统手工艺品的展示和销售，不仅促进了当地文化的传承，也使得游客能够直接参与到这一传承过程中，增加了文化互动的深度。

这种文化与商业的结合还为当地经济发展提供了新的动力。通过将文化元素融入商业活动中，沉浸式文旅商综合体不仅增加了游客的吸引力，也促进了当地文化产品的销售，带动了相关产业链的发展。这种模式不仅促进了经济的繁荣，也为文化的保护和传播提供了实质性的支持。

三、互动参与

（一）互动体验活动的设计

沉浸式文旅商综合体中互动体验活动的设计，是提升游客参与度和体验质量的关键。这些活动以其独特的参与性和互动性，让游客作为实践者深入体验当地文化。通过举办文化工坊、体验课程、互动展览等形式的活动，使得游客能够通过动手实践活动，直接参与到文化的学习和体验中。如文化工坊中的陶艺制作、传统绘画或手工艺品制作课程，不仅可以让游客在实际操作中学习技艺，更重要的是在这一过程中深入了解当地文化的精神内涵和历史背景。这种设计理念的核心在于通过互动和参与，促进游客对文化的深入理解和感受。与传统的观光旅游相比，这种互动式体验更加生动和直观，能够有效提高游客对文化内容的记忆和理解。此外，这种参与式的体验也有助于增强游客的文化认同感和归属感，使其在体验过程中形成更深的情感。

互动体验活动的设计不仅丰富了游客的旅游体验，还为文化传播和教育提供了新的途径。通过这些活动，游客不仅可以获取娱乐和休闲的享受，更重要的是通过亲身体验获得文化知识和技能，从而促进了文化的传承和普及。这种设计策略对于提升公众对传统文化的兴趣和理解具有重要意义，是现代文旅综合体发展中不可或缺的一部分。

（二）互动式教育与学习

将教育和学习元素融入互动体验活动，是对传统教育模式的一种创新和拓展。这种互动式教育不仅限于传统的讲授，而是通过文化讲座、互动式导览等多种形式，让游客在参与和体验的过程中自然地获得知识。这种教育方式强调在实践中学习，在体验中理解，使得文化学习变得更加生动和具有更强的吸引力。例如，在互动式导览中，游客不仅能听到关于历史遗迹或艺术展品的讲解，还能通过互动问题和现场演示，深入理解文化背景和艺术价值。这种教育方式使得学习过程变得更加灵活和个性化，能够满足不同游客的学习需求和兴趣。通过这样的互动式教育，文旅商综合体不仅增强了游客的文化体验，还促进了知识的传播和文化意识的提升，对于提高公众的文化素养和理解能力具有重要意义。

（三）社交互动的促进

沉浸式文旅商综合体中的社交互动促进，展现了现代旅游体验的一个重要维度。通过组织团队建设游戏、文化探索活动等互动项目，不仅为游客提供了丰富多样的体验机会，而且创造了一个促进交流和分享的社交平台。在这些活动中，游客不仅能够亲身参与和体验，更重要的是可以与其他参与者进行互动，分享各自的体验和感受。这种社交活动不仅丰富了游客的个人体验，更重要的是促进了文化的传播和多元文化的交流。在这种互动环境中，游客之间的交流不仅限于表面的社交活动，而是在深入的文化体验和交流中形成了共鸣和理解。这种社交互动有助于打破文化和地域的界限，增进不同背景游客之间的相互理解和尊重。通过这样的社交互动，沉浸式文旅商综合体不仅成了一个旅游目的地，更成了促进文化交流和社会融合的重要场所。因此，这种社交互动的促进，不仅增强了游客的体验感，也对文化的传播和多元文化交流具有积极的推动作用。

第四节　沉浸式旅游演艺

沉浸式旅游演艺是一种创新的演艺形式，它借助科技手段和演出元素，为观众带来全方位、多感官的观赏体验。与传统旅游演艺相比，沉浸式旅游演艺更加注重观众的参与感和体验感，打破了传统演艺台上台下分明的形式，使观众能够近距离感受故事情境、舞台等表演艺术的核心要素。在沉浸式旅游演艺中，环境营造是关键的一环。通过环境氛围的营造以及演职人员的表演，能够还原故事的真实场景，为游客打造身处"另一个时空"的感觉。此外，互动性也是沉浸式旅游演艺的一大特色。在沉浸式旅游演艺中，观众不再是被动的观赏者，而是可以参与到剧情的互动环节中，获得差异化的个性体验。

一、现场感体验

（一）多感官体验的融合

沉浸式演艺项目在创造全方位感官体验方面，展现了极高的艺术和技术水平。通过结合高质量音响系统、创新灯光设计以及视觉特效，这类项目成功地构建了一个既虚拟又逼真的世界，深深吸引着观众的感官。音响系统的精确配置和灵活运用，不仅传递了清晰丰富的声音，还巧妙地增强了空间感和方向感，使观众仿佛置身于故事发生之地。灯光设计在这一过程中扮演着至关重要的角色，它不仅提供了必要的视觉引导，还通过色彩和强度的变化，有效地传达了情感和氛围。视觉特效的运用，如投影技术和增强现实，进一步丰富了观众的视觉体验，使得虚拟场景更加真实。这种多感官的融合，不仅提升了沉浸式体验的深度，也极大地拓展了艺术表现的边界，为观众呈现了一场前所未有的视听盛宴。

（二）故事叙述的深入

沉浸式旅游演艺的核心在于其围绕一个引人入胜的故事展开叙述。这种艺术形式的独特之处在于，它不仅仅通过传统的叙述方式来讲述故事，而且通过现场表演者的精湛演绎，将故事赋予了生命力。表演者不只是在舞台上呈现角色，他们通过与观众的直接互动，将观众从传统意义上的旁观者转变为故事的一部分。这种互动尤其在小规模或更加亲密的表演环境中显得尤为突出，它使得观众不仅仅是故事的接收者，更是故事发展的见证者乃至参与者。在这样的演艺形式中，观众的体验变得更加个性化和动态化，因为他们的反应和互动直接影响着故事的走向和表演的形式。这种方式极大地增强了观众的沉浸感，使他们感觉自己是故事世界的一部分。此外，这种互动性也为表演者提供了即兴创作的空间，使得每一场演出都有其独特性和不可预测性。

例如,《又见平遥》是一部在中国山西省平遥古城上演的沉浸式剧目,观众可以在古城的实景中穿行,亲身体验剧中的情节,感受历史文化的魅力,如图4-14所示。此外,《重庆·1949》则以重庆解放前夕的历史背景,通过高科技舞台效果和360度旋转的圆环场景,为观众呈现了一场视觉与情感的盛宴。这些案例展示了沉浸式旅游演艺如何结合地域文化、历史故事与现代科技,创造出独特而生动的观演体验。

图4-14 又见平遥(沉浸式旅游演艺)

(三)技术的创新应用

在沉浸式演艺的领域内,现代技术的创新应用开辟了新的艺术表现和体验方式。特别是VR、AR或3D投影技术的运用,极大地丰富了演出的视觉和感官层面。这些技术能够创造出极其逼真的虚拟环境和效果,使观众仿佛置身于一个完全不同的世界。例如,VR技术可以将观众带入一个完全由数字构建的环境中,AR技术则是在现实世界中叠加虚拟元素,两者都以不同的方式增强了观众的沉浸感。3D投影技术的应用,尤其在舞台设计和视觉效果方面，为演出带来了革命性的变化。通过这种技术，平面的舞台空间被转化为一个充满深度和动态元素的场景，使得观众的体验更加立体和生动。这些技术的结合不仅仅是为了创造震撼的视觉效果，还为叙述故事和表达艺术创意提供了新的维度。这些技术的应用还提供了与观众互动的新途径。观众可以通过这些技术直接影响或参与到演出中，从而使得每一次体验都独一无二。

（四）文化元素的融入

沉浸式演艺项目在融入当地文化元素方面展现了其独特的艺术价值和教育意义。通过将地方艺术、传统故事和文化特色巧妙地融入表演，使得这类项目不仅丰富了观众的娱乐体验，更提供了深入了解和体验当地文化的机会。在这样的演出中，观众不是被动的接受者，而是通过互动和体验，成为文化传播的一部分。这种方式有效地将文化遗产与现代表演艺术相结合，既保留了文化的原貌，又赋予其新的生命力。通过展示当地的艺术和故事，沉浸式演艺项目还促进了文化的交流和理解。观众在享受表演的同时，通过无形中的学习和感悟，对该地区的历史、文化乃至社会背景有了更深刻的认识。这种文化的融入不仅增加了演艺的吸引力，也提高了其教育价值，使之成为传播和保护文化遗产的重要途径。

二、文化故事传达

（一）历史与民间故事的再现

沉浸式演艺在选择当地历史或民间传说作为演出主题时，展现了其在文化传承和教育方面的独特价值。这类演出不仅仅是提供娱乐，更是一种使历史和传说活化的艺术形式。通过精心设计的舞台表演，复杂的历史事件和民间故事被转化为观众可以直观感受的视觉和听觉体验。这种转化不仅使故事更加生动易懂，也让观众能够更深刻地感受到故事背后的文化和历史内涵。在这一过程中，演出通过创新的叙述方式和视觉呈现，将观众带入一个既真实又富有想象力的世界。演员的表演、舞台设计、服装、音乐和特效等元素共同作用，构建了一个沉浸式的环境，使观众仿佛穿越时空，亲身体验那些历史时刻或传说故事。这种体验不仅加深了观众对当地文化和历史的理解，也激发了他们对传统和文化遗产的兴趣。

（二）文化教育的融入

沉浸式演艺在提供娱乐的同时，展现了其在文化教育方面的重要作用。这种艺术形式通过将文化元素与故事情节紧密结合，以及通过生动的表演方式，使观众能够直观地感受和理解当地的风俗、传统和价值观。这种教育方式远比传统的教育手段更为生动和吸引人，尤其对年轻观众和外地游客而言，它提供了一种独特的文化体验和学习机会。在沉浸式演艺中，观众不是被动的接受者，而是通过参与和体验来主动学习和感悟。无论是与演员的互动，还是通过观察舞台上的表演，观众都能够从中获得对当地文化深刻的见解。这种方式不仅加深了观众对特定文化背景的认识，也增强了他们对不同文化价值和传统的尊重和理解。沉浸式演艺作为一种文化传播的媒介，有效地将传统文化与现代社会相连，为传统文化的传承和发展提供了新的路径。通过观看这样的演出，观众能够更加深入地了解和欣赏那些可能在日常生活中逐渐淡忘的传统艺术和文化精髓。

（三）文化交流与推广

沉浸式旅游演艺在全球文化交流和推广中扮演着至关重要的角色。通过将当地的文化故事和艺术形式呈现给来自世界各地的观众，这种演艺形式不仅展示了地方文化的独特魅力，也为不同文化之间的理解和尊重搭建了桥梁。它超越了语言和地域的界限，通过视觉和情感的共鸣，使得不同文化背景的人们能够相互欣赏和理解彼此的文化特色和价值观。沉浸式演艺作为一种文化载体，有效地将传统文化元素与现代表演艺术相结合，创造出既具有传统特色又符合现代审美的艺术作品。这种创新的融合不仅吸引了更广泛的观众群体，也使得传统文化在全球化的背景下得以传播和发展。观众不仅能够欣赏到异国的艺术风格，还能够深入了解其文化内涵和历史背景，从而增进了不同文化之间的相互理解和尊重。

（四）创新与传统的结合

沉浸式旅游演艺不仅是一种娱乐方式，更是一种强有力的文化交流和推广工具。它通过生动的表演和深刻的文化体验，为全球文化的多元交流和传播提供了一个有效的平台，促进了不同文化的融合与共生，对于推动全球文化多样性和相互理解具有重要意义。

三、互动环节设计

沉浸式旅游演艺通过创造一个让游客深入参与的环境，为其提供了一种独特的体验方式。这种体验的独特之处在于不仅仅是观看表演，更是让游客成为表演的一部分。

（一）角色扮演与互动剧情

在沉浸式演艺的实践中，角色扮演与互动剧情的融合为游客提供了一种独特的体验方式。这种体验超越了传统观众的角色，使游客成为故事的一部分，从而极大地增强了参与感和沉浸感。游客不再是被动的观看者，而是通过扮演特定的角色，如古代居民、探险家等，积极参与到故事情节的发展中。这种参与方式使得游客能够从内部体验故事，与演员等其他参与者共同创造一个多维度的故事世界。

角色扮演和互动剧情的结合，为游客提供了一个自我表达和创造的平台。游客不仅能够深入了解故事背景和文化环境，还能够通过自己的选择和行动影响故事的走向。这种体验不仅增强了个人对文化和历史的理解，也加深了个人对演艺本身的欣赏。通过这样的互动体验，沉浸式演艺不仅为游客提供了娱乐和教育，更为他们提供了一种新的文化体验方式，使他们能够在参与和体验中获得更深层次的情感共鸣和文化理解。

（二）参与式工作坊和体验活动

在沉浸式演艺项目中，参与式工作坊和体验活动的设置为游客提供了一种深入了解和体验表演艺术的机会。这些活动通常在演出的间隙或演出前后进行，使游客有机会亲自参与并学习与表演相关的技艺或文化活动。例如，在涉及民族舞蹈的演艺项目中，通过设置舞蹈工作坊，游客不仅能够学习到舞蹈的基本步伐和风格，还能够深入理解其文化背景和艺术内涵。这种亲身体验的过程不仅增强了游客的互动参与感，也使他们能够更加深刻地理解和欣赏相关的文化和艺术。这类工作坊和体验活动还为游客提供了一个与表演者互动和交流的平台，增加了游客与当地文化之间的联系。通过这种直接的参与和体验，游客能够更加全面和深入地了解当地的文化特色，从而增强了文化交流和共鸣。这种体验方式不仅丰富了游客的旅行体验，也为传统文化的传播和保护提供了支持，使文化遗产得以在新的环境中焕发新生。因此，参与式工作坊和体验活动在沉浸式演艺中扮演着重要的角色，不仅为游客提供了娱乐和学习的机会，也为文化的传承和发展作出贡献。

（三）实时反馈和互动

实时反馈和互动的机制通过利用数字技术，如移动应用或互动屏幕，为游客提供了一个独特的参与渠道。这种技术的应用允许游客在演出过程中实时地反馈他们的体验和选择，这些反馈可以直接影响演出的内容或方向。例如，观众可以通过应用程序进行投票，决定故事的下一个转折点，或者通过互动屏幕选择他们感兴趣的历史信息。这种实时互动机制不仅显著提高了观众的参与度，还为每位游客提供了更加个性化的体验。通过实时反馈和互动，观众不再是被动的接受者，而是成了演出的一个积极参与者。他们的选择和决定成为影响故事走向和演出内容的关键因素，从而使每一场演出都具有独特性和不可预测性。这种参与方式不仅增加了演出的互动性和趣味性，也使观众更深地投入演出中，增强了他们的沉浸感和满足感。

这种实时反馈和互动的机制也为演出的创作者和表演者提供了宝贵的数据和反馈，帮助他们更好地理解观众的偏好和需求，从而不断优化和调整演出内容。

四、沉浸式演艺新模式

旅游演艺作为沉浸式演艺的新模式已经成为文化产业与旅游产业融合发展的一大趋势，这一趋势在国际范围内已得到广泛认可和实践。在国外，旅游演艺的成熟发展表现在演出门票收入以及由此带动的相关经济活动中，后者的收益通常是前者的 7 至 10 倍。例如，法国巴黎的娱乐歌舞剧《红磨坊》，以其独特的创意、动感的舞蹈节奏和经典的欧洲音乐，每年吸引成千上万的观众前往红磨坊歌剧院观看此剧。而在英国伦敦，西区的四十多家经营性剧院每年吸引超过 1200 万的观众，其中三分之二的海外游客将观赏演出作为访问伦敦的重要活动之一。在美国纽约，百老汇演出已成为游客访问该市的重要组成部分，其剧院仅门票收入每年就达到 5 亿美元，对当地旅游业的推动作用显著。

我国大多数省份已经开展了自己的旅游演艺项目，其中旅游市场较为发达的地区旅游演艺发展尤为成熟，并形成了多个知名品牌。例如，《又见平遥》是一个大型实景演艺项目，也是"又见系列演艺项目"在中国北方地区的首个项目。它采用沉浸式文旅情境体验方式，讲述了关于血脉传承、生生不息的平遥故事。《宋城千古情》是杭州宋城景区的一台大型歌舞演出，被誉为一生必看的演出，也是杭州宋城景区的灵魂。其内容包括《良渚之光》《宋宫宴舞》《金戈铁马》《西子传说》《魅力杭州》等活动，与拉斯维加斯的 O 秀、巴黎红磨坊并称为"世界三大名秀"。《印象大红袍》则是一台以武夷山为地域背景，以武夷山茶文化为表现主题的大型实景演出。由张艺谋、王潮歌、樊跃共同组成的"印象铁三角"领衔导演，是他们继多个印象作品后的又一力作。这些演艺项目通常涉及地方的民俗风情，演出形式根据地点不同而有所区别，主要包括主题公园演出、山水实景演出和剧场巡演等。制作手段上，多采用传统演出表现形式与现代多媒体电子技术相结合，创造出梦幻的视觉效果，给观众带来强烈的视觉冲击。这些演艺项目不仅丰富了文化旅游产业的内容，也为增强旅游目的地的吸引力和提升经济效益提供了重要支撑。

（一）旅游演艺模式的构成要素

从商业角度看，旅游演艺模式的核心构成要素可分为吸引力、延伸性、挖掘性和沉浸式体验四个方面。这些要素共同作用，使旅游演艺成为旅游目的地的经济增长点，与传统演出和自然景观项目相比具有独特优势。

1. 吸引力

旅游演艺的首要构成要素是其吸引力。旅游演艺通过结合地方文化特色、历史故事或者现代艺术创新，创造独一无二的演出内容，吸引旅游者。这种吸引力不仅基于演出本身的艺术价值和娱乐性，更在于其能够提供与众不同的文化体验。

2. 延伸性

旅游演艺的质量对旅游者逗留时间的长短起着至关重要的作用。通过精彩的演出安排，使得旅游者想在目的地停留更长时间，从而增加在其他旅游相关活动上的消费，如餐饮、住宿、购物等。这种延伸性不仅增加了旅游目的地的经济收入，也为旅游者提供了更加丰富和完整的旅游体验。

3. 挖掘性

与自然景观相比，旅游演艺有更大的开发和提升空间。每当旅游地推出一项新的演艺产品，就为旅游目的地带来了新的发展机遇。这种挖掘性体现在旅游演艺能够不断创新演出内容和形式，并结合最新的科技手段，如虚拟现实、增强现实等，以提升观众的体验。

4. 沉浸式体验

沉浸式体验是旅游演艺模式的关键要素。通过高质量的演出设计、环境营造和互动环节，旅游演艺能够让观众完全沉浸在演出之中，体验故事的情感和文化的深度。这种沉浸式体验不仅使演出本身更加吸引人，还加深了旅游者对旅游目的地文化的理解和感受，从而增加了他们对目的地的情感连接。

（二）沉浸式体验旅游演艺新模式的探索

1. 技术融合与创新发展

沉浸式体验旅游演艺新模式的探索，特别在技术融合与创新方面，标志着传统旅游演艺形式向更加动态、互动和多元化的方向发展。这种探索不仅仅是技术层面的革新，更是对旅游演艺体验本质的重新定义。VR、AR、3D 投影技术以及多媒体互动等新兴技术的融合，为旅游演艺带来了前所未有的变革。运用这些高新技术，沉浸式体验旅游演艺在提升观众体验的真实感和互动性方面迈出了重要步伐。例如，虚拟现实技术的应用，使得观众能够在不远离原地的情况下，穿越时空，体验到遥远地区的自然风光或历史场景。这种技术的应用不仅在视觉上提供了高度真实的体验，更在情感和认知层面上加深了观众对演出内容的沉浸感和共鸣。

增强现实技术的融入，使得现实环境和虚拟对象能够无缝结合，为观众提供了一个既真实又梦幻的体验空间。这种技术在旅游演艺中的应用，极大地丰富了演出的表现形式和内容，使得每一场演出都成为一次独特的旅程。同时，3D投影技术的使用在视觉上创造出惊人的深度和空间感，为观众提供了身临其境的体验。多媒体互动技术的融合则进一步提升了观众的参与度。通过引入互动元素，观众不再是被动的接受者，而是演出的参与者，他们的行为和选择能够影响演出的进程和结果。这种参与感的增强，不仅使得旅游演艺更加引人入胜，也使得每一次观看都成为一次独特的体验。

2. 故事叙述与文化融合

在沉浸式体验旅游演艺新模式的探索中，故事叙述与文化融合起着至关重要的作用。这一探索不仅关乎技术的应用，更关乎如何通过故事和文化的力量触动观众的心灵，从而提供一种全新的文化体验。

故事叙述在沉浸式体验中的作用，主要体现在其能够构建一个引人入胜的叙事世界，让观众在其中得到情感上的共鸣和认知上的启发。当旅游演艺深入挖掘并讲述具有地方特色的故事时，它不仅展示了一个地区的文化和历史，更是向观众展现一个生动的、有血有肉的文化生态。这种故事的力量在于其能够跨越时间和空间的界限，将观众带入一个充满魅力的文化世界。文化元素的深度融合增强了故事叙述的真实感和吸引力。通过将地方文化的符号、价值观和审美融入演出的每一个细节中，如服饰、音乐、舞蹈、美术设计等，沉浸式体验旅游演艺使得文化展示不再是静态的和表面的，而是动态的、深层的。这种文化的深度融合使得每一场演出都成为一次文化的盛宴，观众在享受艺术的同时，也在无形中接受文化的熏陶。

将故事叙述与演出的视觉和听觉元素紧密结合，是创造连贯而生动叙事环境的关键。视觉和听觉元素，如舞台布景、灯光效果、音乐和声效等，都是故事叙述的重要组成部分。它们不仅为故事提供了背景和氛围，还能加强故事情节的表达和传达。通过精心设计的舞台布景可以重现一个历史时期的场景，使观众感觉仿佛身临其境；而恰当的音乐和声效则可以加强故事的情感表达，使观众的情感更加投入。

在沉浸式体验旅游演艺中，观众不再是被动的观看者，而是成了故事体验的参与者。这种参与感的提升，不仅使得旅游演艺更具吸引力，也使得文化的传播和体验更加深入人心。

3. 场景设计与观众互动

在沉浸式体验旅游演艺新模式的探索中，场景设计与观众互动扮演着至关重要的角色。这一模式的核心在于创造一个环境，其中观众不仅是被动的接收者，而是能够积极参与并与演出互动的主体。这种参与和互动不仅极大地丰富了观众的体验，也带给了旅游演艺新的生命力。

场景设计在沉浸式体验中的重要性不言而喻。优秀的场景设计应充分考虑空间的利用，以创造出与演出主题相匹配的环境。这意味着设计师需要对演出的内容和主题有深刻的理解，从而能够设计出既反映主题又能激发观众想象的场景。例如，为了复原古代建筑的风貌，设计师不仅需要考虑建筑的结构和样式，还需要考虑如何通过现代技术使之更加生动和真实。同样，自然景观或未来城市等场景的设计，也需要通过创新手段来实现视觉和情感上的真实感。

观众互动的设计则进一步提升了沉浸式体验的层次。在传统的旅游演艺中，观众通常是被动的观看者。然而，在沉浸式体验中，观众被鼓励与演出直接互动，如通过触摸、走动或与演员互动等方式。这种互动不仅使观众感觉自己是演出的一部分，也增加了体验的个性化和记忆深刻度。例如，观众可以被邀请上台参与某个场景的演出，或者可以通过触摸某些道具或更改设置来影响演出的进程。这种场景设计与观众互动的结合，使得沉浸式体验不仅限于视觉和听觉，而是成为一种多感官的、动态的体验。观众在这样的环境中能够更加深入地感受和理解演出的内容，从而实现一种全面的沉浸式体验。这种体验的深度和个性化也使得每个观众的体验都是独一无二的。

第五节　沉浸式文旅街区

　　沉浸式文旅街区是一种通过场景塑造、氛围渲染、光影投射、内容 IP 等手段，使游客在游玩逛街的过程中，从感官方面全身心投入互动性体验的文旅商业街区。这种街区不仅具有互动性、故事性等多个特点，还通常具有独特的建筑风格、历史文化底蕴和丰富的人文资源，为游客提供丰富多彩的旅游体验。

一、文化氛围营造

（一）建筑风格的历史传承

　　文化旅游街区的建筑设计承载着历史的痕迹，是连接过去与现在的纽带。在这些街区中，建筑不仅仅是空间的载体，更是文化传承的媒介。设计师精心融合本土建筑语言与传统工艺，赋予建筑以时代交织下的地域特色。透过古老砖石的肌理，仿佛能听见历史的低语，每一块瓦片、每一道梁柱，都仿佛在诉说着往昔的故事。这种建筑风格的再现，不单是对历史的一种复刻，更是一种创新的传承，它使得游客行走在其中时，能身临其境地感受到文化的深厚和历史的沉淀。街区的每一个角落，每一条小巷，都成为文化交流的场所，其中既展示了地方的历史文脉，也展现了当代的文化活力。建筑风格的历史传承在这里不仅仅是物质形态的延续，更是一种生动的文化教育，让文化旅游不再是单一的观光体验，而是变成了一次穿越时空的文化之旅。

（二）街道布局的文化呈现

　　街区布局规划在文化氛围的营造中占据着至关重要的地位，其不仅展现了城市的肌理，更是文化传递的载体。街道的蜿蜒与广场的设立，不单单是城市功能的布局，更是文化内涵的体现。街道走向的设定通常与地理环境相契合，呼应自然地貌，同时顺应了历史上的交通动线，这种布局方式无形中引导人们以特定的视角和步态体验城市，从而体验不同的文化。广场作为集会和活动的中心，其设计往往反映了当地社会关系的构成与公共生活的节奏，是社交互动的舞台，也是文化表现的集中地。在公共空间的利用方面，通过精心的设计与规划，可以使这些空间成为居民日常生活的一部分，也为游客提供了深入了解和体验当地文化的机会。如何将这些空间转化为能够讲述地方故事、展示地方特色、促进文化交流的场所，是街区规划者所面临的挑战。一条街道，一座广场，乃至一处景观，都不仅仅是物理空间的堆砌，更是文化意义的层层叠加，每一次游历都是一次与地方文化的对话。

（三）店铺设计与文化展示

在文化旅游街区中，店铺设计与商品策展承担着展示地方特色的重要职责。设计师通过考究的空间布局与独具匠心的陈列艺术，使得每一家店铺都成了当地文化的一面镜子。当地的手工艺品、艺术作品以及特色食品不仅是商品，更是文化的载体，它们在静默中诉说着该地区的历史、风俗与生活方式。游客在浏览与选购的过程中，不仅是在完成一次简单的商业交易，更是在进行一场文化的探索与学习。店铺内部的设计细节，如使用的材料、展示的方式，乃至播放的音乐和店内的气味，都精心构筑了一种文化体验的环境。这些元素相互作用，共同营造出一个浓郁的地方文化氛围，引导游客深入体验和感知。店铺不再只是物质交换的场所，而是文化交流与传播的平台，游客在此可以直观地感受到当地的工艺水平和文化精髓。此外，通过这种方式，当地的手工艺人和艺术家得以展现他们的才华，同时促进了文化的可持续发展。

（四）文化活动的融入

文旅街区作为文化交流的聚集点，通过定期举办的各类文化活动，成了活跃的文化展示平台。这些活动涵盖了从传统节庆到街头表演，再到工艺展示等多种形式，每一种活动都是对当地文化精髓的一次深度挖掘和独特呈现。当传统的节日通过现代的演绎在街区重新焕发活力时，游客不仅能观赏到精彩的表演，更能在亲身参与中感受到节庆背后的文化意义和社会价值。街头表演者用他们的才艺将过往的故事和现代的情感交织在一起，为路过的人群提供了即兴的文化盛宴。工艺展示则让游客直观地见证手工艺的独特魅力，体验从原材料到成品的转变过程，这一过程本身就是对工艺文化的一种教育和传播。在这些文化活动的渲染下，街区不断地以新的文化故事和文化元素更新其面貌，成为一本活的文化读本，游客在阅读的同时参与和创造了这一读本。

例如，中国的长安十二时辰主题街区，如图 4-15 所示，是以唐朝长安城为背景，通过声、光、电等元素，为游客营造一个仿佛穿越时空的场景，让游客在感受历史韵味的同时享受到现代科技带来的互动体验。"teamLab 无界"数字美术馆则利用数字技术，打造了一个无边界的艺术空间。观众可以在其中自由探索，与艺术作品进行互动，体验无限延伸的视觉奇观。

图 4-15　中国长安十二时辰主题街区（沉浸式文旅街区）

二、文化活动举办

（一）节日庆典的传统展现

文旅街区通过精心策划的节日庆典活动，成为展现地方文化传统的重要场所。在这些节日庆典活动中，游客既是观察者，也是体验者，他们通过亲身参与，得以跨越时空的界限，触摸到当地文化的脉动。每一个细节，从精心编排的传统节目到地道的特色美食，再到各种习俗的体验活动，都是对当地文化深刻理解的一次机会。在节庆的气氛中，游客有机会亲历传统艺术的现场演绎，感受到非物质文化遗产的魅力。美食作为文化的重要组成部分，其展示不仅满足味蕾的探索，更是一种文化认同和历史传承的表达。通过体验传统习俗，游客能够更加直观地理解当地人民的生活方式和思维方式，从而达到文化的互鉴和共融。这样的庆典活动不仅为游客提供了一场视觉和感官的盛宴，更重要的是，它们成了一个动态的文化展示平台，让游客在参与中学习，通过交流与互动深化对文化的理解和认知。

（二）手工艺市集的文化交流

文化旅游街区的活力与其文化活动的融入息息相关，这些活动构成了街区文化展示的动态维度。传统节庆的现代演绎、街头艺人的即兴表演、手工艺的现场展示，每一项活动都是对当地文化深层次的解读与再现。游客在此并非过客，而是文化互动的参与者，他们在观赏中学习，在体验中感知，在参与中共鸣。通过这些文化活动的举办，街区成了活跃的文化教育场所，让游客在参与传统节庆时理解文化的深层含义，在观赏街头表演时感受文化的脉动，在工艺展示中见证文化技艺的传承。这不仅拓展了游客的文化视野，也促进了当地文化的持续发展和创新。

文旅街区的每一场文化活动都是一次对文化精粹的探索和对传统的

现代诠释，它们将街区转变为一个生动的文化教室和交流的平台，促进了游客与当地社区之间的文化对话。街区的文化氛围不断被激活与更新，形成了一个连续不断的文化生态系统，游客在这里的每一步行走都成为一次文化的深度沉浸与学习之旅。

（三）街头表演的文化活跃

文旅街区的街头表演是城市文化活力的一个重要展现方式，它们不拘一格，以开放的形式向游客展示了当地艺术的多样性与独特性。街头表演者以其精湛的技艺和不羁的情感，将传统音乐、舞蹈、戏剧等艺术形式带入公众视野，使文化体验不再受限于传统的演出场所，而是流淌在街区的每一个角落。这种艺术的表达形式，既保留了传统艺术的纯粹性，又赋予了其现代社会的互动性和即时性，提供了一种新的文化体验方式。这些街头表演，不仅仅是艺术的展现，更是文化交流的桥梁。游客在观赏的同时，有机会与表演者进行互动，这种互动超越了语言和文化的障碍，使得文化的理解和欣赏更加直接和深入。街头艺术的即兴性，让游客能够在不经意间遇见艺术，无需预约或计划，这种特性让文化的享受变得随时可得，更加自然和亲民。

街头表演的自由性和开放性，既为艺术家提供了一个没有门槛的舞台，让他们的才华得以自由展现，也使得文化的传播更加广泛和平等。这样的文化活动不仅丰富了游客的旅游体验，也为街区注入了源源不断的创造力和活力。

（四）文化体验工作坊的参与式学习

文化体验工作坊在沉浸式文旅街区中扮演着至关重要的角色，它们将文化的观赏性与参与性相结合，提供了一种双向互动的学习模式。游客在这些工作坊中不仅是接收文化信息的受众，更是文化传承的参与者。例如，传统绘画工作坊让游客亲自握笔，感受笔触与色彩在纸上舞动的韵律；陶艺制作工作坊则让游客体会泥土转变为艺术品的过程；民族音乐教学让每个旋律都跃动于游客的指尖。这样的体验不仅增强了游客对当地文化的认识和感受，也为文化的保存和传播开辟了新路径。在参与制作传统艺术品的过程中，游客能够直接接触到文化的原材料，理解文化背后的工艺和哲学，这种深度的文化交流和实践活动加深了游客对当地文化的尊重和理解。工作坊提供的教学不仅是技能上的传授，更是一种文化价值和意义的交流。它们使文化传统不再遥远和抽象，而是变得可触可感。

三、地方美食体验

（一）特色美食的文化展示

在文旅街区的设计中，特色美食的展示是对地方文化的一种独特诠释。美食不仅能满足味觉的需求，更是对文化和历史的传承。地方美食的制作工艺集数百年甚至数千年的智慧于一体，每一种调料的使用、烹饪方法的选择都是对当地自然环境、社会习俗和历史发展的反映。文旅街区内的美食店提供的不仅仅是食物，更是一种文化体验。游客在品尝每一道地方特色美食时，实际上是在品味一个地区的风土人情，理解其文化的深层内涵。通过食物这一最直接的感官体验，游客能够迅速与当地文化建立联系，感受到不同于日常生活的地域特色。美食作为文化的载体，也是交流的媒介。游客在享受美食的同时，往往伴随着对食物背后故事的好奇，从而激发了对地方历史和文化的探索。在文旅街区中，美食也成了展示地方创新精神和生活艺术的舞台，当地厨师和美食家通过对传统食谱的创新演绎，让游客体验到传统与现代的完美融合。

（二）美食制作的互动体验

在文化旅游街区的构思中，将美食制作的互动体验纳入其中，为游客提供了一种独特的文化参与形式。这些体验活动，如烹饪课程或食品制作工作坊，不仅关乎食物制作技能的传授，更是文化交流与教育的实践场所，让游客通过亲手操作，深入了解地方特色美食的制作过程，从而洞察到当地美食文化的精髓。食材的选择、调味品的搭配、烹饪手法的运用，每一个步骤都蕴含了地方文化的哲学和历史的记忆。参与者在这种互动体验中，不单是完成一道菜肴的制作，更是在进行一次文化的深度探索。他们在体验中感受到的，不仅仅是味觉的愉悦，更是对地方传统的理解与尊重。通过这种参与式学习，游客能够更加直观地感受到当地人民的日常生活以及食物在社会文化中的重要角色。美食制作过程中的每一次交流、每一次分享，都是对当地文化的一次传播，加强了游客与当地社区之间的情感联系。通过这种体验，游客对地方美食文化的认知由表及里，从而促进了对当地文化的深刻理解与长远记忆。美食制作的互动体验不仅丰富了游客的旅游经历，也为文化的传承提供了新的方式。

（三）美食节庆和活动的举办

美食节庆和相关文化活动在文旅街区的举办，是对游客美食体验的极大拓展。地方美食的丰富多样性得以展示，游客得以穿越味觉的门槛，深入探索和理解一个地方的食文化。美食节庆的举行，不仅是一场对当地美食成果的庆祝，更是一次文化的集会，它允许游客在轻松的氛围中品鉴各式各样的佳肴，了解这些食物背后的故事和制作过程。品鉴会等活动则为游客提供了与当地食材、厨师以及美食专家直接互动的机会，这种交流促进了文化理解的深度与广度。地方食材的展示不仅仅向游客展现了食材的原貌，更是对当地自然资源和农业生产方式的介绍。这种介绍使游客理解到美食与当地生态环境之间的紧密联系，并且强调了保护生态环境的重要性。在这样的文化活动中，游客不再是被动的消费者，而是积极的参与者，他们通过亲身体验与学习，对地方美食文化有了全方位的认识。

（四）美食与地方故事的结合

在文化旅游街区中，美食不仅仅是一种味觉的享受，更是一种包含丰富文化故事的体验。将地方特色美食与历史故事或民间传说相结合，是一种活化传统文化的手法。这样的叙述策略不仅赋予了食物以深厚的文化意义，也使得对食物的品尝成了一次体验当地文化的过程。当游客品尝地方特色美食时，同时听到这些食物背后的历史轶事或寓言故事，他们的感官体验便被引领至一个更为深邃的文化层面。这种故事化的美食介绍方法，使得每一道地方美食都不再是单一的味道，而是一段有血有肉的历史和一幅生动的社会画卷。食物故事的叙述，不但增强了游客对于食物的记忆，更激发了他们对地方文化深层次探索的兴趣。美食与故事的结合，让文化旅游不再是表面的游览，而是变成一种可以触摸到历史脉络的文化之旅。

以美食为媒介，以故事为桥梁的文化传播方式，不仅丰富了文旅街区的文化内涵，也增强了游客的文化体验。美食背后的故事让游客的旅行充满了发现的惊喜和认知的深度，从而实现了对当地文化氛围和特色的深刻感受。

1.武汉美食街区

武汉，一个以美食闻名的城市，其沉浸式文旅街区巧妙地融入了当地特色美食。游客漫步在古色古香的街道上，可以闻到阵阵香气，感受到浓厚的地方风味。街区内的餐馆和摊位上，展示着武汉的各种特色小吃，如热干面、鸭脖、豆皮等。游客可以一边品尝美食，一边欣赏街区的历史建筑和文化表演，仿佛穿越到了古代的武汉，感受这座城市的美食与文化魅力。武汉江汉路步行街如图4-16所示。

图 4-16　武汉江汉路步行街

2.西安回民街

西安回民街是一个集美食、文化、历史于一体的沉浸式文旅街区。这里汇聚了众多的回族特色小吃，如羊肉泡馍、凉皮、烤肉串等。游客可以在街区内自由穿梭，品尝各种美食，感受浓厚的回族文化氛围。此外，街区还定期举办各种文化活动和表演，让游客在品尝美食的同时，能够深入了解西安的历史和文化。西安回民街如图 4-17 所示。

图 4-17　西安回民街

3. 苏州平江路

苏州平江路是一条充满江南水乡韵味的沉浸式文旅街区。这里不仅有古色古香的建筑和优美的水乡景色，还有丰富的地方美食。游客可以在这里品尝到苏式月饼、松鼠鳜鱼、碧螺春茶等苏州特色美食。此外，街区内的餐馆和茶馆还提供了舒适的环境，让游客在品尝美食的同时，享受悠闲的江南生活，如图 4-18 所示。

这些案例展示了沉浸式文旅街区如何巧妙地融入地方美食体验，让游客在游玩的过程中深入了解当地的美食文化，增强文化认同感。美食也成了吸引游客的重要因素之一，为街区的繁荣发展注入了新的活力。

图 4-18　苏州平江路

第六节　沉浸式展览

沉浸式展览是一种现代展览方式，它运用数字化虚拟技术合成并重构世界，通过艺术情境的融合，为观众创造出一个全新的心灵场域。它往往让观众置身于一个特定空间内，利用虚拟现实、全息成像等技术，打造如同亲身经历的观展体验，为观众带来强烈的真实感。

一、场景再现技术

（一）多媒体和交互式展示

多媒体和交互式展示技术在沉浸式展览中起到了至关重要的作用，这些技术通过营造环境，激发感官和情感，极大地增强了展览的吸引力和教育价值。多媒体元素，如动态视频和音频效果，能够重现历史场景，让观众仿佛置身于叙述的时空之中，这种视觉和听觉的刺激，使得信息传递更为生动，增强了观众的记忆和理解。交互式界面则让观众从被动接受信息变为主动探索，通过触摸屏幕、体感操作等交互方式，观众可以根据自己的兴趣和节奏进行学习，这种参与感和控制感可以显著提高他们的学习动机和效率。在沉浸式展示中，多媒体和交互式技术的运用创建了一个多维度感知的环境，使得信息传达不再是单向线性的，而是变成了一个动态互动的过程。观众在这样的环境中，通过自己的选择和操作，参与到展览的叙事之中，这不仅使得学习过程个性化，而且使得展览内容和展览方式更加丰富和灵活。这种技术的使用，不仅仅是为了吸引观众的眼球，更是为了在传递知识的同时，激发观众的思考和感悟。

多媒体和交互式展示技术在实现场景再现方面具有无可比拟的优势，

这些技术能够模拟真实或构想的环境，让观众在沉浸式的体验中学习和感知。这种技术的融合不仅提高了展览的教育价值，而且通过创新的展示手段，为观众提供了一种全新的学习和体验方式，这在提升文化传播和教育传承方面展现了巨大潜力。

（二）感官刺激的运用

沉浸式展览技术借助视觉、听觉、触觉等多感官刺激，显著增强了观众的体验感和情感投入。视觉刺激通过高清图像、动态视频和灯光效果，构建起栩栩如生的场景，使观众视觉上无法区分虚拟与现实，从而深入体验展览内容。听觉刺激则通过立体声音效、环境音乐等手段，营造出包围感，进一步拉近观众与展览内容的距离，增强其身临其境的感受。触觉刺激，如互动装置和模拟体验，则通过直接的物理接触，激发观众的肌肉记忆，加深对展览主题的感知。这些感官刺激在沉浸式展陈中相互作用，共同创造出一个全方位的感知环境，观众的情感和认知都被这种环境所包围，使得体验感和情感投入达到最大化。多感官刺激的综合运用不仅提高了展览的吸引力，更重要的是，它使得知识的传递变得更加生动和深刻。观众在多感官的交互中，不仅仅是以观看者的身份接收信息，更是以体验者的角色在情感上与展示内容建立联系，这种联系让记忆更加牢固，对展览内容的理解也更为深入。

（三）智能导览系统

智能导览系统的应用在沉浸式展览中为观众提供了前所未有的个性化体验。这些系统，通过移动应用或智能眼镜等高科技产品，使得信息的获取变得更为灵活和个性化。观众可以根据自己的兴趣和需求，选择不同的展览内容和路径，智能系统会根据这些选择提供定制化的信息和解说，从而使每一位观众都能获得专属于自己的展览体验。智能导览技术通过集成最新的人工智能和位置识别技术，能够精确地定位观众当前的位置，并提供相应的展品信息，增加了展陈的互动性和教育性。此外，智能眼镜等设备能够在观众的视线中直接呈现出增强现实内容，使得展览不仅限于物理空间，还能够通过数字化的内容增加信息的深度和趣味性。

此类技术的应用，尤其在场景再现方面，能够通过个性化的视觉和听觉解说，将观众带入一个历史时刻或远距离的地点，这种技术不仅提高了观众的参与感，还极大地提升了展览内容的吸引力。

湛江赤坎老街是一个拥有超过百年历史的老街道，其采用了某科技公司开发的"智慧导览系统"，以"景区导览"和"全域导览"为核心，通过智慧电子导游的方式，全方位推送湛江赤坎的"吃住行游购娱"旅游全要素。这一系统提供了精美的手绘地图，将赤坎区内的整体规划布局进行 1:1 真实还原，方便游客按图索骥，感受赤坎城区的精彩之处。湛江赤坎老街如图 4-19 所示。

图 4-19　湛江赤坎老街

二、叙事策略设计

（一）故事叙述策略的构建

沉浸式展览中的叙事策略设计关键在于构建连贯而引人入胜的故事线，这种故事叙述的力量在于其能够吸引观众进入展览所构建的叙事世界，通过情节的推动、人物的塑造，以及时间和空间背景的设置，来引导观众深入理解展陈内容。故事叙述在设计时需考虑如何有效地将展品、信息与故事情节相结合，让观众在跟随故事发展的同时，自然地接收信息，增强学习和记忆。在此过程中，故事的起伏变化需与展陈的节奏相匹配，确保观众的注意力与情感投入持续不断。故事线的设置要紧密围绕展览的主题，首先通过明确的起始点激发观众的好奇心，其次通过一系列精心策划的情节转折，将观众的体验从认知的表层逐渐引导到深层次的感悟。故事叙述应当融入互动元素，使观众成为故事的一部分，如通过选择不同的故事分支或解决在故事中出现的问题，观众的体验变得更加个性化和具有参与性。

故事叙述策略的构建还需借助多媒体手段，如视觉图像、声音和光效，以增强故事的氛围，创造出有助于观众沉浸的环境。这种多感官的叙事手段使得故事更加生动，帮助观众在心理和情感上与展览内容建立联系。

（二）情感共鸣的激发

沉浸式展览中叙事策略的设计要点在于利用叙事元素触发观众的情感共鸣，这是增强观众记忆和理解的关键。叙事元素通过塑造有深度的人物角色、构建引人入胜的情节和营造具有情感张力的环境，与观众的个人经历和情感状态产生共鸣。故事中的冲突和解决过程能够引发观众的同情和共感，从而在心理层面产生影响。情感的共鸣不仅促使观众更加投入展陈内容的探索，也加深了对信息的吸收和记忆。在情感共鸣的激发上，叙事策略需细腻地描绘故事背景，使其与观众的现实生活连接起来。通过展示与观众生活相关的历史片段、文化场景或社会议题，可以激发观众对故事的持续关注和情感参与。此外，情感共鸣的激发也依赖于多媒体技术的支持，如配乐、灯光、影像，它们能够增强故事的气氛，使观众的情感体验更加丰富。

有效的情感共鸣还需要展览内容具备一定的普遍性和时代性，让观众在个人经历和文化背景中找到共鸣点。通过叙事中的共通价值和普世情感，展览可以跨越文化和地域的界限，触及更多观众的内心。

三、空间设计的应用

（一）空间布局的创新

沉浸式展览中对空间布局的创新是带给观众沉浸感的关键因素。通过开放式或非线性路径的空间布局设计，展览能够打破传统的观展模式，引导观众自由探索，从而增强其对展览的参与度和沉浸式体验。开放式布局使得观众能够根据个人喜好选择不同的观展路线，这种非制式的探索增加了观展的未知性和惊喜感，同时鼓励观众从不同的角度和顺序体验展览内容。非线性路径设计则允许观众在空间中自由移动，各展项之间不再是严格的前后关系，而是呈现为一个网状的互联结构，每一次的观展都可能是一次全新的体验。这种设计不仅增加了展览的动态性和互动性，还允许观众根据自己的节奏和兴趣深入了解展品背后的故事。

在空间设计中运用的创新技术，如动态照明、投影映射以及声效系统，都能够创造出多层次的感官体验，使得展览空间本身成为观众沉浸式体验的一部分。

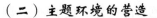

（二）主题环境的营造

在沉浸式展览中，主题化的环境设计是提升观众沉浸式体验的关键手段。场景重现和装置艺术作为主题环境营造的两种典型方法，通过视觉、听觉甚至嗅觉元素的综合运用，创造出具有高度主题性的空间，让观众穿梭其中时能够全方位地感受到展览内容的氛围。场景重现技术通过复原历史时刻或具体地点的视觉环境，利用逼真的布景、光影效果以及环境音效，让观众感觉自己仿佛身处故事发生之地，增强了历史和文化的现场感。装置艺术则通过创意和互动性的结合，打破传统展览的界限，提供了一种超越纯粹观赏的体验。艺术家和设计师通过对空间的再想象和再创造，将观众引入一个设计巧妙的主题世界，这些装置不仅是视觉的焦点，更是沉浸式体验的催化剂。通过与装置的互动，观众能够在感官上与展陈主题建立直接的联系，从而在情感上产生共鸣。

主题环境的营造还依赖于对细节的精准把控，包括色彩的选择、材料的质感甚至空间中的气味，这些细节共同作用于观众的感官，形成了一种强烈的现场感和代入感。

（三）光影和色彩的运用

在沉浸式展览中，光影效果和色彩搭配是塑造空间氛围、影响观众情绪和感知的重要元素。光影的运用不仅可以突出展品的特点，引导观众的视线，还能创造出特定的情感环境，如温暖的光线可营造亲切、舒适的氛围，而冷光或阴影则可能给人带来神秘、严肃的感受。动态光影的变化更是能够模拟自然环境中光的流转，增加展览的生动性，让观众感受到时间的流逝或故事的发展。色彩搭配在视觉艺术中具有基础而深远的影响力，不同的色彩组合能够激发观众的不同情绪反应，从而影响他们对展览内容的感知。例如，温暖色系通常与快乐、活力相关联，冷色调则可能引发平静或沉思的情绪。通过精心的色彩规划，展览设计师能够在不同的展区中营造出符合展品主题的情绪氛围，从而加深观众对展品故事和背景的理解。综合运用光影和色彩的设计不仅加强了展品的视觉冲击力，也为观众提供了一个情感共鸣的空间。这种设计使得观众在观展过程中，不仅是通过思考和学习来接受信息，更是在情感上与展品建立联系，形成更为深刻的记忆印象。

（四）可持续性和无障碍设计

在沉浸式展览中，确保可持续性与无障碍设计是实现社会责任和包容性的关键。可持续性设计注重展陈材料和技术的环保性能，以及资源的再利用和能源的有效管理，旨在减少对环境的影响。无障碍设计则确保所有观众，包括行动不便者、视觉或听觉受限者，都能享有同样的参观体验。这两者的结合，使得展览在创造沉浸式体验的同时，反映了对未来社会的考量和对所有观众需求的尊重。在空间设计中，可持续性可以通过使用低能耗照明系统、可回收材料和模块化的展览结构来实现。这些做法不仅降低了展览的碳足迹，也便于未来的改动和再使用。无障碍设计则要求展览空间的通道宽敞，展品摆放位置要考虑到不同身高和观看角度，以及提供辅助工具，如手语翻译、触觉地图和音频导览设备，这些都有助于创造一个对所有人都开放和友好的展览环境。可持续与无障碍设计在提高展览的社会价值和文化敏感性方面发挥着重要作用。它们促进了一个包容的文化氛围，让更多的人能够接触和理解展陈内容。这种设计理念不仅体现在物理空间上，也体现在展览的策划和运营中，如通过社会参与和教育计划的实施，让可持续性和无障碍设计的理念深入人心。

上海未来科技展融合了虚拟现实和增强现实技术，为观众创造了一个沉浸式的未来世界体验。通过先进的展示设备和多媒体互动技术，观众可以置身于一个充满未来感的科技空间中亲身感受科技创新的魅力。上海科技未来展如图 4-20 所示。

图 4-20　上海科技未来展

　　哈尔滨冰雪大世界作为一个沉浸式的冰雪体验，将观众带入一个巨大的冰雪建筑群中。观众可以近距离观赏到冰雪的魅力和美景，感受冰雪带来的独特氛围。哈尔滨冰雪大世界如图 4-21 所示。

图 4-21　哈尔滨冰雪大世界

这些案例都展示了沉浸式展览在各个领域的应用，通过先进的技术和多媒体互动，为观众带来了全新的、身临其境的体验。无论是科技、历史还是自然景观，沉浸式展览都能够将其以更加生动、直观的方式呈现出来，让观众深入其中，享受其带来的乐趣和启发。

第五章　沉浸式文旅产业链

第一节　产业链相关理论

一、产业链的理论缘起

产业链作为经济学中的一个核心概念，其理论缘起可追溯至西方经济学的发展历程中关于分工和专业化的深入探讨。亚当·斯密在其代表作《国民财富的性质和原因的研究：上卷》中首次提出了分工的概念，他通过对制造过程的分析，强调了劳动分工的重要性。在亚当·斯密看来，劳动者的细化分工是提高生产效率的关键，这为后来产业链概念的形成奠定了基础 [1]。亚当·斯密所描述的制造过程，实际上涉及从原材料采购、生产加工到最终销售的一系列环节，尽管其未明确使用"产业链"一词，但其阐述已隐含产业链的基本框架。

继亚当·斯密之后，阿尔弗雷德·马歇尔（Alfred Marshall）进一步扩展了产业链的理论，他在研究中强调了企业之间合作的重要性，这种合

---

[1]　斯密.国民财富的性质和原因的研究：上卷[M].郭大力，王亚南，译.北京：商务印书馆，1972：231.

作模式促进了产业集群的形成。马歇尔的贡献在于他明确指出了企业间的相互依赖关系，这一点对现代产业链理论的发展产生了深远影响。20世纪中叶，艾伯特·赫希曼（Albert Otto Hirschman）在其作品《经济发展战略》中从宏观经济的角度对产业链进行了定义，将其视为经济发展中专业化和分工的自然延伸。赫希曼的论述扩大了产业链的视角，从一个单一企业的内部流程转变为覆盖整个产业的复杂网络。

二、产业链的内涵

产业链的理论虽然起源于西方，但是没有分析产业链发展的内在机制[①]。20世纪90年代起，我国学者开始广泛研究产业链[②]。对有关学术论文进行收集和整理后，可以了解产业链的相关定义，如表5-1所示。

---

① 谢雨萍，梁姣.基于旅游产业链的低空旅游理论与开发研究：以桂林为例[M].北京：中国旅游出版社，2020：9.
② 李玲.基于产业链视角的北京市会议产业转型研究[D].天津：天津商业大学，2017.

表5-1 产业链相关定义

研究角度	研究者	产业链定义
微观角度	陈博	所谓的产业链,实际上是指利用生产要素方面的购买及供给间的相互关系,而在各个产业中逐渐形成的相互关联,它具有链状特征[①]
	吴金明,邵昶	主要由价值链、企业链、空间链及供需链等方面发生作用和影响,从而有机地形成[②]
	王云霞,李国平	产业链主要指的就是对于特定的经济活动而言,因为开展某领域活动的相关企业存在着角色分工方面的差异,所以它们将会在产业链的不同区域内形成技术及经济等方面的内在联系及作用[③]
微观角度	简新华,李雪	是由产品的生产制造过程到最终消费过程的一个具有链条状特征的结构形式[④]
	郑大庆,张赞,于俊府(2011)	主要基于空间链、技术链、产品链、价值链及供需链等的角度来对产业链中所存在的内在关联展开深入探讨[⑤]

① 陈博.产业链与区域经济的发展[J].工业技术经济,1999(5):44-58.

② 吴金明,邵昶.产业链形成机制研究:"4+4+4"模型[J].中国工业经济,2006(4):36-43.

③ 王云霞,李国平.产业链现状研究综述[J].工业技术经济,2006(10):59-63.

④ 简新华,李雪.新编产业经济学[M].北京:高等教育出版社,2009:15.

⑤ 郑大庆,张赞,于俊府.产业链整合理论探讨[J].科技进步与对策,2011,28(2):64-68.

续　表

研究角度	研究者	产业链定义
中观角度	蒋国俊，蒋明新	所谓的产业链实际上所指的就是对于某些产业聚集区域而言，因为其中的某些产业领域的国际竞争水平较高，或者是企业有着较强的国际竞争方面的潜质，由此和一些与之存在特定关联的企业共同形成的一类关系链，它具有战略联盟的性质[①]
	刘贵富，赵英才	对于特定的地理区域而言，通过某些产品作为桥梁，而使不同的产业部门有机地构成的一类战略性的联盟就是产业链，它具有链网式的特征[②]
宏观角度	周新生	所谓的产业链就是在进行服务或是产品的生产时，根据其中所存在的经济及技术方面的需求及内在关联性，以特定的次序来有机地融合经济业务、生产阶段、经济过程及具体的生产活动，由此形成一类具有链状特征的结构形式[③]
宏观角度	简新华，李路	产业根据某一类次序而开展经营过程及生产，由此相应地形成了一定的系统或是链条即为产业链，它具有内在关联性及连续性特征[④]
	赵婉莹	认为在整个链条中的不同环节均存在着某些技术性的内在联系，由此形成了链式结构[⑤]

① 蒋国俊，蒋明新.产业链理论及其稳定机制研究[J].重庆大学学报（社会科学版），2004（1）：36-38.

② 刘贵富，赵英才.产业链核心企业研究[J].中国管理信息化（综合版），2006（10）：25-28.

③ 周新生.产业链与产业链打造[J].广东社会科学，2006（4）：30-36.

④ 简新华，李路.循环经济发展过程中必须重视的一个管理问题[J].经济纵横，2009（3）：9-13.

⑤ 赵婉莹.陕南中药产业化发展研究[D].杨凌示范区：西北农林科技大学，2011.

三、产业链的类型

在分析产业链的类型时，首先需要理解其基本概念：产业链是指在一定的市场和技术环境中，不同产业或产业内部的企业通过生产、加工、分销等环节相互关联和依赖，形成的一个复杂的经济体系。这种体系中的企业不仅仅是单一的市场参与者，更是在供需关系中互相作用、共同发展的伙伴。在这个基础上，产业链可分为两种主要类型，即接通产业链和延伸产业链。

接通产业链，顾名思义，是指在一定地理或经济区域内，将原本孤立或不连续的产业部门连接起来，形成更加完整、高效的产业链条。这种类型的产业链通过整合资源、优化配置，增强了区域内各产业部门的互动与合作，从而提高了整体的经济效益和竞争力。例如，通过建立地区性的产业园区或商业联盟，可以有效地促进区域内产业的互补和协同发展。延伸产业链则关注于已存在产业链的纵向发展。这种发展通常涉及产业链的上游扩展，如原材料供应、基础设施建设、技术研发等，以及下游的市场拓展，包括产品销售、品牌推广、消费者服务等。通过这种上下游的市场延伸，产业链不仅能够增强自身的稳定性和抗风险能力，还能在更广泛的市场和技术层面上实现创新和发展。例如，汽车产业链通过向上游拓展至智能制造技术，向下游延伸至全球销售网络，实现了产业链的全面升级和优化。

四、产业链的打造

在构建产业链的过程中，核心要素在于清晰界定产业链延伸的范畴和方向。这不仅关乎产业链在其核心业务领域的扩展，也涉及在同一行业内的横向发展以及在供应链的上下游进行纵向拓展。在决定产业链延伸的范围或方向之前，决策者需要深入分析目标行业或业务之间的

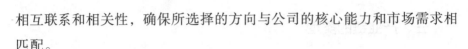

相互联系和相关性，确保所选择的方向与公司的核心能力和市场需求相匹配。

保证原有行业或业务具备足够的扩张潜力是产业链打造的基本条件。产业链的构建主要通过两种策略实现：纵向延伸和横向拓展。纵向延伸，也就是产业链的纵向扩展，包括纵向一体化和纵向控制两个层面。纵向一体化指的是通过纵向整合，将供应链的上下游业务合并到企业内部，以提高效率和控制力。纵向控制则是通过对上下游业务环节的直接控制或影响，增强企业在产业链中的主导地位。通过这两种策略，企业能够更有效地管理其供应链，提升市场竞争力。纵向一体化，或称垂直一体化，涉及企业将其生产与原材料供应或产品销售环节结合的策略。这种策略允许企业向供应链的上游或下游拓展，形成更加紧密的内部管理和控制系统。纵向控制则是一种由核心企业在其供应链上实施的管理策略，目的在于对上游供应商或下游销售商施加限制或约束。这种做法旨在加强核心企业在整个产业链中的主导地位，从而增强其市场影响力和竞争力。通过有效的纵向控制，核心企业能够更好地管理其供应链，确保供应链的稳定性和效率，同时能更好地控制成本和质量。

在横向拓展方面，核心企业通过实施兼并、重组等策略，来拓宽其经营范围。这些策略旨在建立更广泛的子链网络，使企业能够覆盖更多的市场和产品范围。通过横向拓展，企业不仅能够增加市场份额，还能够实现多元化发展，从而降低市场风险。这种策略对于提升企业的市场竞争力、增强企业的市场适应性和创新能力至关重要。随着子链的扩展，这些链条逐渐形成交织的网络，最终演变成产业集群。产业集群的形成不仅增强了产业链的整体竞争力，还能带来显著的集群效应，促进区域经济的发展。

产业链打造的含义可以分为四个方面。首先，构建产业链意味着针对新研发的有价值产品，创建一个全新的产业链。这通常发生在某企业研发出创新产品时，由此引发的新产业链的形成，旨在支持和促进该产品的市场化和产业化。其次，重构产业链涉及对现有产业链的重新评估和调整。这包括对产业链中不合理或低效环节的改进，以及对战略环节的重新定位，旨在增强产业链的整体功能和效益。再次，修补和完善现有产业链，聚焦于解决产业链中的薄弱环节，如孤环和断环，从而确保产业链能够有效运作。最后，拓宽和延长产业链主要指通过横向拓展和纵向延伸，增强产业链的覆盖范围和深度，以提升其综合价值。

在产业链打造过程中，需注意的问题主要包括三个方面。首先，平衡产业链的长度至关重要。过短的产业链可能缺乏必要的协同效应，而过长的产业链可能因承受不了过大的运营压力而断裂。因此，适当地调整产业链长度，以保持其稳定性和效率，是一项关键任务。其次，促进产业链在特定地区形成产业集群至关重要，这有助于最大化集群效应，进而提升区域经济的整体竞争力。最后，尽管占据产业链中高附加值环节是提高经济效益的有效途径，但企业应根据自身能力和市场条件合理选择其在产业链中的位置。在尚未具备占据高端环节能力时，参与低端环节也是实现企业稳健发展的重要策略。

第二节 文旅产业链的概念、构成要素和特点

一、文旅产业链的概念

文旅产业链的概念涉及文化产业与旅游产业的融合，形成一个具有复合特性的新型产业系统。在这一系统中，文化产业和旅游产业不仅保留了各自的物性，而且通过互联互通的产业链条，共同作用于文旅产业的形成和发展。文化旅游产业链的核心在于文化旅游活动，它是连接各个产业节点、促使产业链形成和运作的关键因素。在文化旅游产业链中，每个节点之间的互动不是单向的或独立的，而是相互关联和相互影响的。

这种互动不局限于传统的供给和需求关系，还包括文化交流、技术共享、资源互补等多维度的合作和联系。通过这种多元化的互动，文化旅游产业链能够更有效地响应市场需求，创造新的价值和机遇。

文旅产业链的特点在于其融合性。这种融合不仅表现在文化产业和旅游产业的结合上，还反映在这两大产业与其他相关行业的交汇点上。这种融合关系是一种"你中有我，我中有你"的互依共生状态，不仅强化了各自产业的功能和效能，还为产业链的整体发展带来了新的动力。

文化旅游产业链的构建和发展还高度依赖地区差异和区域优势的发挥。不同地区的文化旅游产业链表现出不同的特色和优势，这些差异性和特色性是基于各地区的文化、历史、地理等方面的独特性。因此，产业链的发展不仅要考虑全局的市场需求和产业趋势，还需密切关注地方的实际情况和潜在优势，以制定更加精准和高效的区域性发展策略。

二、文化旅游产业链的构成要素

文化旅游产业链的构成要素主要是产业链上的节点，主要包括文化旅游服务主体、中介机构（行会、旅行社、金融机构、保险公司、运输机构、信息中心和教育培训中心等）、策划机构（大学、规划院、咨询中心）、规制机构、消费者等[①]。

（一）文化旅游企业主体

在文化旅游产业链中，企业主体扮演着至关重要的角色，其特点和作用显著不同于传统产业链中的企业。文化旅游企业主体的独特性在于其操作的核心资源，即无形的文化旅游资源。这些资源是特定地区在长期历史发展过程中形成、积累和传承下来的，包括但不限于文化遗产、民俗风情、艺术形式等。因此，文旅产业链的企业主体通常是文化企业

---

① 李锋.文化产业与旅游产业的融合与创新发展研究[M].北京：中国环境出版社，
　2014：175.

与旅游企业的融合体，或者是以其中一方为主导，充分利用文化旅游资源创新发展的新型企业。这些企业主体不仅在提供文化旅游服务和产品方面起到关键作用，还在保护、传承和创新文化资源方面发挥着重要作用。

在文化旅游产业链中，企业之间的关系呈现多样性。这些关系包括合作或融合、互补、联动以及竞争等。合作或融合关系体现在不同类型的企业间通过资源共享、技术交流等方式共同促进文化旅游产品和服务的开发与推广。互补关系则表现在企业之间通过各自的专业优势和资源优化产业链的整体效能。联动关系主要指企业间在特定项目或活动中的临时性合作，而竞争关系是产业链中不可避免的市场机制，促进企业不断创新和提升服务质量。

（二）规制结构

规制机构在文旅产业链中扮演着至关重要的角色，主要包括政府机构和行业协会等。这些机构的核心职能是为产业链经营机构提供综合性的管理、监督和服务。政府机构特别重要，其作用体现在多个方面：政策引导，确保产业发展符合国家和地方的战略目标；环境建设，为产业链的健康运行提供必要的基础设施；文化保护，保障区域的历史文化遗产得到妥善保护并合理利用；形象维护和提升，通过品牌建设和宣传活动提升区域的文化旅游形象；服务组织与招商引资，促进产业链的资本流动和资源配置。这些职能共同构成了政府机构在产业链中的多面向作用，不仅保护和利用区域历史文化资源，同时把握文化旅游产业的发展方向，促进文化和旅游产业的科学融合，提升产业运行效率。行业协会则通过制定行业标准、组织交流活动、提供专业培训等方式，支持产业链成员的专业化发展和行业内合作，进一步促进整个产业链的高效运行和持续发展。

（三）研发结构

研发机构在文化产业与旅游产业的融合过程中扮演着至关重要的角色。这些机构，包括规划策划机构、大学、研发设计公司等，被统称为知识生产机构。它们为产业链各环节提供关键的技术和智力支持，是推动创新和技术进步的主要动力源泉。在文化旅游产业的融合过程中，创意和技术分别充当催化剂和黏合剂的角色，而这两者主要来源于研发机构。这些机构通过创新的思维和先进的技术研发，提升文化旅游产品和服务的创意水平和技术效率。

虽然研发机构并不直接参与到企业服务的提供过程中，但它们的影响力不容忽视。创意水平的高低和技术效率的优劣直接决定了文旅产业的生命力和竞争力。通过持续的研究与开发活动，这些机构为产业链提供新的思路、方法和技术解决方案，从而推动整个产业链的创新发展。

（四）中介机构

中介机构在文化旅游产业链中发挥着独特而关键的作用。这些机构和组织不直接参与文化旅游产品或服务的生产和提供，但在产业链中充当重要的辅助角色，提供协调、咨询、推介营销等服务。这些服务对于企业而言是不可或缺的，尤其是在面临复杂市场环境和激烈竞争时。中介机构的存在极大地提升了企业的运营效率和市场响应速度。中介机构的角色可以视为产业链的"侧链"，它们虽然不处于产业链的主流，但是对产业链的高效运转和健康发展至关重要。这些机构通过提供专业的外部支持，如市场调研、品牌策略、法律咨询等，帮助企业更好地把握市场机会，应对复杂的经营挑战。此外，中介机构还能作为企业与市场之间的桥梁，增强企业与消费者、政府及其他利益相关者之间的沟通和合作。

（五）消费者

文化旅游消费者在产业链中起着至关重要的作用，作为价值实现的关键环节，他们不仅是产品和服务的最终接收者，而且是产业链运行的主要驱动力。消费者通过购买文化旅游产品或服务，直接拉动整个产业链的运作，从而在经济层面上促进产业链的活跃和增长。他们对产品和服务的反馈、评价以及需求信息对产业链上游环节具有深远影响。消费者反馈的信息对于上游生产者和服务提供者来说是宝贵的资源。这些信息可以帮助生产者和服务提供者及时了解市场趋势和消费者需求，从而对产品和服务进行有效的调整和优化。这种从下游到上游的信息反馈机制，确保了产业链的灵活性和适应性，使其能够快速感知市场变化和消费者偏好的变动并及时采取适当的对策。在文化旅游产业中，这一点尤为重要，因为这个领域的产品和服务通常具有高度的个性化和文化依赖性。

三、文旅产业链的特点

（一）由互补的子产业共同发展

文旅产业链的首要特点在于其由各个互补的子产业共同发展而形成的特性。不同于传统制造业产业链那种以单一主产业为中心，逐步向上下游扩展形成的线性结构，文旅产业链更多地体现为一个以消费者需求为核心，文化产业和旅游产业等多个子产业分别独立发展，随后逐渐相互交织和融合的过程。

在文化旅游产业链的形成过程中，消费者需求起着关键的指导作用。文化产业和旅游产业作为两个重要的组成部分，原本各自独立发展，但随着市场需求的变化和竞争的加剧，这两大产业之间的关联日益紧密。这种关联不仅仅体现在产品和服务层面的互补，更体现在经营理念、市场策略和资源共享上。随着时间的推移，文化产业和旅游产业之间的边界逐渐模糊，形成了一种多边关联、相互融合协同的产业群落体系。

这种产业群落体系的形成，标志着文化旅游产业链的复杂性和动态性。它不仅仅是简单的产品或服务供应链，更是一个充满创新和活力的生态系统。在这个系统中，各个子产业不断地相互影响、相互促进，共同创造新的市场机会和发展路径。

（二）以横向关联为主

文旅产业链的第二个显著特点是其产业间的主要关联方式以横向连接为主。这与传统制造业产业链的纵向结构形成鲜明对比。在制造业中，产业链的形成主要是基于生产要素在上下游环节间的流动，其中上游环节提供原材料，下游环节则依此生产最终产品。在这种纵向产业链中，仅有下游终端企业的产品直接面对消费者。文化旅游产业链的特征在于其非实物性产品的提供，即通过旅游服务设施提供的文化体验产品。文化旅游产品的生产和提供涉及多个产业部门的协同配合，这些部门共同作用于一次文化旅游活动的顺利完成。因此，文旅产业链的结构呈现为横向的产业链，其中各个产业部门均可能与消费者直接接触。这种横向关联不仅强调了各产业部门间的协同和合作，而且凸显了消费者体验在整个产业链中的中心地位。在这种横向产业链中，不同产业部门，如旅游服务提供商、文化活动组织者、餐饮与住宿服务提供者等都直接参与到文化旅游体验的创造过程中。

（三）消费者是产业链的中心

文旅产业链的第三个显著特点是消费者作为产业链的中心。这与制造业产业链的结构形成了鲜明的对比。在制造业中，生产要素沿着产业链单向流动，消费者处于链条的末端，相对被动地接收产品。相比之下，文旅产业链是围绕着消费者这一核心终端形成的，其生产活动和服务设计都是为了满足消费者的需求和提升其体验。文旅产品的核心在于服务的提供，这些服务具有无形性，不能像物质产品那样独立存在或储存。服务的生产与消费几乎同时发生，即只有在消费者参与的情况下，文化旅游的产品和服务才能被"生产"出来。因此，消费者不仅是文化旅游产品的接收者，更是其生产过程的一部分。在文化旅游产业链中，从旅游策划、文化活动组织到餐饮服务、住宿安排，每一个环节的设计和实施都是为了满足文化旅游消费者的需求，并为其提供个性化、差异化的服务体验。

这种以消费者为中心的产业链结构突出了文化旅游产业链的特殊性。在这一产业链中，消费者的偏好、体验反馈和需求变化直接影响着整个产业链的调整和优化。这要求文旅产业链中的每一个企业不断创新、灵活应变，以更好地满足消费者的多元化和个性化需求。

（四）开放的网状结构

文旅产业链的第四个显著特点是其开放的网状结构。这种结构不同于传统的单向、线性产业链，而是呈现为一个双向通道，其中的每个环节都不是固定不变的，而是可以互相交替和交叉关联的。在这种网状结构中，产业链上的每个要素都有潜力成为价值链的核心，从而形成一个高度灵活和动态的产业系统。文化旅游产业链的网状结构使得其内部各环节之间能够实现高度的互通与协作。这不仅增强了产业链的整体效能和适应性，也为各环节带来更多的创新和发展机会。例如，文化旅游活动的策划和实施可能涉及旅游服务、文化表演、艺术展览、地方美食等多个环节，这些坏节相互配合，共同为消费者提供了丰富而独特的旅游体验。文化旅游产业链的开放性意味着它不是一个封闭的系统。它不仅服务于文化旅游消费者的体验需求，还可以与各类文化、旅游产业乃至其他第一、二、三产业发生联系和融合。这种跨界融合使得文化旅游产业链可以融入更广泛的大文化产业中，从而继续拓展和发展。

第三节　文旅产业链融合激励机制

文化产业与旅游产业之间的跨产业融合，包括渗透、合并、战略联盟以及融合型产品创新等行为，源于外部环境因素和内部动机的共同作用。外部环境因素主要指市场需求的变化和创新的出现所带来的竞争压力，而内部因素则涉及企业寻求核心竞争力的需求。因此，这两大产业的融合是在外部激励与内部激励构成的激励机制下发生的，如图 5-1所示。

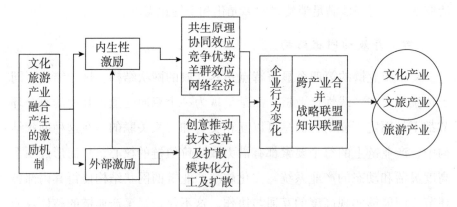

图 5-1　文化产业和旅游产业融合激励机制

在传统观光游览向体验需求和娱乐休闲需求转型的过程中，外部激励因素对文化和旅游企业产生显著影响。这些外部激励包括市场竞争的激烈程度、信息技术的革新以及产业分工的日益精细化。这些根本性的变革不仅在一定程度上为部分文化企业和旅游企业带来了前所未有的动力，也在一定程度上给其施加了压力。另一方面，内部激励因素在环境变化下为文化旅游企业提供了市场开拓的机会。这些因素包括共生原理、协同效应、竞争优势、羊群效应以及网络经济效应，它们在企业内部形成了强大的动力，驱动企业寻求创新的发展路径和竞争策略。这些因素共同作用，从而激发企业从传统的经营模式转变为更加灵活和创新的经营模式，以适应市场的变化和需求。

一、产业融合产生的外部性激励

（一）创意推动

"创意"（Creation idea）被认为是生产力要素之一，它对推进经济增长和产品的最终价值一直被经济学家所关注 ①。亚当·斯密在其著作《国富论：国民财富的性质和起因的研究》中提出："如果一种劳动要求超凡的技巧和智慧，出于对这种才能的尊重，人们对他们的产品所给的价值自然要高于他们单纯劳动时间应得的价值。"② 在全球经济进入以知识为核心竞争力的时代背景下，文化创意和科技创新正成为现代经济增长的双引擎，创意被认为是决定经济效益的关键因素。理查德·弗罗里达（Richard Florida）认为：从经济学的角度看，创意也是一种资本形式，可以成为"创意资本"③。据此可知，人们的新理念、新技术、新商业模型、新文化形式和新产业等，都是"创意资本"。

文化产业与旅游产业的融合在创意的驱动下引发了多方面的转型和发展，显著地拓宽了旅游资源的范围、延伸了产业链条，并提升了旅游产品的文化内涵。这种融合不仅改变了人们对旅游资源的认识，还促进了产业链的整合与创新，同时显著地提高了文化旅游产品的价值和吸引力。创意的介入使得旅游资源的范围得以显著拓宽，创意通过其独特的

---

① 李锋.文化产业与旅游产业的融合与创新发展研究[M].北京：中国环境出版社，2014：116.

② 斯密.国富论：国民财富的性质和起因的研究[M].谢祖钧，译.北京：新世界出版社，2008：48.

③ 弗罗里达.创意经济[M].方海萍，魏清江，译.北京：中国人民大学出版社，2006：238.

趣味性、知识性、时尚性和创新性，将社会经济发展中的各类资源和活动转化为新的旅游吸引物。例如，网络游戏、动漫乐园、博物馆、音乐节和影视基地等，这些都是随着创意产业发展而涌现的新型旅游资源。例如，北京的"798艺术区"和上海的"海上海"文化创意园区，这些地方不仅仅是文化的展示，更成了旅游的新热点。创意的融入也促进了文化产业和旅游产业链条的延伸。在横向上，创意成了连接文化产业和旅游产业各部门的重要纽带，为各类文化旅游产业增加了附加值，打破了产业链条的传统循环模式，构造了一个更广泛的互动和融合网络。在纵向上，创意渗透到产业链的各个环节，从设计到品牌销售渠道，有效地拉长了文化旅游产业链条。

创意在提升旅游产品文化内涵方面也发挥了关键作用。创意强调创新和个人创造力，将知识的原创性和变化性融入丰富的文化内容中。通过这种方式，既有的文化得到了创新和活化，将原本沉寂、呆板的文化内涵转变为生动活泼的文化旅游产品。这些产品不仅具有知识性和艺术性，还具有趣味性、时尚性和体验性，满足了现代消费者对于深度体验和个性化需求的追求。

（二）技术变革

信息技术和互联网技术的革新在文化企业和旅游企业中发挥着越来越关键的作用，它们不仅改变了市场信息的收集和产品设计的方式，还极大地影响了服务、营销和信息反馈服务的模式。这些技术变革在推动文化产业与旅游产业融合的过程中发挥了重要作用，从而影响着整个文化旅游产业经济系统的发展与变革。信息技术变革，尤其是数字技术和互联网的应用，不仅改变了文化展示和旅游营销的传统方式，还促进了这些技术在传统文化产业和旅游产业中的扩散。这一技术的扩散导致传统文化产品和旅游产品形态的改变，增强了它们的文化表达力和旅游吸引力，使得文化产业和旅游产业在技术知识基础上趋于一致，进而加强了两者的融合。技术变革与扩散还促进了全球市场的统一，拓展了文化企业和旅游企业的经营范围。高新技术的应用改变了文化和旅游产品的类型、种类和形式，增加了对旅游者的吸引力和消费便利性，从而扩大了内外部市场的规模。市场规模的扩大及市场的进一步细分，对产业融合的演进和企业组织结构的变革起到了促进作用，进而影响了两大产业的发展战略选择。

技术在服务高效性和文化旅游活动体验深度性的推动下，加快了文化旅游产品生命周期的演化进程。高新技术成为文化旅游经济发展的主要驱动力，导致文化旅游企业之间的竞争加剧。为了保持市场地位和提升企业形象，企业利用高新技术加快新产品的开发和市场推广，更新原有产品，从而使文化旅游产品的生命周期相对缩短，促进了文化旅游产业整体发展水平和质量的提升。

高新技术的发展在扩大市场规模的同时，加剧了企业经营环境的复杂性和动荡性。企业利用高新技术开发产品和开拓市场，提高了文化旅游产业的营销效率和范围，但也加剧了市场竞争。互联网技术加速了信息与知识的传播，促进了创意和创新的产生，引发了文化旅游企业经营观念和产品认知观念的变革，协同与融合共生等理念在互联网技术的加持下越来越成为影响企业行为变革的重要因素之一。

（三）模块化分工

模块是指半自律性的子系统和其他同样的子系统按照一定的规则相互联系而构成更加复杂的系统或过程[①]。文化产业与旅游产业的融合产生了一系列显著的结构和功能变化，主要体现在以下五个方面。

1. 产业结构模块化的促进

文化产业与旅游产业之间日益增强的互动促进了各种模块向对方产

---

① 青木昌彦，安藤晴彦. 模块时代：新产业结构的本质 [M]. 周国荣，译. 上海：上海远东出版社，2003.

业的扩散。这种相互作用既促进了两个产业间的互动与联系，又推动了文化旅游产业的形成。产业结构的模块化在企业经营环境、发展战略、组织结构及行为等方面提出了新的变革要求，尤其在文化产业和旅游产业的融合过程中，这种变革显得尤为重要。模块化的产业结构不仅模糊了文化产业和旅游产业之间的界限，还促进了产业发展方式的根本变革。

2. 分工演进的促进

文化和旅游市场规模的扩大推动了从传统的劳动分工向模块化分工的演进。这种模块化的扩散降低了市场的不稳定性，从而实现了经营成本的降低。文化产业和旅游产业的相互渗透与融合，不仅降低了经营成本，也推动了分工的演进和发展，形成了一种新的"从分工到分工"的演进模式。

3. 产品创新时间的缩短与融合型产品的创新促进

在开放系统中，文化产业和旅游产业的互动作用在促进企业对文化旅游产业模块的整合方面发挥着重要作用。这种互动不仅加速了融合型产品的创新，也推动了产业发展的多元化和深度化。模块化分工将整个产品系统分解为多个独立模块，这些模块在共同的设计规则下自我演进，从而大幅缩短了产品创新的时间。

4. 模块化组织的出现

随着模块化分工在文化旅游产业中的普及，越来越多的企业开始从事模块化研发、生产及销售或服务。这种模块化经营方式促进了模块化组织的产生，如旅游电子商务网站、旅游演艺策划公司等，这些模块化组织的出现强调了共生、协同等经营理念的重要性。

5. 文化旅游产业结构的分解与重组

产品系统的模块化分解促进了模块的产生与创新，而模块化经营进一步促进了模块的创新。通过不同模块的集中化和重新整合，文化产业和旅游产业的企业能够推出新产品，从而促进产业结构的重组，导致具有文化产业和旅游产业双重属性的新产业，即文化旅游产业的产生。

二、产业融合产生的内生性激励

（一）共生原理

共生原理，源自生物学领域，指两种不同生物种群在同一环境中相互依存、共同发展的现象，已广泛应用于多个学科领域，尤其是在产业发展研究中占据了重要地位。以文化产业与旅游产业为例，共生原理体现在两者之间的互补与相互促进。文化产业与旅游产业在功能上呈现出强烈的互补性，一个产业的兴旺不仅促进另一个产业的发展，也为自身创造更多的发展机遇。例如，旅游产业的发展能够促进文化资源的资本化与产业化，而文化产业的繁荣又能为旅游业提供更加丰富多彩的内容。

在经济全球化和信息时代背景下，共生原理对于产业发展的意义更加凸显。随着技术革新和市场需求的不断变化，单一产业很难独立应对复杂多变的市场环境。在这种情况下，跨产业的合作与融合成为必然趋势。这种合作不仅是在资源共享和互补上，更在于共同面对市场变化和技术革新带来的挑战，共同寻找新的增长点和发展机会。因此，企业之间的共生策略不仅是相互依存的关系，更是一种动态的、互动的合作模式。共生原理对于个体企业的战略选择也有深刻影响。在面对日益激烈的市场竞争和快速变化的消费需求时，企业需要通过与其他企业的合作，共同开发新产品、共享市场信息和技术资源，从而提高自身的竞争力。特别是在文化旅游产业这一领域，产品的创新和服务的多样化要求企业不断探索新的合作模式和业务拓展路径，这不仅是对市场变化的适应，更是企业可持续发展的必然选择。

（二）协同效应

协同效应，作为系统理论中的一个重要概念，指的是在复杂系统中，不同子系统通过相互作用、协调合作所产生的整体效果，往往超越了各子系统单独作用时的效果。在文化产业与旅游产业的融合中，协同效应尤为显著。随着市场环境的日益复杂化和动态变化，企业之间的协同作用变得尤为关键。这种协同作用可以是外部协同，也可以是内部协同。外部协同通常发生在不同企业或产业之间，通过共享资源、技术或信息，以达到共同的目标或创造更大的市场价值。例如，文化产业与旅游产业通过相互合作，共享市场和资源，可以创造出新的产品和服务，实现价值最大化。

内部协同则发生在企业内部，涉及多个部门或团队之间的合作，目的在于提高企业的整体运行效率和创新能力。例如，一个企业可能通过整合其不同的业务部门，如市场营销、产品开发和客户服务，来提高其对市场变化的响应速度和服务质量。内部协同的一个典型例子是企业采用多元化战略，将不同产业的资源和能力整合在一起，从而提高企业的竞争力和市场适应性。

在当前的商业环境中，协同效应不仅是企业生存和发展的重要策略，也是企业应对市场变化和技术革新的关键手段。通过协同作用，企业能够更有效地利用资源，快速适应市场变化，创新产品和服务，从而在激烈的市场竞争中占据优势。协同效应还促进了产业之间的互动和融合，推动了新业态的形成和产业结构的优化。无论是从企业的内部管理还是从整个产业的发展角度来看，协同效应都是现代企业管理和产业发展中不可或缺的重要组成部分。

（三）竞争优势

竞争优势作为产业在市场竞争中获得持续发展的关键因素，根源于企业的核心能力[①]。这一点在加里·哈梅尔（Gary Hamel）和普拉哈拉德（C. K. Prahalad）的理论中得到了充分的阐释。核心能力不仅体现在协调不同生产技能和融合多种技术的能力上，更在于通过整合不同产业要素来创新和增强产品功能的能力。在这个过程中，对新奇和创新的学习与利用成为推动产业发展的动力。例如，某公司的案例展示了如何通过深度融合主题公园和旅游文化演艺，创造出独特的竞争优势。该公司利用杭州丰富的旅游资源和文化底蕴，发展了"主题公园＋旅游文化演艺"的经营模式，其中《宋城千古情》这一大型文化演艺节目，就是一个将历史文化、神话传说与现代高科技特效相结合的创新产品。这种产品不仅提供了丰富的文化内容，还为游客提供了沉浸式的体验。在当前市场环境下，竞争优势的形成越来越依赖于创新和沉浸式体验。沉浸式体验是指产品或服务能够让消费者完全投入其中，体验到与众不同的感受。例如，在宋城景区，游客不仅能欣赏到传统的文化表演，还能体验到通过现代化技术手段增强的视觉和听觉享受。这种体验超越了传统旅游和文化演艺的界限，为游客提供了全方位的感官刺激和文化享受，从而大大提高了其市场吸引力和竞争优势。

（四）羊群效应

羊群效应在市场经济中是一个显著现象，尤其在文化产业和旅游产业的融合过程中扮演着重要角色。这一效应指的是在不确定的市场环境下，企业在作出决策时，往往倾向于模仿市场中其他企业的行为，特别是当这些行为所占比例较大时。在文化和旅游产业中，由于新型产品、新业态或创新理念的不确定性较高，企业通常会选择观察市场中其他企业的行动，并根据这些行动来调整自己的策略。这种模仿行为的一个重要动因是，模仿的成本通常低于从头开始的自主创新。在文化产业和旅游产业的融合过

---

① PORTER, MICHACL E. The competitive advantage of nations[M]. New York: The Free Press, 1990.

程中，一旦某一创新或新业态被市场接受，其他企业的模仿行为会迅速扩大该创新的市场规模，加速其在更广泛的空间、时间和产业领域内的普及。例如，成都宽窄巷子和北京798艺术区等，都是通过模仿和借鉴成功的案例，实现了快速的市场扩张和品牌影响力的提升。

当一个企业通过创新提供了独特的沉浸式体验，如通过高科技手段增强的文化演出或互动式的主题公园体验并取得成功，其他企业很快会模仿这些成功的经验，采用类似的技术或概念。这种模仿不仅加速了沉浸式体验技术的普及，也推动了整个行业在提供更加丰富、多元化的用户体验方面的进步。随着越来越多的企业加入这种模仿和创新的过程，消费者获得的选择越来越多，对整个市场的体验感也不断提升。

第四节　沉浸式旅游体验产业链的价值实现逻辑

沉浸式旅游体验作为一种新兴的旅游模式，强调在旅游过程中为消费者提供高度个性化和互动性的体验。这种体验不仅限于物理环境的感受，更包括文化认同、情感参与和知识获取等多维度的深度体验。在沉浸式旅游体验中，消费者不再是被动的接受者，而是旅游活动的主动参与者。他们的需求和感受成为文化旅游产业链价值创造的核心。产品和服务的设计不仅要考虑功能价值，更要重视提供丰富的体验价值和深刻的文化价值。这要求文化旅游产业链中的各个环节，从产品设计到服务提供，都必须紧密围绕消费者的体验需求进行优化和创新。

在产业融合的过程中，文化产业和旅游产业的融合不再仅仅是简单的功能组合，而是通过模块化的分解与重组，创造出能够提供深度沉浸式体验的新型产品。这些产品通过提供独特的文化故事、互动体验和情感支持，使得消费者能够在参与中获得更加丰富和多元的体验。在营销和分销阶段，互联网技术的应用使得企业能够更加精准地把握消费者的偏好和需求。通过数据挖掘和对用户反馈的分析，企业可以不断完善和创新其产品，以更好地满足消费者对沉浸式体验的追求。同时，电子商务平台的发展为文化旅游产品提供了更加便捷和多样的销售渠道，扩大了其市场的覆盖范围和影响力。

一、价值主张：重新定位顾客价值，创新产品服务

在文化产业与旅游产业融合发展中，对顾客价值的定位和分析显得尤为重要。企业的融合策略，无论采取何种方式，都必须围绕着顾客的价值主张来进行。深刻理解顾客的需求和偏好，并在此基础上重新定义目标顾客群体的需求，是实现有效融合的关键。企业可以通过三种方式重新定位顾客价值：一是向原有顾客提供新的价值主张；二是向新的顾客群体提供价值主张；三是同时向原有和新的顾客提供更具竞争力的价值主张。

结合沉浸式旅游体验，这种顾客价值的重新定位尤为关键。沉浸式旅游体验作为一种新兴的旅游形式，强调为顾客提供深层次、互动性强的文化体验。文化旅游企业需要深入了解顾客对于沉浸式体验的需求和偏好，从而设计出能够提供这种体验的新型产品和服务。例如，创造性地利用地域文化资源，开发具有地方特色的旅游活动，或者应用新技术创造虚拟现实等交互体验，这些都是满足沉浸式体验需求的新型文化旅游产品和服务。

随着新的顾客价值主张的提出，创新产品和服务的开发成为实现这一主张的关键。无论是革命性的创新产品，如某地区特有的文化体验项目；还是小幅度创新的服务，如增强现有旅游项目的互动性和参与性，关键在于这些产品和服务能否与顾客的价值主张相契合，以及是否能够在最大限度上满足顾客的需求。通过这种方式，文化旅游产业的融合不仅能够带来新的市场机会，还能够提升整个产业的竞争力和吸引力。

二、价值获取：重新塑造产业形态边界

在文化产业与旅游产业的融合过程中，重新塑造产业形态和边界对于获取更大价值至关重要。这一过程要求企业打破原有的思维模式，跳出固化的产业格局，采用类似于"蓝海战略"中提出的思考框架，即重新审视产业中哪些元素需要被剔除、减少、增加或创造。这种思维方式有助于企业在重新定义产业边界的同时，探索跨越原有产业界限的新可能性。

沉浸式旅游体验要求文化旅游产业在设计产品和服务时，不是局限于传统的文化或旅游元素，而是需要融合更多创新和独特的元素。例如，可以通过整合虚拟现实、增强现实等新技术，创造出全新的文化旅游体验。通过重构服务流程，提高服务质量和效率，增强游客的沉浸感和满意度。在重新塑造的产业边界内，有效地整合资源是实现价值获取的关键。文化产业和旅游产业不仅可以将对方的资源纳入自己的商业模式中，成为融合的重要组成部分，还可以创造性地利用现有资源。例如，在文化旅游产业中，可以借鉴其他产业的资源利用方式，发掘和利用地区文化特色、历史遗迹等资源，创造独特的旅游产品和服务。同时，通过创新的方式最大限度地发挥原有资源的潜力，提升产品和服务的附加值。

融合形成的文化旅游企业应该在新的产业边界内，根据消费者的文化旅游活动规律，重新设计服务运作流程。由于文化旅游企业的服务流程是一系列创造价值的相互关联活动，企业需要审视整个流程，识别和专注于那些能够创造最大价值的活动。可以通过提供个性化的导游服务、定制的旅游线路等方式，增强游客的参与感和体验感。企业也可以通过创造性地重组价值流程，如将部分服务活动外包或与其他企业合作，以提高效率和降低成本。

三、价值实现：设计完善营利模式

利益是产业链的催化剂和润滑剂。在文化产业与旅游产业的融合过程中，设计一个完善的营利模式对于价值的实现至关重要。由于利益是驱动产业链建立和运行的核心因素，一个有效的收入机制对于确保融合企业的持续成长和营利至关重要。在结合沉浸式旅游体验的背景下，这一点尤为显著。

文化旅游产业的营利模式需要综合考虑产品和服务的定价策略、收入来源以及收入渠道等多个方面。产品和服务的定价应当反映其提供的独特价值，同时考虑到目标市场的消费能力和支付意愿。为了最大化收入，文化旅游企业可以探索多样化的收入来源，如门票收入、增值服务、商品销售、赞助和合作等。

沉浸式旅游体验的营利模式还需要考虑如何通过创新的方式来增强顾客的体验并创造更多的收入。例如，利用虚拟现实和增强现实等技术来提供独特的体验，可以吸引更多寻求新奇体验的游客。通过与当地文化艺术家和手工艺人合作，开发独特的文化产品和体验服务，不仅能增强游客的文化体验，也能为当地社区带来经济效益。在实现营利的同时，文化旅游企业需要确保其商业模式的可持续性。这意味着企业在追求利润的同时，也需要考虑到对文化遗产的保护、环境的可持续发展以及社会责任。通过实现经济效益与社会价值的平衡，文化旅游企业不仅能够获得长期的收益，还能够赢得更广泛的社会认可和支持。

四、价值网络：构建高效价值网络

文化旅游产业的融合创新过程中，构建一个高效的价值网络是核心任务之一。这一价值网络不仅涉及利益相关者交易结构的重组，更关乎利益相关者关系的调整与变革。在这个过程中，文化产业与旅游产业的融合需要通过设计多种运营服务机制，将文化旅游企业与各利益相关者紧密联系在一起，形成一个协作性的网络关系。这种网络的构建，是基于共同的利益目标和相互依赖的商业关系的。

文化旅游企业在构建价值网络时，必须清晰地界定与利益相关者之间的关系性质：是竞争关系、互补关系还是联盟关系。这种关系的定义对于融合机会的实现和效果至关重要。例如，在沉浸式旅游体验的背景下，与技术提供者的关系可能是联盟关系，因为他们提供的虚拟现实或增强现实技术能极大增强游客的体验感；而与其他旅游服务提供者之间可能是竞争关系。企业在价值网络中寻找最佳位置的过程，是根据自身的能力和资源进行的。在这个过程中，企业需要识别并利用自己的核心竞争力，找到在价值网络中的合适位置，从而构建有利于创造竞争优势和实现利益的竞合关系。例如，在沉浸式体验中，企业可能专注于创造独特的文化体验内容，而将其他非核心服务（如餐饮、住宿）与合作伙伴共同提供。

以《印象·刘三姐》为例，该项目通过旅游产业、文化产业和创意产业的融合，形成了一种新型的旅游业态，即"一轴两翼"式的模式。在这种模式中，旅游产业是核心轴，而文化和创意产业则是两翼。这种融合改变了原本单一的旅游资源，创造了以自然山水为实景大舞台，以当地民族文化为基础，以演艺方式为主要载体的旅游吸引物。这不仅形成了有强烈吸引力和明显差异化的旅游产品，还带动了酒店、餐饮、交通等其他配套产业的发展，并拓展了旅游产业和文化创意产业的产业链，产生了一系列衍生产品，如与《印象·刘三姐》相关的音像制品、画册、照片、民族服装等，从而扩大了旅游产业的覆盖面。

在这个价值网络中，沉浸式体验的概念起到了至关重要的作用。它不仅是吸引游客的一大亮点，也是增强游客满意度和忠诚度的关键因素。通过提供沉浸式的文化体验，文化旅游企业不仅能够更好地满足游客的需求，还能创造出与众不同的旅游产品，从而在激烈的市场竞争中脱颖而出。

第五节　沉浸式文旅产业链的实现机制

文化旅游产业价值链的构建涉及多个层面的融合与交织。在这一结构中，产业链内各企业的服务链、产业链和资金链不断交错，形成复杂的产业价值链。此外，消费者的需求链也在这一产业价值链中扮演关键角色，其与企业的各类链条相互作用、相互渗透。这种融合具有双重性质：一方面，企业内部的服务链、产业链与资金链相互依存，形成内部的紧密联系；另一方面，这些链条又与消费者需求链发生互动，形成外部的广泛联系。

一、文化旅游产业链层次

文化旅游产业链的构建和发展依赖于企业间价值链的创新联结，从而创造出新的价值。在这一过程中，文化产业与旅游产业的融合显得尤为关键。在产业链形成之前，文化企业与旅游企业间的价值联结通常较为松散，甚至在某些领域完全缺乏联系。产业融合的实施使得这两个产业内的企业被整合到一个统一的产业价值链系统中，进而促进了产业价值链的形成。

这一过程可分解为两个层次的探讨。第一个层次是通过分解和重组产业链上的各价值活动，构建一条畅通无阻的价值通道。这一过程涉及文化旅游产业融合系统中的每个企业，它们各自拥有独立的价值链。文化产业与旅游产业的融合便是通过打通这些价值链，破除两者间价值壁垒的关键举措，并通过各价值联结点的协作，在新的价值通道的构建过程中，通过解构和重构，实现了价值活动的重新分类和整合，显著提升了各环节的价值创造能力。统一的规划使得原先松散的企业关系变得紧密，优化了价值链之间的相互作用。这种协调一致的价值活动使得整个产业链的价值创造远超过了单个产业的价值总和。

第二个层次关注于企业间的价值融合点，以实现产业链价值活动的融合。在这个层面上，无论是单个文化产业系统还是旅游产业系统，都可视为由各组成部分相互联动、相互制约、相互依存的有机活动系统。每个环节的执行者都在其中创造着自身的价值。在融合后的文化旅游产业系统中，实现价值最大化成为核心课题。这可以通过影响各企业间的价值融合点来实现，从而最大化整个文旅产业链的价值。

二、产业链的整合与优化

沉浸式体验在文旅产业中的实现机制，特别是产业链的整合与优化，涉及复杂的相互作用和精细的策略部署。这一过程强调在不同产业环节间建立有效的协调与合作，确保服务链、产业链、资金链之间的无缝对接和互补。

服务链作为连接消费者与产品的直接通道，其质量直接影响消费者体验和满意度。在沉浸式文旅产业中，服务质量的提升不仅是提供基本的旅游服务，还包括对文化内容的深度挖掘和创新表达。例如，通过故事叙述的方式增强旅游地的文化内涵，使得旅游体验不再是简单的观光，而是一次文化和情感上的深度交流。沉浸式体验要求产业链中的每个环节都能够紧密配合，共同创造价值。这不仅意味着传统旅游业务的协调，如住宿、餐饮、交通等，也涉及与文化产业的结合，如地方手工艺、历史遗迹保护、当地艺术表演等。通过这种方式，文旅产业不仅能够提供独特的旅游体验，也能够促进地方文化的传播和保护。

资金的有效流动不仅能够保障产业链中各环节的正常运作，还能够支持新技术的引入和创新项目的实施。例如，投资于虚拟现实和增强现实技术，能够使旅游体验更加生动和吸引人，对于文化内容的数字化保存和展示也是一个重要的投资方向。资金链的优化还需要考虑到风险管理和收益分配，确保投资的可持续性。跨行业合作在沉浸式文旅产业链的整合与优化中发挥着核心作用。通过与科技、娱乐和教育等行业的合作，文旅产业不仅可以获得新的技术支持和创意灵感，还能够拓宽服务范围，吸引更广泛的消费群体。例如，与科技公司的合作可以在旅游体验中引入虚拟现实和增强现实技术，与教育机构的合作则可以推动文化知识的普及和教育旅游的发展。.

三、消费者体验的中心地位

在沉浸式文化旅游产业链的构建中，消费者体验的中心地位显得尤为重要。现代消费者对旅游体验的期望已经超越了传统观光的范畴，他们追求的是一种更深层次的文化沉浸和个性化体验。这种变化要求产业链的每个环节都必须围绕提升消费者体验进行调整和优化。

沉浸式体验的核心在于创造一种全方位的感官和情感参与。使用诸如 VR 和 AR 的技术，可以极大地提升旅游体验的沉浸度。通过这些技术，消费者可以在虚拟环境中亲身体验不同的文化场景，例如历史事件的重现或者远程的自然景观。这不仅提供了一种新的旅游方式，还极大地扩展了文化旅游的可能性。对文化内容的深度解读和本地化体验的融入同样关键。这意味着旅游不再仅仅是观看和听说，而是变成了一种互动和体验的过程。旅游者可以通过互动展览、工作坊、文化体验活动等方式，深入了解当地的文化和历史。例如，在参观历史古迹时，通过互动式导览和角色扮演活动，让旅游者在参与中学习和体验，这样的体验远比传统的导览更加深刻和难忘。

为了满足个性化的需求，文旅产业需要利用大数据和人工智能等技术来分析消费者行为和偏好。这样的分析可以帮助旅游服务提供者更好地了解消费者的需求，从而设计出更符合个人喜好的旅游产品和服务。

例如，基于消费者过往的旅游选择和反馈，推荐定制化的旅游路线和文化体验，使每一次旅行都成为独一无二的体验。在确保消费者体验的优化过程中，还需要考虑到可持续性的问题。这不仅指的是环境的可持续性，也包括文化的可持续发展。旅游活动应当尊重和保护当地的文化遗产，同时也为当地社区带来经济上的益处。通过这样的方式，可以确保文化旅游活动不仅为消费者带来愉悦的体验，同时也为当地文化和社区的长期发展做出贡献。

四、技术与创新的应用

技术的进步不仅改变了沉浸式文化旅游产业的面貌，也为其发展提供了新的动力。在这一过程中，信息技术的应用成为推动产业链创新与优化的关键因素。大数据分析、AI、VR 和 AR 等技术的融入，使企业能够更深入地理解消费者需求，并据此提供更为个性化和创新的服务。例如，大数据分析可以揭示消费者行为的趋势和模式，使企业能够精准地设计产品和提供服务，满足特定市场的需求。人工智能的应用，如通过聊天机器人提供客户服务或利用算法推荐个性化旅游路线，也极大地提高了服务的效率和质量。

虚拟现实和增强现实技术为沉浸式文旅体验开辟了新的维度。通过 VR 和 AR 技术的加持，游客可以在虚拟环境中体验到过去的历史场景或遥远地区的自然美景，这种体验在传统旅游中是难以实现的。这不仅丰富了旅游的形式，也提供了一种全新的互动方式，使游客能够更加深入地了解和体验目的地的文化和历史。除此之外，这些技术还有助于降低运营成本，提高运营效率，特别是在节省人力成本和物理空间方面。例如，虚拟导览可以减少对现场导游的依赖，数字化展览则减少了对实体空间的需求。在竞争激烈的市场中，这些技术的应用不仅提升了企业的竞争力，也为消费者带来了更加丰富和高质量的文旅体验。

第六章　沉浸式体验赋能文旅融合的案例

第一节　故宫博物院的数字化展示

一、背景

　　故宫博物院的数字化展示是一个将传统文化与现代科技相结合的创新项目，旨在通过数字技术让公众以全新的方式体验这个世界文化遗产。以下是对故宫博物院数字化展示背景的详细介绍。

　　故宫博物院作为世界上规模最大的古代木结构宫殿建筑群，拥有丰富的历史和文化价值。自1925年建立以来，故宫博物院一直致力保护和展示中国古代艺术与文化。然而，随着时间的推移，如何使这些珍贵的文化遗产与现代社会相连，成了一个重要的课题。

　　早在20世纪90年代，数字技术开始涉足文化领域并大范围应用。从那时起，故宫博物院开始探索如何利用数字技术来保护和展示其庞大的文物藏品。这一创新性举措不仅包括对文物的高分辨率扫描和摄影，还包括提供数字化的展览和互动体验，使得公众可以不受时间和空间的限制，随时随地接触到故宫博物院的文化精髓。

2019 年，故宫博物院推出了名为"数字文物库"的线上展示平台，向社会无偿公布了首批 5 万件文物的高清数字影像。这个线上展示平台的建立，不仅加大了文物数据资源的开放力度，也激活了数字文物的价值。随着"数字故宫博物院"建设步伐的加快，"数字多宝阁""故宫博物院名画记"等文物展示平台以及"故宫博物院"小程序、"每日故宫博物院"应用程序等一系列文物数字化产品持续发力，将故宫博物院文物搬上"云端"，实现了文物数字化保护成果的开放共享。

故宫博物院与科技企业的合作也是数字化展示成功的关键。例如，故宫博物院与某公司合作，共同研发了"数字孪生智慧管理平台"，这个平台不仅提升了文物数据采集的精确性和效率，还通过智慧管理实现了更加精细化的环境管控，确保了文物在数据采集过程中的最适宜环境参数保护。故宫博物院还推出了《紫禁城 365》App，通过美图、答题、知识、故事四种体验形式，多角度诠释紫禁城建筑文化，全方位展示故宫博物院文化遗产保护研究成果。这些数字化产品不断完善功能、充实内容，持续并真实完整地展现中华优秀传统文化的魅力，为广大观众提供更加优质的数字文化服务。

二、沉浸式体验设计

自 2015 年 12 月起，曾经是清朝八位皇帝日常生活场所的养心殿，关闭了大门，开始了一次百年未有的全面修缮和研究性保护。由于养心殿是最吸引观众的原状展览之一，许多人因无法亲眼见到养心殿的原貌而感到遗憾。为此，故宫博物院采取了将养心殿内的文物外展的方式，使这些长期未曾离开皇宫深处的珍宝得以被公众近距离欣赏。同时，故宫博物院为到访的游客提供了一种特别的体验方式，通过特殊的"养心殿"展览，不仅让人们"走进"养心殿，还能深入感受和"探索"养心殿内部的秘密。

在故宫博物院成立 92 周年之际,"发现·养心殿——主题数字体验展"在端门数字馆隆重开幕。这标志着故宫博物院在传统文化与现代科技融合方面迈出了新的创新步伐。"这是故宫博物院进一步将传统文化与现代科技相融合的又一次创新呈现。我们一方面让养心殿的真文物出门巡展,让外地的观众也能'走进'养心殿,另一方面用数字技术让养心殿'活起来',让年轻人更多地走进数字养心殿,走近传统文化。"时任故宫博物院院长单霁翔向媒体介绍了展览的设计理念。

端门数字馆自 2015 年开馆以来,成为全国首个将古代建筑、传统文化与现代科技结合的全数字化展览空间。此前,该馆已经成功举办了以"故宫是座博物馆"为主题的展览,通过数字技术帮助公众理解故宫博物院的历史、藏品及其背后的文化故事。现在,经过超过一年的精心准备,"发现·养心殿"作为第二个主题数字展览与公众见面。展览通过大型沉浸式投影、虚拟现实设备、动态捕捉技术和触摸屏等手段,让观众步入养心殿的虚拟世界。借助 AI、VR、语音和图像识别等技术,观众能够与历史人物自由对话,全面欣赏宝贵的文物,甚至可以漫步于皇帝居住的私人寝宫之中。故宫博物院的数字化展示如图 6-1 所示。

图 6-1　故宫博物院的数字化展示

三、成效

故宫博物院的数字化展示沉浸式体验之所以成功，可以归结为以下几个关键因素。

技术创新是故宫博物院数字化展示成功的核心。故宫博物院与科技公司的合作，如与某集团共同研发的"数字孪生智慧管理平台"，不仅提升了文物数据采集的精确性和效率，还通过智慧管理实现了更加精细化的环境管控，确保了文物在数据采集过程中的最适宜环境参数保护。这种技术的应用，使得数字化展示不仅在视觉上吸引人，更在功能上实现了文物保护与展示的双重目标。

开放共享的理念也是故宫博物院数字化展示成功的重要因素。故宫博物院通过"数字文物库"等平台，向社会公布了大量的高清数字影像，不仅加大了文物数据资源的开放力度，也激活了文物数字的价值。这种开放性使得公众能够随时随地接触到故宫博物院的文化精髓，增强了公众对传统文化的认知和兴趣。

用户体验的优化也是故宫博物院数字化展示吸引人的关键之处。通过高沉浸式投影屏幕、虚拟现实头盔、体感捕捉设备等现代科技手段，观众可以走进虚拟世界中的故宫博物院，从而获得更加生动和真实的体验。这种沉浸式的设计能够让观众更加深入了解故宫博物院的历史和文化，提升了展示的教育和娱乐价值。

文化内涵的深入挖掘也是故宫博物院数字化展示成功的一个方面。故宫博物院利用数字化手段，将传统文化与现代科技相结合，让文化遗产以一种新的形式呈现给公众。这不仅让传统文化在现代社会中焕发新生，也让公众能够更加直观地感受到中华文化的深厚底蕴。

持续创新的动力也是故宫博物院数字化展示持续吸引人的原因。故宫博物院不断推出新的数字化产品和服务，如"每日故宫博物院"应用程序和"故宫博物院"小程序等，这些产品和服务不断完善功能、充实内容，为公众提供更加优质的数字文化服务，满足人们对美好文化生活的新期待。

故宫博物院数字化展示的成效显著，它通过创新的技术应用和开放共享的理念，极大地提升了文化遗产的可访问性和公众参与度。故宫博物院 2019 年推出"数字文物库"以来，已向社会公布超过 10 万件高清数字文物影像，浏览量超过 3300 万次，该"数字文物库"成为其官网上最受欢迎的数字产品。故宫博物院与某集团合作的"故宫博物院·某某联合创新实验室"项目，进一步加强了文物的数字化采集能力，为故宫博物馆珍贵文化遗产的永续保护提供了坚实的数字化解决方案。这些成果不仅实现了文物数字化保护成果的开放共享，还满足了公众欣赏、学习、研究文物的需求，持续发挥出中华优秀传统文化的社会价值。故宫博物院的数字化努力，有效地将传统文化与现代科技相结合，为全球文化遗产的数字化保护和展示树立了新的标杆。

第二节　张家界的元宇宙技术发展

一、背景

张家界主要通过引入元宇宙技术来赋能文旅发展，探索更好的旅游体验。具体来说，张家界利用虚拟现实、增强现实、全息影像等科技手段，打造了具有互动性、沉浸式、体验型的旅游产品，以满足游客的个性化需求。

例如，张家界元宇宙研究中心的成立，推动了文旅产业与元宇宙技术的融合创新。该中心发布了首款数字藏品，并计划开发张家界虚拟数字代言人等元宇宙产品。此外，还推出了全球首个景区元宇宙平台"张家界星球"测试版，成为武陵源景区通往虚拟世界的桥梁。

在智慧旅游方面，张家界也开发了"张家界一机游"小程序和"智慧武陵源"网站，构建了以优质文旅资源为基础的数字化、智慧化服务矩阵。这些举措不仅提升了游客的体验感，也推动了旅游产业的转型升级。总的来说，张家界的文旅融合背景是一个以技术创新为驱动，以提升游客体验为核心的发展策略。

二、沉浸式体验设计

张家界的文旅融合发展，特别是在沉浸式体验设计方面，是一个充满创新和前瞻性的领域。张家界的元宇宙技术发展如图 6-2 所示。

图 6-2　张家界的元宇宙技术发展

（一）张家界元宇宙馆的设计理念

张家界元宇宙馆作为世界上第一座以元宇宙为主题的展览馆，其设计理念主要围绕"元宇宙主题、沉浸式体验、数字化互动、网红地打卡"展开。馆内通过运用元宇宙体积视频、超高精度数字孪生等前沿技术，构建了一个集吃、喝、玩、游、购于一体的元宇宙科技主题馆，为游客提供了一个沉浸互动式旅游的新场景、新业态、新模式。

（二）沉浸式体验的具体实现

在张家界元宇宙馆内，游客可以通过穿戴虚拟现实设备，体验不同的元宇宙场景，感受超越现实的魅力。馆内分为梦幻展厅、探索展厅、创造展厅和未来展厅四个展厅，每个展厅都有不同的主题和互动方式，让游客可以根据自己的兴趣和喜好，选择不同的元宇宙体验。例如，梦幻展厅作为元宇宙馆的入口，提供了最具视觉冲击力的展示。在这里，游客可以看到一个巨大的球形屏幕，上面显示了各种元宇宙的画面，如奇幻森林、未来城市、海底世界等。游客还可以通过手势或语音控制屏幕上的画面，感受元宇宙的多样性和无限性。

探索展厅和创造展厅则是元宇宙馆的核心展厅，强调人机互动性和创新性。在探索展厅中，游客可以通过虚拟现实头盔和手套，进入自己选择的元宇宙场景，如历史名胜、科幻电影、动漫游戏等。游客可以在元宇宙中自由行走、观察、交流、玩耍，甚至可以与其他游客或虚拟角色互动，体验不同的角色和故事。创造展厅则为游客提供了一个创意空间，游客可以通过使用平板电脑或智能手机，创建自己的元宇宙场景，如自己设计的房间、花园、城堡等。游客可以在自己创建的元宇宙中添加各种物品、人物、动物、音乐等，形成自己独特的风格和氛围。这些创新的互动方式不仅增强了游客的参与感，也激发了游客的想象力和创造力。

未来展厅作为元宇宙馆的前瞻展厅，提供了关于元宇宙的发展历程和未来趋势的教育内容。游客可以通过观看视频或阅读资料，了解元宇宙的定义、起源、技术、应用、影响等。此外，游客还可以通过参与问卷或讨论，表达自己对元宇宙的看法和期待，为元宇宙的发展提供参考和建议。

三、成效

张家界的元宇宙技术发展在文旅融合方面取得了显著成效。通过引入元宇宙技术，张家界不仅提升了游客的互动性和沉浸式体验，还推动了旅游产业的数字化转型。以下是张家界元宇宙技术发展的几个关键成效。

（一）技术创新与文旅产业融合

张家界元宇宙研究中心的成立，以及"张家界星球"测试版的推出，展示了技术与文旅产业的深度融合。这些举措不仅吸引了游客，也为旅游业提供了新的增长点。

（二）沉浸式体验

元宇宙馆的四个展厅提供了不同主题的沉浸式体验，从视觉冲击的梦幻展厅到互动性强的探索和创造展厅，再到教育性的未来展厅，游客可以享受个性化的元宇宙体验。

（三）智慧旅游服务

通过"张家界一机游"小程序和"智慧武陵源"网站，张家界构建了数字化、智慧化的服务矩阵，提高了游客体验的便捷性和质量。

（四）互动性与创新性

元宇宙馆内的互动体验和创意空间，激发了游客的参与感、想象力和创造力，为游客提供了一个全新的旅游场景。

（五）未来展厅的启发性

未来展厅通过教育内容，增强了游客对元宇宙的理解，同时收集游客的反馈，为元宇宙的未来发展提供了宝贵的参考。

第三节　迪士尼乐园

一、背景

迪士尼乐园以其独特的沉浸式体验而闻名，这种体验是通过创造一个全面的环境来实现的，让游客感觉自己真的置身于迪士尼的故事和角色之中。迪士尼对视觉、听觉、嗅觉、触觉和味觉五个方面都进行了精心设计，以确保游客能够完全沉浸在这个魔法世界里。

例如，迪士尼乐园的每个主题区都有其独特的背景音乐和声效，这些音乐和声效与周围的景观和景点完美融合，创造出一个真实的故事场景。此外，乐园内的工作人员也会穿着与主题相符的服装，并使用特定的语言和动作，进一步增强游客的沉浸感。在文旅融合的背景下，迪士尼的成功也启示了其他旅游目的地和文化项目，如何通过沉浸式体验来吸引和保持游客的兴趣。这种体验不仅限于视觉和听觉，还包括与游客互动的角色扮演，以及通过食物和气味来激发记忆和情感的方法。

二、沉浸式体验设计

迪士尼的设计理念核心在于创造一个完整的故事世界，让游客能够完全沉浸在其中。这种设计不仅仅是视觉上的享受，更是一种全方位的感官体验。迪士尼乐园的每个主题区都有其独特的背景音乐、角色表演甚至气味，所有这些元素共同作用，使游客仿佛真的进入了一个魔法世界。

迪士尼的设计师注重细节，他们相信细节是创造奇迹的关键。从最小的装饰品到整个园区的布局，每一个元素都经过精心设计，目的是让游客的体验更加真实和难忘。例如，在《加勒比海盗》的体验中，游客不仅能看到电子动画人偶，还能感受到船在水中摇晃的真实感，听到海盗之间交火的声音，甚至能闻到海水的味道。迪士尼乐园如图6-3所示。

图6-3　迪士尼乐园

三、成效

迪士尼乐园的沉浸式体验设计取得了巨大的成功。游客的反馈普遍积极，他们表示这种体验让他们的旅行更加有趣和值得记忆。迪士尼乐园的回头客数量也证明了这一点，很多游客都表示愿意再次访问迪士尼，体验不同的主题区和新的游乐设施。迪士尼的沉浸式体验设计也对其品牌形象产生了积极影响。迪士尼乐园被公认为全球最佳的主题乐园之一，这在很大程度上得益于其独特的设计理念和游客体验。

迪士尼的沉浸式体验设计理念和成效展示了如何通过创新和细节关注来创造一个成功的主题乐园。这种设计不仅让游客的体验更加丰富和有趣，也为迪士尼品牌增添了光彩。未来，随着技术的发展和游客需求的变化，迪士尼乐园的设计理念和体验肯定会继续优化，但其核心"创造一个让游客完全沉浸其中的魔法世界"将永远不变。

第四节　法国卢浮宫的虚拟导览

一、背景

法国卢浮宫的虚拟导览项目《蒙娜丽莎：越界视野》（Mona Lisa: Beyond the Glass）也是一个经典的沉浸式体验项目，它利用虚拟现实技术为参观者提供了一个全新的鉴赏方式。这个项目揭开了经典画作的神秘面纱，让参观者能够近距离探究其中的奥秘，甚至"活"了起来，向参观者揭示了她的真实身份。

这个体验建立在坚实的专业研究基础之上，法国文物研究员路易·弗兰克（Louis Frank）和文森特·德利奥凡（Vincent Delieuvin）历经十年的研究，为筹备达·芬奇大型回顾展提供了丰富可靠的历史和专业知识。通过这段虚拟体验之旅，参观者可以徜徉于《蒙娜丽莎》的艺术内涵中。

卢浮宫的这种创新尝试，不仅促进了文化和旅游的融合，也为世界各地的人们提供了一个无须亲临现场就能欣赏博物馆藏品的机会。这种数字化转型是对传统博物馆体验的一种补充，它扩展了艺术作品的观众群体，并为全球观众提供了更加个性化和互动的参观体验。

卢浮宫作为世界上著名的博物馆之一，一直在探索如何利用新技术来增强游客的体验。近年来，随着虚拟现实（VR）技术的发展，卢浮宫推出了虚拟导览项目，特别是《蒙娜丽莎：越界视野》（Mona Lisa: Beyond the Glass），这一项目不再仅仅是一个简单的数字复制，而是一个全方位的沉浸式体验。

二、沉浸式体验设计

沉浸式体验设计的核心在于创造一种让用户感受完全置身于另一个环境的体验。卢浮宫的虚拟导览项目正是基于这样的理念。设计师不仅重现了艺术品的视觉细节，更通过声音、互动和故事叙述等元素，让参观者能够在虚拟空间中与艺术品进行互动，从而达到前所未有的参观深度。法国卢浮宫的虚拟导览如图 6-4 所示。

图 6-4　法国卢浮宫的虚拟导览

卢浮宫的虚拟导览利用了先进的 VR 技术。通过佩戴头戴式显示器，参观者可以进入一个三维的数字世界，其中包含了高分辨率的艺术品扫描和精确的光线渲染。这些技术的应用，使得每一次观看都成为一次独特的体验，让人仿佛能够触摸到画作一样。

在用户体验方面，卢浮宫的虚拟导览项目特别注重参观者的个性化需求。游客可以根据自己的兴趣选择不同的导览路径，甚至与展品进行互动对话。此外，虚拟导览还提供了多种语言选择，确保来自不同国家和地区的游客都能享受到这一体验。

除了提供娱乐，卢浮宫的虚拟导览还具有重要的教育意义。它为学生和研究者提供了一个研究艺术品的新平台，使他们能够无须前往巴黎，就能深入了解艺术品的历史和细节。这种新型的学习方式，为艺术教育带来了革命性的变化。

三、成效

法国卢浮宫的虚拟导览项目《蒙娜丽莎：越界视野》取得了以下成效。

（一）文化与旅游的融合

该项目通过虚拟现实技术提供了一种全新的艺术鉴赏方式，促进了文化和旅游的融合，为全球观众提供了无须亲临现场就能观赏博物馆藏品的机会。

（二）观众群体的扩展

这种数字化转型不仅补充了传统的博物馆体验，还扩展了艺术作品的观众群体，为更多人提供了个性化和互动的参观体验。

（三）教育意义的提升

卢浮宫的虚拟导览项目为学生和研究者提供了一个新的学习平台，使他们能够深入了解艺术品的历史和细节，从而推动了艺术教育的发展。

（四）技术应用的创新

利用先进的 VR 技术，项目为参观者创造了一个三维的数字世界，提供了高分辨率的艺术品扫描和精确的光线渲染，每一次观看都成了一次独特的体验。

（五）个性化体验的满足

项目特别注重参观者的个性化需求，提供了多种语言选择和互动对话，确保不同背景的游客都能享受到这一体验。

随着技术的不断进步，人们可以预见，未来卢浮宫的虚拟导览将会更加丰富和完善。增强现实（AR）和混合现实（MR）等技术的融合，可能会使得虚拟导览变得更加互动和真实。此外，随着5G网络的普及，远程虚拟参观的体验也将得到极大的提升。

第五节　日本京都的文化体验项目

一、背景

京都作为日本重要的文化中心之一，其文化体验项目深受沉浸式体验的影响。在这里，文化与旅游的融合不是一种简单的结合，而是一种全方位的感官体验。通过科技的赋能，如虚拟现实（VR）和增强现实（AR），游客可以深入体验传统茶道和花道等文化活动，仿佛穿越时空回到了古代京都，感受那个时代的生活气息和艺术韵味。沉浸式体验的设计让游客在参与中创造个人的记忆和故事，这种个性化的体验是京都文化体验项目的核心。例如，游客可以在古老的京都街道上，通过互动式的导览，了解历史背景，参与到历史事件的再现中，或是在专门的体验空间内，通过高科技手段，感受到京都的自然美景和季节变换。这种文旅融合的沉浸式体验，不仅增强了游客对京都文化的理解和欣赏，也为当地的旅游业带来了新的活力和发展机遇。

沉浸式体验设计是一种创新的方法，它将用户置于一个全面的环境中，通过刺激所有感官来提供一种全身心的体验。在日本京都，这种设计理念被用于增强游客对传统文化的体验，让他们不仅仅是观看者，而且成为互动的参与者。

例如，京都的茶道体验不仅仅是关于学习如何制作和品尝抹茶，它还包括了对茶室的设计、茶具的选择以及茶仪式的步骤的深入了解。游客可以在专业茶道师傅的指导下，学习如何在宁静和专注中找到内心的平静。这种体验让游客不仅仅是在品茶，而是通过茶道这一艺术形式，体验到日本文化的哲学和美学。

二、沉浸式体验设计

在京都的一些寺庙中，沉浸式体验设计也被用来增强游客的参与感。游客可以在导游的带领下，参与到清扫庭院、抄写经文等活动中。这些活动不仅让游客了解到宗教仪式的重要性，还让他们通过亲身体验，感受到日本精神文化的深度和严肃性。京都还提供了穿着和服漫步在古街中的体验。游客可以穿着传统服饰在京都的街头巷尾中漫步，可以让游客更加深入地感受到京都的历史氛围和文化底蕴。日本京都的文化体验项目如图 6-5 所示。

图 6-5　日本京都的文化体验项目

沉浸式体验设计的关键在于创造一个能够让游客从多个角度和多个层面上接触和了解文化的环境。在京都，这种设计理念被运用得淋漓尽致，让每一位游客都能有一个独特且难忘的文化体验。通过这些精心设计的活动，游客不仅能够带走美好的回忆，还能对日本文化有更深刻的理解和认识。

京都的沉浸式文化体验项目是对传统文化的一种现代诠释，它通过创新的体验设计，让游客能够跨越时间和空间的界限，直接接触到日本文化的核心。这些体验不仅增强了游客对日本文化的认知，也促进了文化的传承和发展，使得京都的文化旅游更加丰富和多元化。

三、成效

京都的文化体验项目取得了以下成效。

（一）文化传承与创新

通过沉浸式体验设计，京都成功地将传统文化与现代技术相结合，为游客提供了一种全新的文化体验方式。这不仅帮助传统艺术形式得以传承，还促进了文化的创新发展。

（二）旅游业的振兴

这些文化体验项目吸引了大量国内外游客，增加了京都的旅游吸引力，对当地经济产生了积极影响，并提升了京都作为文化旅游目的地的国际形象。

（三）教育与学习

京都的文化体验项目为学习和教育提供了新的平台，使游客能够通过亲身体验深入了解日本的历史和文化，从而增强了文化教育的效果。

（四）社会参与与交流

这些项目鼓励游客积极参与和体验，促进了社会交流和文化理解，增强了游客与当地社区之间的联系。

（五）多元化体验

京都提供了多样化的文化体验活动，满足了不同游客的需求，无论是对日本传统艺术感兴趣的人，还是寻求刺激新奇体验的游客，都能找到适合自己的活动。

第七章 沉浸式文旅产业发展路径与对策

第一节 强化沉浸式文旅产业顶层设计

一、统筹规划与战略定位

在沉浸式旅游体验的顶层设计中，统筹规划与战略定位是基础且至关重要的两个方面。它们共同构成了沉浸式旅游体验发展路径与对策的框架，并指明了发展方向和目标。

（一）统筹规划

统筹规划是沉浸式旅游体验发展的基石，它要求对整个旅游体验的开发和管理进行全面、系统的思考和安排。这包括但不限于旅游产品的设计、市场推广策略、基础设施建设、服务质量控制以及与当地社区和环境的和谐共存。在这一过程中，规划者需要考虑到旅游体验的每一个环节，确保所有元素协调一致，共同服务为游客提供一个无缝且高质量的沉浸式体验的目标。

产品设计的创新是统筹规划的关键要素之一。这意味着旅游产品不仅要展现当地的文化特色，还要融入创新的元素以吸引游客。例如，结合当地的历史故事，运用 VR 或 AR 等先进技术，创造一个既真实又富有想象力的体验空间。产品设计还应考虑到不同游客群体的需求，提供多样化的选择，以满足不同游客的兴趣和偏好。

市场推广策略的精准性也是重要的规划内容。这要求对目标市场进行深入的研究，了解不同市场段的特点和需求。通过有效的市场分析，可以精准定位产品，并通过适当的营销手段，如数字营销、社交媒体推广等，提高产品的知名度和吸引力。市场推广策略的有效实施，能够确保沉浸式旅游产品触及更广泛的潜在客户，从而增强其市场竞争力。

（二）战略定位

战略定位涉及明确沉浸式旅游体验的发展方向和目标，包括市场定位、目标群体和发展目标的确立。

市场定位的准确性是战略定位的核心。这要求对旅游市场的趋势、竞争对手以及消费者需求有深刻的了解。准确的市场定位可以帮助旅游业者确定产品开发的方向和重点，从而创造出符合市场需求的旅游体验。例如，如果目标市场是寻求文化深度体验的中高端游客，那么产品设计应更侧重对文化的深度挖掘和提供高质量的服务。

目标群体的确定对于战略定位也至关重要。这要求旅游业者对不同的游客群体有清晰的认识，了解他们的特点、需求和旅游动机。例如，年轻游客可能更偏好刺激和冒险的体验，而老年游客可能更重视舒适和文化的探索。通过精准定位目标群体，旅游业者可以更有效地满足他们的需求，提供更个性化的服务。

二、构建全面的规划框架

（一）市场定位

市场定位涉及对沉浸式旅游体验在旅游市场中的定位和角色的准确理解。这不仅需要分析旅游市场的现状和趋势，还要考虑到沉浸式体验在旅游行业中的特殊性和潜在价值。在这个过程中，关键是识别沉浸式旅游的独特卖点和潜力，如文化深度、互动性、技术创新等，并基于这些特点定义产品的市场定位。例如，若沉浸式旅游强调的是文化探索和历史体验，其市场定位可能更倾向于教育旅游和文化旅游。相反，如果重点在于技术驱动的互动体验，那么它可能更吸引寻求新奇和创新体验的游客。准确的市场定位不仅有助于明确产品开发的方向，还能指导营销策略和客户关系管理，确保资源的有效利用和投资的最大化回报。

（二）目标群体

目标群体的确定是规划框架的另一重要组成部分。这需要旅游业者深入理解不同游客群体的特征和需求。例如，年轻游客可能更偏好技术驱动和互动性强的体验，而中年或老年游客可能更注重文化和教育内容丰富的体验。了解目标群体的偏好有助于精准设计旅游产品，从而更好地满足其需求。此外，目标群体的确定还涉及如何通过不同的营销渠道和策略来吸引这些群体。例如，针对年轻群体的营销可能更侧重于社交媒体和在线平台，而针对老年群体的营销可能更依赖传统媒体和口碑传播。此外，了解目标群体的消费能力和旅游动机也对定价策略和服务提供具有重要的指导意义。通过精准的目标群体定位，可以有效提升客户满意度，增强品牌忠诚度，从而在竞争激烈的旅游市场中脱颖而出。

（三）发展目标

设定明确的发展目标是确保沉浸式旅游体验顺利发展的关键。发展目标应基于市场定位和目标群体的分析，明确旅游产品和服务的长期愿景和短期目标。这些目标包括但不限于收入增长、市场份额提升、品牌知名度增强和客户满意度提高。发展目标还应包括可持续性和社会责任，如促进当地经济发展、保护文化遗产和环境、提供负责任的旅游体验等。明确的发展目标不仅为整个项目提供了方向和动力，还有助于评估项目进展和调整策略。在沉浸式旅游体验的发展过程中，策略的制定至关重要，其应与之前设定的目标相协调。策略应覆盖市场营销、产品开发和服务升级等多个方面。

在市场营销方面，策略可能包括使用数字媒体和社交平台进行宣传，以及通过合作伙伴和影响力营销来拓宽市场覆盖范围。产品开发方面，须聚焦于创造独特的旅游体验，如特色文化活动、与当地社区的互动项目等，以吸引特定的目标群体。服务提供方面的策略需要确保客户体验的一致性和高品质，包括优化客户服务流程、提供多语种支持等。在所有这些策略中，可持续性和社会责任的元素也应得到充分的融入和体现，如通过采用环保材料、支持当地手工艺品等方式来实现这一点。

三、政策支持与资源整合

在沉浸式旅游体验的发展路径中，政策支持和资源整合起着至关重要的作用。政府部门和相关机构的政策支持，特别是在资金投入和税收优惠方面，为沉浸式旅游的创新和发展提供了基础条件。政府资金的投入可以直接用于支持旅游项目的开发，尤其是那些创新性较高、初期投资需求较大的项目。例如，政府可以通过提供启动资金、研发资金等方式，支持企业和组织开发新的旅游产品。在税收优惠方面，政府可以为涉足沉浸式旅游开发的企业提供减免税务的政策，从而降低其运营成本，增强市场竞争力。

政府还可以通过制定和完善相关法规和标准，为沉浸式旅游体验的发展提供法律和制度保障。例如，确保旅游产品的安全性、可访问性和质量标准，以及保护消费者权益。这些措施不仅能够保障游客的安全和体验质量，还能够提升整个行业的专业水平和服务标准。

在资源整合方面，政府和相关机构可以通过整合文化、旅游、科技等不同领域的资源，促进跨界合作，推动沉浸式旅游体验的多元化发展。例如，政府可以促进文化机构与旅游企业之间的合作，共同开发包含本土文化元素的旅游产品，从而提升旅游体验的文化内涵和教育价值。同时，政府还可以鼓励科技公司与旅游企业的合作，利用虚拟现实、增强现实等先进技术，创造更加沉浸和刺激的旅游体验。

在沉浸式旅游体验的对策中，强化顶层设计是确保项目可持续性和高效运作的关键。在项目规划和设计阶段，需要考虑到旅游体验的多方面需求，包括市场趋势分析、目标客群定位、产品创意开发等。这要求项目负责人和团队具有前瞻性的思维和专业的市场洞察力，以确保项目能够满足市场的需求和预期。顶层设计还需要考虑到项目的可持续性。这包括环境保护、文化遗产保护以及社会责任等方面。例如，在开发旅游产品时，应尽量减少对环境的负面影响，保护当地的自然资源和文化遗产。此外，沉浸式旅游体验的开发还应考虑到对当地社区的积极影响，如提供就业机会、支持当地经济发展等。

四、标准制定与质量控制

标准制定与质量控制是强化顶层设计的关键环节。确保体验的高质量和可持续性，对于提升消费者满意度、增强行业竞争力以及保护旅游资源可持续发展具有重要意义。

（一）服务标准的制定

服务标准的制定涉及沉浸式旅游体验的各个方面，包括导游服务、体验项目的实施等。制定服务标准的首要步骤是对沉浸式旅游体验的各个环节进行细致分析，明确服务流程、服务内容以及服务质量的期望标准。例如，对于导游服务，可以制定关于知识水平、语言能力、互动技巧的具体标准；对于体验项目，可以明确安全标准、参与方式、教育价值等。服务标准的制定还应考虑到客户的多样性和特殊需求，如不同文化背景、年龄段、身体条件的游客，以确保服务的普遍适用性和包容性。此外，服务标准的持续更新和优化也至关重要，这需要定期收集和分析游客反馈，根据市场变化和新兴趋势进行调整。

（二）质量控制系统的建立

质量控制不仅仅是对已有服务的评估，更是一个涵盖计划、执行、检查和行动的持续改进过程。建立有效的质量控制系统首先需要明确质量目标，这些目标应基于服务标准，并能够量化和评估。例如，可以通过顾客满意度调查、服务投诉比例等指标来评估服务质量。质量控制系统应包括定期的服务审核和评估机制，以确保各项服务都能达到既定标准。这包括对服务人员的培训和考核，对服务流程的监控，以及对体验项目的安全性和有效性的检查。此外，建立一个有效的反馈和投诉处理机制也是质量控制的重要组成部分，这有助于快速识别和解决问题，提高服务质量。

（三）可持续性的融入

在制定标准和质量控制时，可持续性是一个不可忽视的重要元素。这不仅涉及环境保护，如减少能源消耗、使用可持续材料等，还包括对社会和文化的负责，如尊重当地文化、促进社区参与等。确保沉浸式旅游体验的可持续性，有助于保护旅游资源，提升体验的品质和深度。可持续性的融入需要在服务标准和质量控制系统中得到体现。例如，可以制定关于环境保护的服务指南，确保所有的活动和操作都符合可持续发展的要求。此外，鼓励创新和利用新技术，也是提高可持续性的有效途径。例如，使用数字化工具来优化资源配置，减少浪费。

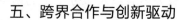

五、跨界合作与创新驱动

在沉浸式旅游体验的发展路径中，跨界合作与创新驱动是强化顶层设计的重要策略。通过鼓励跨行业合作，尤其是科技、艺术与文化的结合，可以显著丰富和提升旅游体验的内容和质量。

（一）跨界合作的策略与实践

跨界合作是指不同行业、领域或专业之间的合作，其目的是通过资源共享、知识交流和技术融合，创造出新的产品、服务或体验。

1. 科技与旅游的结合

科技与旅游的结合在当代旅游业中日益显现出其重要性，特别是在数字技术领域。VR 和 AR 技术的应用，为游客提供了超越传统旅游体验的可能性。这些技术使得游客能够以前所未有的方式体验和互动，如通过 VR 技术，游客可以沉浸在历史场景的再现中，体验到历史事件的直观感受；通过 AR 技术，传统的景点解说可以转变为更加生动和互动的导览体验。AI 的运用在旅游服务中也日益显著，如智能导览系统能够根据游客的偏好和行为模式提供个性化的推荐，在线预订平台的智能化则极大提升了预订效率和用户体验。这些技术的融合不仅丰富了旅游体验的内容和形式，也提高了服务的效率和质量，为现代旅游业的发展注入了新的活力和创新动力。

2. 艺术与文化的融合

在沉浸式旅游体验中，艺术与文化的融合不仅仅是增添视觉或听觉的美感，更是一种深层次的文化交流和理解。当地艺术家的作品、传统手工艺和表演艺术的引入，不仅丰富了游客的体验，还促进了对目的地文化的深入理解和认同。例如，通过参与当地的艺术工作坊或观看传统表演，游客能够直接体验和感受到该地区的文化精髓。这种艺术与文化的结合还能够激发游客对当地文化的兴趣和好奇心，增强旅游活动的教育价值和体验感。

3. 产业界与学术界的合作

在沉浸式旅游体验的发展中，产业界与学术界的合作起到了桥梁和催化剂的作用。大学和研究机构在旅游学、文化遗产保护、环境科学等领域的深入研究，能够为旅游产业提供科学的理论支撑和创新灵感。此外，这种合作还能够促进最新研究成果的实际应用，如将环境科学的研究成果应用于生态旅游的可持续发展中。同时，学术界的参与为旅游产品的深度和多样性提供了更多可能性，如结合社会学、人类学视角开发的文化体验旅游，能够为游客提供更加丰富和深入的文化体验。

（二）创新驱动的实施与挑战

创新是驱动沉浸式旅游体验发展的核心动力。在顶层设计中，创新不仅包括新技术的应用，还包括新理念、新模式和新方法的探索。

1. 技术创新

在沉浸式旅游体验中，技术创新的作用不仅局限于提升体验的吸引力，还包括提高服务效率和质量。例如，虚拟现实技术的应用不仅能创造无法亲身体验的历史场景，还能在教育和文化传播方面发挥作用，使游客在沉浸式体验中学习历史和文化。增强现实技术的应用则更加注重实地旅游中的互动性和信息传递，如通过 AR 技术提供的互动地图和信息层，可以增加游客的探索乐趣和知识获取。这些技术的创新应用不仅丰富了旅游体验的形式，也拓宽了旅游产品的功能和意义。

2. 服务模式创新

服务模式的创新是响应个性化和差异化需求的关键。在沉浸式旅游体验中，创新的服务模式包括根据游客偏好提供个性化路线规划、定制化体验活动，以及利用数字技术提高客户服务的互动性和便利性。例如，通过社交媒体和数字平台的应用，可以建立起与游客的持续互动，收集反馈，提供定制化服务。创新的服务模式还应注重提高游客参与度和体验感，如通过游戏化元素或故事叙述增强旅游活动的吸引力和参与性。

3. 可持续创新

在确保沉浸式旅游体验的可持续性方面，创新不仅涉及技术和服务，还包括对经营模式和资源利用的重新思考。例如，可以探索使用可再生能源、减少碳排放的方式来减轻旅游活动对环境的影响。可持续创新还涉及社会责任的履行，如保护文化遗产、促进经济发展等。通过这些方式，可以实现旅游业的环境、经济和社会三方面的可持续发展，为未来的旅游业留下更多的可能性和空间。

第二节　推进数字化与文化旅游融合

一、数字技术应用

（一）VR 和 AR 的应用

在当前的旅游业发展趋势中，虚拟现实和增强现实技术的应用成为推动数字化与文化旅游融合的重要手段。这些技术不仅改变了游客的体验方式，还为文化旅游的表现形式和传播途径带来了创新。

利用 VR 技术，可以构建完全模拟的环境，使游客能够沉浸在一个与现实世界截然不同的空间中。例如，通过 VR 技术，游客可以穿越时空，亲临埃及金字塔、古罗马竞技场，或是中世纪的城堡。这种身临其境的体验不仅增强了游客对历史和文化的感知，还极大地提升了教育的趣味性和效果。此外，VR 技术还可以用于展现那些因保护需要无法亲身接触的文化遗产，如珍贵的文物和脆弱的古迹，从而在不破坏原有遗迹的前提下，为公众提供深度体验。AR 技术则在实体环境中增加了虚拟元素，为游客提供更加丰富的信息和互动体验。在博物馆或历史遗址中应用 AR 技术，可以让展品和场景"活"起来。例如，游客通过智能手机或专用设备观看，就能看到静态展品背后的故事，或是历史事件的动态再现。这种技术的应用不仅提高了展览的吸引力，还增强了教育性，使游客在互动中学习和理解文化背景。

（二）人工智能技术的应用

人工智能技术在推动数字化与文化旅游融合的过程中扮演着核心角色，它通过提高服务效率和质量，极大地丰富了游客的旅游体验。人工智能技术的应用变得越来越普及，从智能导览系统到语言翻译，再到客户服务，其影响深远且多面。

在智能导览系统方面，人工智能的运用使得旅游信息的提供更加个性化和精准。通过分析游客的偏好和行为模式，人工智能系统能够推荐定制化的旅游路线和活动，使每一位游客都能享受到符合自己兴趣和需求的旅游体验。这种定制化的服务不仅增加了游客的满意度，还提高了文化旅游的吸引力。例如，对于对历史文化特别感兴趣的游客，人工智能系统可以推荐更多与历史遗迹相关的访问点，甚至提供深度的文化背景信息。人工智能在语言翻译方面的应用也极大地消除了语言障碍，这对于国际旅游尤为重要。通过即时翻译服务，游客可以更轻松地理解不同语言的导览信息和文化内容，从而更深入地了解和欣赏不同文化。这种技术的应用不仅使得旅游更加便捷，还促进了不同文化之间的理解和交流。

人工智能技术在客户服务中的应用也不可忽视。通过智能客服系统，游客可以获得快速而有效的咨询和解决方案，无论是行程规划、预订服务还是问题解答。这种高效的服务大大提升了游客的整体体验，使旅游过程更加顺畅和愉快。

二、文化内容数字化的形式及作用

（一）数字展览

数字展览作为文化内容数字化的一个典型例子，在推进数字化与文旅融合发展中扮演着至关重要的角色。通过将传统文化内容以数字化形式呈现，这种新型展览方式不仅保护和保存了珍贵的文化遗产，还扩大了其影响力和观众范围。在数字展览中，文化遗产和艺术作品通过高质量的数字影像、三维建模和虚拟现实技术等形式被精准复原或创新展示。这种形式使得原本只能在特定地点、特定条件下观赏的文化内容变得更加易于接触和体验。观众无须远行，就能通过电脑或移动设备欣赏到来自世界各地的文化展览，从而大大提高了文化旅游的可及性和便利性。

数字展览还具有更高的互动性和教育价值。观众可以通过点击、滑动等简单操作，深入了解展品的历史背景、艺术特点和文化意义。这种互动性不仅增强了观众的参与感，也使得文化学习变得更加生动和有趣。这种现代化、数字化的展览方式尤为吸引年轻一代，有助于激发他们对传统文化的兴趣。数字展览为文化旅游的发展提供了新的模式。传统的文化旅游往往受限于地理位置和物理空间，而数字化展览打破了这些限制，使得文化旅游可以扩展到虚拟空间，被更多的人所理解和接受。此外，它也为旅游者提供了前期了解和后续深入研究的途径，为实地旅游增添了更多层次和深度。

（二）互动性增强

互动性的增强是文化内容数字化中的一个关键方面，它在推进数字化与文化旅游融合发展过程中发挥着重要作用。与传统的静态展示相比，互动性的提升使得文化体验更为生动和引人入胜，进而极大地提高了观众的参与度和体验深度。

在数字化的文化展览中，观众不再是被动的接收者，而是成了体验的积极参与者。通过触摸屏或其他移动设备，观众可以与展品进行互动，例如，他们可以通过触控来探索艺术作品的不同视角，或是通过点击来了解文物背后的故事和历史。这种互动方式不仅增强了展览的吸引力，还为观众提供了更深层次的学习和体验机会。互动性的增强还意味着观众可以根据个人兴趣和节奏来探索文化内容。这种个性化的体验方式对于提升文化旅游的质量极为重要，因为它允许每个人根据自己的偏好进行深入探索，从而获得更加满足和丰富的文化体验。例如，对于对特定历史时期感兴趣的观众，他们可以通过互动应用深入了解该时期的文化背景和艺术特征。

互动性的增强为文化旅游带来了新的发展机遇。随着数字技术的发展，虚拟互动和增强现实技术等新兴工具正在成为文化旅游中的重要元素。这些技术不仅使远程访问变为可能，还为现场体验增添了额外的维度。例如，通过增强现实技术，游客可以在实际的历史遗址上看到历史场景的重现，从而获得更加深刻的文化理解和体验。

三、数据分析与个性化服务

（一）大数据分析

在数字化时代，大数据分析已成为推进数字化与文化旅游融合的关键手段。随着旅游行业数据量的日益增长，旅游服务提供者通过对游客行为数据的分析，能够更准确地把握游客的需求和偏好，从而提供更加个性化和高效的服务。这种数据驱动的方法不仅提高了旅游服务的质量，也为文化旅游的发展开辟了新的途径。

通过大数据分析，旅游服务提供者可以进一步了解游客的旅游习惯、消费偏好、兴趣点等多维度信息。这些信息包括游客在旅游过程中的行为路径、停留时间、消费模式以及对不同旅游产品的反馈等。通过对这些数据的综合分析，可以揭示游客的行为模式和潜在需求，为旅游产品和服务的设计提供科学依据。例如，通过数据分析可以发现某个文化景点在特定时间段的游客流量，从而为景点管理提供调整建议，或者发现游客对某类文化体验项目的偏好，从而推动相关产品的开发。在个性化服务方面，大数据分析的应用尤为显著。通过对个体游客数据的分析，旅游服务提供者可以提供更加精准的个性化服务，如定制化的旅游路线规划、餐饮推荐、住宿安排等。这种个性化服务不仅提升了游客的满意度和忠诚度，还增强了文化旅游产品的吸引力。例如，对某一特定历史时期感兴趣的游客，基于大数据分析的个性化服务可以推荐其进行相关的历史遗址参观、文化讲座或主题活动，从而为游客提供更加深入和丰富的文化体验。

大数据分析还在文化旅游的市场营销中发挥着重要作用。通过对市场趋势和消费者行为的分析，旅游服务提供者可以更加精准地制定市场策略，如目标市场选择、广告投放、促销活动设计等。这种基于数据的市场策略不仅提高了营销的效果，也降低了营销成本。在推进数字化与文化旅游融合的过程中，大数据分析的应用还促进了旅游服务的智能化和自动化。例如，智能推荐系统可以自动分析游客的数据，为其提供个性化的旅游信息和建议，大大提高了服务效率。同时，基于数据的服务可以实时响应市场和消费者的变化，快速调整旅游产品和服务，从而提高了旅游业的灵活性和应变能力。

（二）个性化服务

个性化推荐系统在推进数字化与文化旅游融合中扮演着重要角色。这种系统的核心在于利用数据分析来精准地理解游客的个人偏好和需求，并据此提供量身定制的旅游体验。随着大数据和人工智能技术的不断发展，个性化推荐系统已成为提升文化旅游体验的重要工具，它不仅提升了服务的质量和效率，还极大地丰富了旅游产品的多样性和吸引力。

个性化推荐系统的运作基于对大量游客数据的收集和分析，包括但不限于游客的浏览历史、预订记录、评价反馈以及社交媒体上的行为模式。通过对这些数据的深度挖掘和模式识别，系统能够揭示游客的兴趣点和偏好趋势。例如，对于频繁访问历史文化网站的游客，系统可以推断出其对文化遗产有较高的兴趣，并据此推荐相关的旅游目的地或活动。个性化推荐系统的应用极大地提升了文化旅游的可访问性和便利性。通过这种系统，游客可以轻松获得与自己兴趣相匹配的旅游信息，无须耗费大量时间在众多选择中筛选。这不仅提高了信息获取的效率，也提升了旅游体验的质量。此外，系统还可以根据游客的实时反馈和行为调整推荐内容，确保提供的信息始终符合游客的最新兴趣和需求。个性化推荐系统在促进文化旅游的多样化和深度化方面也发挥着重要作用。传统的文化旅游往往以固定的路线和标准化的服务为主，但个性化推荐系统能够提供更加丰富和深入的文化探索方式。例如，系统可以根据游客的兴趣为其推荐鲜为人知但富有文化价值的目的地，或者提供与当地文化深度融合的特色体验，如手工艺制作、当地美食烹饪等，从而使游客能够更深层次地体验和理解当地文化。

个性化推荐系统为文化旅游的营销和服务提供了新的思路。通过分析游客的偏好和行为，旅游服务提供者可以更加精准地定位目标市场，制定有效的营销策略，从而提高营销的效果和投资回报。基于数据的服务还可以帮助服务提供者不断优化产品和服务，根据游客的反馈进行调整和改进，从而提升整体的服务质量。

四、在线与离线结合

（一）线上平台与移动应用

在数字化时代，线上平台和移动应用的发展对于推进数字化与文化旅游融合具有重要意义。这些数字工具不仅为游客提供了更加便捷的信息获取和服务预订方式，还极大地丰富了旅游体验，使得文化旅游的互动性和可访问性得到显著提升。

线上平台和移动应用的发展使得旅游信息的获取变得更加方便快捷。通过互联网和移动设备，游客可以随时随地浏览旅游目的地的信息、查看用户评价、比较价格和服务。这种即时且全面的信息获取方式不仅节省了游客筹划旅行的时间和精力，还提高了他们做出明智选择的可能性。此外，这些平台提供的丰富内容和交互功能，如虚拟旅游、360度全景展示等，使游客在实际旅游前就能获得更加直观和全面的体验预览，从而提升了旅游决策的质量。

在服务预订方面，线上平台和移动应用提供了一站式服务解决方案。游客可以方便地预订交通、住宿、餐饮甚至是各种旅游活动。这种集成化的服务大大降低了旅游规划的复杂性，使得个性化旅游成为可能。通过这些平台，游客不仅可以根据自己的需求和偏好定制行程，还能享受到更加个性化和差异化的服务体验。例如，游客可以根据自己的兴趣选择特定的文化体验活动，如参观特定的博物馆、参加当地的文化节庆活动等。

线上平台和移动应用还提供了即时服务和支持，如在线客服、旅游咨询等。这些服务不仅提供了实时的问题解决和信息更新，还增强了游客的安全感和信任感。在线客服可以快速响应游客的各种需求和问题，如行程变更、紧急情况处理等，保证了旅游过程的顺畅和安全。此外，这些即时服务还提供了更多的个性化咨询，如提供旅游目的地的文化背景信息、旅游注意事项等，使游客能够更好地准备和享受旅程。

线上平台和移动应用还为文化旅游的营销和推广提供了新的渠道。通过这些平台，旅游目的地和服务提供者可以直接与潜在的游客进行互动，提供吸引人的内容和优惠信息，吸引游客的注意和兴趣。例如，通过社交媒体营销、视频分享等方式，可以有效地传播文化旅游的魅力和价值，吸引更多游客的关注和兴趣。同时，这些数字平台提供了用户反馈和评价的渠道，帮助旅游服务提供者更好地了解游客的需求和偏好，不断优化和改进服务。

（二）线上线下互动

线上线下互动在数字化与文化旅游融合的进程中扮演着至关重要的角色。这种融合不仅仅局限于服务层面的结合，更深入涉及体验的整合与创新。在这个数字化日益发达的时代，文化旅游的发展必须紧跟技术的步伐，利用线上线下互动的方式，以创新的手段吸引游客，提供更加丰富和深入的旅游体验。

有效推进数字化与文化旅游的融合，其首要任务是深化对线上线下互动潜力的理解和应用。线上平台，如移动应用、社交媒体和虚拟现实技术，为文化旅游提供了一个全新的维度。通过这些平台，游客可以在实地访问之前，先行了解目的地的文化和历史背景，这不仅增加了他们的期待感，也使他们在实地体验时能有更深层次的认识和感受。

线上互动游戏和虚拟导览等手段可以极大地丰富游客的体验。例如，通过增强现实技术，游客可以在参观历史遗迹时用手机或专用设备看到重现的历史场景，这种沉浸式体验使得文化旅游更加生动和具有深刻的教育意义。同时，这种技术的应用为那些身体条件限制无法亲临其境的人提供了宝贵的文化体验机会。数字化工具的运用还可以在游客完成实地访问后继续发挥作用。通过线上平台，游客可以进一步探索他们所感兴趣的展品或景点的详细信息，如背后的历史故事、艺术价值等。这种深入的了解不仅增强了游客的知识和理解，也可能激发他们对文化遗产的保护意识。

第三节 培育沉浸式旅游服务平台

一、平台架构构建

（一）服务整合

在构建沉浸式旅游服务平台时，服务整合作为核心构建策略，致力打造一个单一入口。用户通过该入口能够访问和操作所有旅游相关的服务。该策略的实现依赖于复杂的后端服务，这些服务涉及票务系统、导览服务以及多样的互动功能，它们共同构成了平台的支柱。整合的目标是实现数据和服务的无缝对接，确保用户能够在一个统一的界面中享受到各种服务，无须跳转到多个不同的系统或平台。

为了达到这一目标，平台必须采用先进的应用程序接口，这些应用程序接口能够在不同服务之间传输数据，并处理复杂的用户请求。例如，当用户通过平台预订门票时，票务系统需要与交通服务提供商、住宿设施以及可能的附加服务供应商如餐饮和特色体验活动进行沟通。这一过程中，应用程序接口扮演着数据传递者的角色，确保用户的选择和要求能够得到及时响应，并在必要时实时更新。除了技术层面的整合，服务整合也意味着在用户体验上实现一致性。这要求设计团队深入理解用户在使用旅游服务平台时的需求和行为模式，以便创建一个既直观又具有吸引力的用户界面。用户界面必须能够引导用户自然地从一个服务过渡到另一个服务，如从票务预订到导览服务，再到互动体验，整个过程应该是流畅和直观的。在内容展现方面，整合策略要求平台能够根据用户的个性化需求推送相关的服务选项。通过采集用户行为数据，平台可以运用机器学习算法对用户偏好进行分析，从而推荐个性化的旅游路线和体验。这种算法驱动的内容展现方式不仅可以提升用户满意度，还能促进用户发现平台提供的其他服务，增加用户的参与度和平台的黏性。

服务整合旨在通过技术和设计的融合，提供一个全面的沉浸式旅游体验。这种体验覆盖从旅游规划阶段到实地体验，再到旅游后分享的完整旅游周期。通过这种全方位的服务整合，平台不仅能够满足用户的基本需求，还能够激发用户的探索欲望和社交互动，从而在旅游服务市场中脱颖而出。

（二）技术支持

在沉浸式旅游服务平台的架构构建中，技术支持的重要性不容忽视。云计算和数据分析技术是构建现代服务平台的关键支柱，它们共同确保平台运行的稳定性和数据处理的实时性，为用户提供无缝且响应迅速的服务体验。

云计算提供了一种灵活且可扩展的解决方案，使得旅游服务平台能够根据实际需求动态调整资源。通过云服务，平台能够在用户访问高峰时增加计算资源，以处理大量的并发请求，保证服务的流畅性。此外，云计算环境的分布式特性也大幅增强了平台的数据备份与数据恢复能力，即使在不可预见的硬件故障或其他外部因素影响下，也能快速恢复服务，保障用户体验不受影响。数据分析技术则充当着平台智能决策的引擎。通过收集和分析用户数据，包括行为模式、偏好设置以及反馈，平台能够提供更加个性化的服务。例如，数据分析可以帮助平台识别特定用户群体的旅游偏好，从而推送定制化的旅游套餐和优惠信息。同时，数据分析对于平台内部运营管理同样至关重要，它能够揭示用户流失的原因，帮助平台优化服务流程，提升用户满意度。

为了实现数据的实时更新与处理，平台需要采用高效的数据流处理框架和数据库管理系统。这些系统能够快速处理来自各个服务端点的数据，无论是用户的点击行为、交易信息还是实时的旅游动态。实时数据流的处理确保了用户能够即时获取最新信息，如航班动态、景区人流量等，这对于提升用户的旅游体验至关重要。考虑到沉浸式旅游平台可能涉及 AR、VR 等技术加持下的高科技应用，对于处理能力和数据传输速度有着更高的要求。因此，平台架构必须兼顾高速网络技术和高性能计算能力，以支持这些应用的流畅运行。对于这些沉浸式体验的内容，如三维模型和交互式界面，需要特定的数据格式和存储解决方案，以确保它们能够快速加载和响应用户操作。

（三）合作伙伴关系

构筑牢固的合作伙伴关系是实现一站式服务理念的关键。这种伙伴关系需要跨越多个领域，包括但不限于旅游景点、酒店、交通等行业。通过与这些行业的合作，平台能够为用户提供综合性服务，覆盖旅游活动的各个方面，从而实现真正意义上的"沉浸式"体验。合作伙伴关系的建立首先需要以客户的需求为中心，深入分析用户在旅行过程中的各项需求，包括住宿、交通、餐饮、娱乐等。明确了这些需求之后，平台便可以针对性地与能够提供相应服务的供应商建立联系。这一过程涵盖了谈判、协议制定以及服务整合等多个阶段，旨在确保所提供服务的质量与效率能够满足用户期待，并且能够与平台现有的服务无缝对接。

有效的合作伙伴关系还需要建立在互利共赢的基础之上。平台不仅要为用户提供优质的服务，还要为合作伙伴带来增值机会。例如，通过数据共享，合作伙伴可以获得对用户偏好和行为模式的深入洞察，从而优化自己的服务和营销策略。同时，平台可以利用合作伙伴的资源和专业知识来拓展自己的服务范围，提升服务质量。

在具体实施时，合作伙伴关系的维护要求平台具备高效的沟通协调机制。随着合作网络的扩大，协调众多合作伙伴的服务将成为一项挑战。因此，平台需要建立一套标准化的流程，对合作伙伴的服务水平进行监控和评估，确保服务的一致性和可靠性。通过定期的会议和评审，平台和合作伙伴可以共同探讨服务改进和创新的可能性，促进合作关系的深化和持续发展。为了进一步提升用户体验，平台需要利用先进的技术手段来整合合作伙伴提供的服务。这可能包括建立一个集成预订系统，允许用户在一个界面中完成对酒店、机票、门票等的预订。同时，利用大数据分析，平台能够提供个性化的优惠信息和推荐，增强用户的使用黏性。

二、用户体验优化

（一）界面设计

沉浸式旅游服务平台的用户体验优化在很大程度上取决于界面设计的质量，这直接影响用户与平台的互动效率及其满意度。优秀的界面设计应遵循简洁直观的原则，使得用户能够在最短时间内找到所需信息和功能，从而提供一种无摩擦的使用体验。

在设计过程中，界面的直观性要求设计师深入理解用户的心理模型，即用户预期界面如何工作以及他们希望如何与之互动的内在预设。这通常涉及对色彩、布局、图标和字体等视觉元素的精心选择，以确保界面元素既能引起用户的注意，又能正确传达其功能。视觉元素的一致性在这一过程中至关重要，因为它可以减少用户在寻找功能时的认知负荷，使得用户学习使用新平台的过程更加自然和顺畅。信息的组织和呈现方式必须能够反映用户寻找信息的逻辑路径。这通常意味着必须对信息架构进行周密规划，将相关信息和功能组织在一起，并且通过简洁且方便实用的导航设计来引导用户。有效的导航设计能够使用户在不同的信息和服务之间流畅转换，而无须回溯或过度思考。

简洁性也是界面设计的核心原则之一。过多的元素和信息会分散用户的注意力，增加找到目标功能的难度。因此，设计应避免不必要的装饰和冗余的功能，每个界面元素都应当有其存在的理由。同时，简洁的界面设计还应包括有效的错误处理和反馈机制，确保用户在操作中遇到问题时能够获得及时且有效的指导，这是提升用户体验的关键环节。界面设计必须考虑到用户群体的多样性和可访问性。平台可能面对的用户群体具有不同的技能、习惯和偏好，设计必须尽可能地容纳这些差异，包括对颜色不敏感用户的考虑、为老年用户提供足够大的字体大小，以及为不同文化背景的用户提供适当的视觉元素和语言支持。考虑到这些因素的界面设计，能够为更广泛的用户提供优质的服务，增强沉浸式旅游服务平台的普遍吸引力，从而提升用户的整体满意度和平台的市场竞争力。

（二）交互设计

沉浸式旅游服务平台的用户体验优化在很大程度上取决于交互设计的多样性与先进性。这种设计致力提供多种交互方式，以满足不同用户的偏好和应对各种使用场景。例如，触摸屏提供了直观的操作方式，适用于快速浏览和选择；语音交互降低了物理操作的需要，特别适合行动不便或驾车时的用户。

交互设计的优化需要综合考虑人机交互的各个方面，包括用户的感知、认知和动作。交互元素的设计应既反应迅速又富有直觉，能够在用户进行操作时提供即时反馈，无论是通过视觉提示、声音还是触觉反馈。这种即时反馈为用户提供了操作的确认，并增强了用户的参与感，这在AR和VR环境中尤为重要，因为沉浸感的形成在很大程度上取决于虚拟环境对用户操作的响应。

交互设计还需要关注用户在实际使用平台时的体验连贯性。不同交互方式的切换应当无缝并且自然，确保用户可以根据个人的需求或特定的使用场景灵活选择交互方式。例如，用户在浏览旅游信息时可能倾向于使用触摸屏，而在需要双手操作其他事物时则更倾向于语音交互。AR

和 VR 的引入则为提供深度体验提供了可能，但这要求平台能够在保持高性能的同时处理更多的数据量，以防止延迟或断断续续的体验打破沉浸感。

三、内容丰富与更新

（一）实时信息

沉浸式旅游服务平台的内容丰富性在很大程度上依赖于其能力提供实时信息，该信息的准确性和时效性对于用户作出明智的旅行决策至关重要。实时信息的涵盖范围广泛，包括但不限于气候变化、交通流量和状况、景点的拥挤程度以及任何可能影响用户体验的突发事件。通过集成先进的数据采集和处理技术，平台能够从多个可靠源头接收数据，如气象站、交通管理系统和社交媒体，再使用算法对这些数据进行分析，以提供深度的洞察和预测。这些信息的实时更新不仅提升了用户的信任感，因为他们知道可以依赖平台提供最新的情报，也增加了平台的功能性，使其成为用户制定旅行规划和执行规划过程中不可或缺的工具。

用户可以根据天气预报调整行程计划，利用交通信息避开拥堵，甚至根据实时反馈选择人流量较少的景点，从而优化整个旅行体验。因此，实时信息的集成不仅丰富了平台内容，而且提升了服务的价值，使沉浸式旅游服务平台成为一个综合性的、动态的信息中枢，用户可以依靠它及时作出明智的旅游决策。

（二）互动体验

沉浸式旅游服务平台之所以独具吸引力，根本在于其通过互动体验为用户提供了超越传统旅游服务的内容。互动游戏和虚拟体验作为平台内容丰富性的体现，不仅为用户带来娱乐和乐趣，更是增强了用户对旅游目的地的认识和记忆。例如，通过在线旅游导览，用户能够事先规划自己的行程，了解景点的历史和文化，这种信息的互动获取方式远比阅读传统的文本介绍更为生动有趣。

当这些导览结合了虚拟现实技术，如 VR 景点游览，用户甚至能在家中体验到仿佛身临其境的旅游体验。这种沉浸式的互动不仅极大地提升了用户体验，也为平台带来了内容的深度和广度。通过模拟真实环境，用户能够在虚拟世界中自由探索，体验到实地旅游难以提供的角度和视角，从而极大地激发了用户对实际旅游的兴趣。这些互动体验的引入，转化为平台上用户停留时间的增加，提高了用户的参与度，为平台创造了更多互动点和数据收集的机会，进一步促进了服务的个性化和优化。

（三）定期更新

沉浸式旅游服务平台在内容更新方面的策略是定期刷新旅游攻略、用户评价和新闻资讯等关键信息，以维持内容的新鲜度和提高平台的吸引力。这种更新不仅仅是添加最新信息，还是一个综合性的内容管理过程，它需要编辑团队不断地评估现有内容的相关性和准确性，从而确保用户接收到的信息能够反映最新的旅游趋势和实时情况。沉浸式旅游服务平台对旅游攻略的更新可以帮助游客获取最新的目的地信息，掌握旅行小贴士，以及了解新兴的旅游点，而用户评价的更新则为其他用户提供了宝贵的第一手旅行经验，帮助他们做出更明智的选择。同时，及时的新闻资讯更新让游客可以了解到目的地的最新动态，如文化节庆、安全警告或特殊事件，这些信息对于用户规划行程至关重要。通过这种内容更新机制，平台能够建立起用户的信任，促进用户的访问和长时间的参与，从而形成一个活跃且稳定的用户社区。

四、社区建设

（一）社区平台

构建沉浸式旅游服务平台时，社区平台的设立起到了桥梁和纽带的作用，连接着各个用户，让他们能在此分享旅行故事、提出建议并互相交流。这种社区的形成对于增强用户体验和构建用户忠诚度至关重要。通过社区，用户不仅可以获得别人的旅行经验，还能够在预定旅行之前获得实用的建议，这样的信息往往比平台直接提供的内容更加真实可靠。

社区平台的建立需要精心的设计和管理，以确保用户能够在一个友好、互助的环境中进行交流。这要求平台具备高效的监督机制来维护交流质量，防止错误信息的传播和不良行为的出现。同时，社区应提供多样化的互动方式，如论坛讨论、旅游博客、照片和视频分享，甚至是实时的旅游问答，从而满足不同用户的参与需求。

社区平台的成功还依赖于其与平台其他部分的整合程度。举例来说，用户的评价和旅行记录可以与相关的旅游产品和服务页面相链接，让其他用户在浏览这些页面时能够直接访问到社区内容。这种整合不仅为用户提供了方便，也为平台创造了更多的互动机会，增加了用户停留时间，提高了平台的整体活跃度。

社区平台的建立还应考虑到激励机制的设置。通过奖励积极贡献的用户，如对高质量内容的发布者提供积分、徽章或其他形式的奖励，可以鼓励更多的用户参与到社区互动中来。这种正向激励不仅能够提升社区的活跃度，还能促进高质量内容的产出，使社区成为用户获取旅游灵感和信息的宝贵资源。

（二）反馈机制

反馈机制的设立是确保服务质量和持续改进的基石。这种机制为用户提供了一个明确的渠道，来表达他们的满意度、提出问题或是投诉。一个健全的反馈系统应能捕捉到用户的即时反馈，无论是正面的还是负面的，并且能够对这些反馈做出快速且适当的响应。这不仅能帮助平台识别并解决具体的问题，也是在用户与平台之间建立信任关系的关键环节。为了实现有效的反馈，平台必须具备高效的内部流程，确保用户反馈能够被迅速传达至相关部门，并由此采取行动。例如，用户关于预订系统的投诉应直接通知技术团队，而关于服务质量的反馈则应转达给客户服务团队。

反馈机制还包括对用户投诉的跟踪和处理结果的通报，保证用户看到他们的意见被重视，并且采取了相应措施。通过这样的闭环反馈流程，沉浸式旅游服务平台能够持续优化用户体验，不断提升服务水平。此外，这也为平台带来了深入了解用户需求和行为的机会，为未来的服务创新和改进提供了宝贵的数据支持。

（三）奖励制度

奖励制度的引入是激发用户参与度和内容创造的重要策略。通过设定积分和徽章等形式的奖励，平台能够有效地激励用户不仅频繁访问平台，而且积极贡献自己的知识和经验。这种奖励机制可以采取多种形式，例如为用户发布的高质量评论、照片或是旅游攻略授予积分，积分累积到一定程度后，用户可以兑换为折扣、优惠券或是其他实体奖品。徽章或者成就系统则可以用来标识用户的特定成就，如"旅行达人""热心助人"等，既体现了用户在社区中的地位，也增强了用户的归属感和认同感。

这些奖励除了具有物质上的吸引力，还具有社交的价值，鼓励用户展示自己的成就，从而增加了用户间的互动和比较。同时，奖励制度能为平台提供用户行为的数据，帮助平台分析用户活动，识别最受欢迎的内容和功能，从而针对性地进行优化和推广。这样的系统不仅直接提升了用户体验，通过提供切实的激励还促进了社区的自我维持和内容的持续丰富。

第四节　创新沉浸式旅游体验场景

一、主题场景创设

创新沉浸式旅游体验场景的核心在于主题场景的创设，这要求旅游规划者和设计师充分挖掘和利用地方文化、历史元素以及现代科技，构建具有教育意义和娱乐价值的体验空间。主题场景的创设不仅是简单的空间布置，更是对目的地文脉的生动呈现和重新诠释，它能够激发游客的感官体验，引发情感共鸣，同时提供与众不同的认知体验。

在历史重现的场景中，通过精确的历史研究和复原，场景设计师可以将游客带回到一个特定的历史时期。这种体验不仅仅是视觉上的再现，更包括了声音、气味、触感等多维度的感官刺激，以及通过角色扮演、互动剧场等方式，让游客在参与中学习历史，感受历史。例如，游客可以穿上时代服装，重现历史事件并参与其中，亲身体验历史人物的生活和决策过程。这种互动式的历史教育方式，不仅加深了游客对历史的理解，也增强了体验的沉浸感。

文化体验区的创设则需要更深层次的文化解读和创新表达。设计师在这类场景中融入本土艺术、手工艺、习俗和节庆活动，使游客能够通过亲身参与和体验，深入了解和感受当地的文化特色。这种文化的沉浸式体验并不局限于传统的观光，更重要的是通过参与式学习和体验，让游客在享受乐趣的同时，对文化有更深的理解和认同。

为了提升体验的沉浸度和互动性，现代科技的运用不可或缺。增强现实、虚拟现实技术和三维投影等，可以将游客带入一个超越现实的世界，创造出无与伦比的效果。通过技术手段，可以突破时间和空间的限制，创造出梦幻般的体验空间，使得游客能够在一个全新的环境中探索和学习。此外，这些技术还可以个性化定制游客的体验，根据游客的兴趣和互动，提供不同的故事线和体验路径，从而增强游客的参与感和满足感。

主题场景创设还需要注重故事性和情感的设计。一个好的沉浸式体验场景，应该是能够讲述一个引人入胜的故事，从而构建起情感上的联系。设计师需要精心编排故事情节，通过环境布局、互动设施和角色互动等多种手段，让游客在体验中逐渐揭开故事的层层面纱，进而产生共鸣和情感投入。这种故事性的体验设计不仅能够增加游客的好奇心和探索欲，还能在游客心中留下深刻的记忆，提升体验的持久价值。

二、环境交互设计

在沉浸式旅游体验场景的构建中，环境交互设计是一项关键的工程，它要求场景不是被动的背景，而应该是能够与游客进行互动和沟通的动态系统。这一设计领域的挑战在于创造一个能够感知游客行为并作出相应反应的环境，从而激发游客的探索兴趣，增强其参与感和体验感。环境交互设计综合了感应技术、互动装置、数字媒体与空间设计的创新应用，共同创造出一种新型的体验模式，这种模式在游客与环境之间建立起一种新的沟通方式，允许游客通过自己的动作和选择来影响环境，使体验变得更加个性化和富有意义。

感应技术的运用是环境交互设计的基础。通过安装传感器和追踪设备，环境能够对游客的位置、动作乃至生理反应作出即时反应。例如，地板上的压力传感器可以检测游客的行走路径，从而触发相应的声光效果；生物识别技术则可以根据游客的心率或者表情变化调整场景的光线和音效，以适应不同游客的情绪和反应。这样的技术应用不仅提高了场景的互动性，也使得每一位游客的体验都具有独特性。

互动装置的设计则是激发游客参与的有效手段。互动装置通常是具有教育意义或娱乐价值的设施，它们通过游客的直接参与来展示内容或完成任务。这些装置可以是简单的触摸屏，也可以是复杂的模拟器或虚拟现实设备。它们不仅为游客提供了操作的乐趣，也是传达教育信息和故事情节的载体。设计师需要巧妙地将这些装置融入整体环境中，确保它们既不突兀，又能有效地引导游客进行探索和互动。

数字媒体在环境交互设计中扮演的是拓展现实的角色。通过投影、屏幕和增强现实技术，数字媒体能够在现实环境中创造出虚拟元素，与实体环境相结合，形成一个层次丰富的体验空间。这些技术的应用使得设计师能够跨越物理空间的限制，创造出幻想性的场景或超现实的体验，为游客提供前所未有的感官刺激。同时，数字媒体为个性化体验提供了可能，每位游客的选择和行为都能够影响数字内容的展现方式，从而使得每一次的体验都是独一无二的。

空间设计的角色是整合和协调各种交互元素，创造出一个既有功能性又有审美价值的环境。空间设计需要考虑到游客的行为模式和心理需求，通过空间布局来引导游客的行动路线，设置互动点和休息区，确保游客在体验的每个阶段都能获得满足。

三、故事叙述与情感引导

故事叙述与情感引导是连接游客心灵与体验空间的桥梁。故事叙述不仅仅是线性的情节展开，更是一种情感交织的艺术，它通过精心设计的剧情和环境细节，传递深层的文化意义和情感价值，使游客在体验中产生共鸣，从而深化了整个旅游的意义。

故事叙述的力量在于其能够构建起一个完整的叙事框架，为游客的体验提供了方向和背景。一个好的故事能够抓住游客的注意力，将他们带入一个全新的世界，让他们在探索中逐渐揭开层层谜团。在沉浸式旅游体验场景中，故事的叙述通常是多维度的，它可能通过文字、图像、音效和互动装置来展开，甚至是通过游客与演员或环境的直接互动来进行。这种多层次、多感官的叙述方式能够触动游客的多种感知通道，增强其在情感上的投入。

情感引导则是故事叙述的核心，它关注于如何激发和引导游客的情感反应。设计师需要深入理解目标受众的心理特点和情感需求，通过故事中的角色、情节转折和环境氛围的营造来触发特定的情感反应，如喜悦、好奇、惊讶或同情。情感引导的成功在于创造一个让游客感到自己是故事的一部分的氛围，并不是旁观者，而是参与者，他们的选择和行动会影响故事的发展，进而影响他们自己的情感体验。

为了实现有效的情感引导，环境的每一个元素都需要被赋予故事性，从大的景观布置到小的装饰细节。这些元素不是随机摆放，而是为了推动故事的进展，强化特定的情感氛围。通过这种细节的布局，游客能够在漫步中自然地感受到故事的气息，甚至在无形中完成从现实到虚构世界的过渡。情感引导还涉及对游客体验节奏的控制。设计师需要安排恰当的故事节奏，通过高潮和低谷的交替来维持游客的兴趣，避免单一的情感导致体验的疲劳。故事中的紧张点和放松点需要设计师精心编排，以确保游客在整个体验过程中的情感始终保持饱满，从而达到情感上的高潮。

四、技术与艺术融合

沉浸式旅游体验场景的构建中，技术与艺术的融合不仅仅是一种趋势，还是一个必然的选择。这种融合代表着一种跨学科的创新方法，它将现代科技的可能性与传统文化艺术的丰富内涵结合起来，创造出新颖的体验场景。这一过程中，科技成了艺术表达的新媒介，艺术则赋予科技以深刻的人文关怀和审美价值。

现代科技，特别是信息技术和数字化技术，为艺术创作和展示提供了前所未有的可能性。AR、VR、互动投影和三维打印等技术，可以将观众带入一个虚拟的艺术世界，让他们以全新的方式体验艺术，突破了传统艺术的空间和时间限制。同时，这些技术能够帮助艺术家创造出传统材料和手法无法实现的艺术作品，推动艺术创新的边界。

从艺术的角度，技术被视为一种新的工具和语言，它能够扩展艺术家的表现力和观众的体验维度。艺术家可以利用科技来实现更加精准的艺术创作和表达，如通过精细的控制灯光和音响来营造特定的情感氛围，或者使用动态图像和交互装置来讲述一个故事。在这一过程中，艺术不再是被动的观赏对象，而是变成了一种能够与观众进行对话和互动的实体。

技术与艺术融合在沉浸式旅游体验场景中的应用，不仅限于视觉艺术，还包括表演艺术、音乐、舞蹈等多个领域。在表演艺术中，通过科技可以实现舞台设计的快速变换、角色形象的幻化，甚至可以创造出全息演出，让观众感受到仿佛真人在现场表演的震撼。在音乐和舞蹈领域，通过动作捕捉技术和声音分析，艺术家的每一个动作和声音都可以转化为视觉效果，让观众的听觉和视觉感受达到完美的统一。在技术与艺术融合的沉浸式旅游体验场景中，传统文化的呈现方式也得到了更新。这些技术不仅是新的表现手段，更是连接过去与未来、本土与外来的桥梁。传统文化艺术通过现代科技的包装，可以更加生动地呈现给现代观众，让他们以一种全新的方式理解和欣赏这些文化遗产。例如，通过VR技术，观众可以进入一个复原的古代宫殿，亲眼见证历史上的重要事件；或者通过互动装置，参与到传统节庆活动的模拟中，从而更深刻地感受到文化的魅力。

第五节　打造沉浸式旅游体验精品 IP

一、IP（知识产权）概念开发

打造沉浸式旅游体验精品 IP 涉及对地方文化、特色故事和历史人物的深入挖掘与创新性转化。精品 IP 的开发要求不仅要有独到的视角，还需具备将文化遗产与现代旅游消费趋势相结合的能力。这一过程中，关键是发掘那些能够触动人心、引起共鸣的元素，并将它们塑造成旅游产品和体验的核心内容。例如，通过对一个地区历史人物的生平故事进行艺术加工，结合现代科技手段如增强现实或虚拟现实，使其成为沉浸式体验的载体，不仅能让游客在参与中学习历史，还能感受到故事的情感力量，从而将传统文化传播给更广泛的受众。

打造精品 IP 还需要强调故事叙述的连贯性与情感深度，确保游客在整个体验中能够得到精神上的满足和情感上的触动。在设计旅游体验产品时，既要重视故事背景的历史真实性和文化的地域特色，也要考虑到故事的普遍价值和时代意义，使其能够跨越文化界限，吸引国内外游客。借助多媒体和互动技术，将这些故事转化为可视化、可互动的旅游场景，不仅增强了体验的趣味性，也让游客在沉浸式的环境中更好地理解和欣赏这些文化 IP，从而实现文化价值的最大化传播和经济价值的持续增长。

二、品牌建设与推广

打造沉浸式旅游体验的精品 IP，品牌建设与推广策略的制定是提升知名度和市场影响力的关键。这需要通过精准的市场定位和创意的营销手段，让目标受众对 IP 产生兴趣。有效的品牌建设应当围绕 IP 的核心

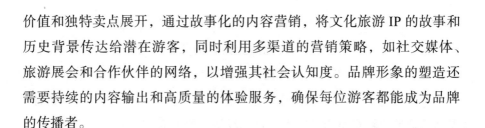

价值和独特卖点展开，通过故事化的内容营销，将文化旅游 IP 的故事和历史背景传达给潜在游客，同时利用多渠道的营销策略，如社交媒体、旅游展会和合作伙伴的网络，以增强其社会认知度。品牌形象的塑造还需要持续的内容输出和高质量的体验服务，确保每位游客都能成为品牌的传播者。

在推广过程中，采用多样化的交流和互动方式以吸引和维持消费者的注意力，对于提升 IP 品牌的影响力至关重要。结合现代科技手段，如通过在线平台提供虚拟体验，或者通过移动应用进行互动式故事叙述，可以在不同维度上吸引游客，增强其对品牌的记忆。构建与游客情感共鸣的营销活动，如邀请游客参与故事创作或体验分享，可以增加用户的参与度和忠诚度。随着品牌影响力的不断提升，沉浸式旅游体验的精品 IP 能够在激烈的市场竞争中脱颖而出，实现文化价值与经济效益的双重增长。

三、多元化产品开发

打造沉浸式旅游体验精品 IP 的过程中，多元化产品开发是实现商业成功的重要策略。通过围绕核心 IP 展开的产品线，可以满足不同游客的需求，延伸 IP 的市场生命力。这涉及从主题旅游产品的设计，如定制游、主题游乐园或文化体验营，到衍生品的创造，包括纪念品、特色手工艺品以及与 IP 故事相关的图书和艺术作品。每一种产品都是对原始 IP 的延伸和解读，不仅增加了游客与 IP 互动的机会，也为游客提供了将体验带回家的可能。此外，通过互动体验，如线上游戏、AR 寻宝等趣味挑战，可以增加用户的参与感和沉浸感，让 IP 故事在游客心中留下更深刻的印象。

在产品开发过程中，保持与原有 IP 核心价值和主题的一致性是至关重要的。产品和服务应当能够反映和强化 IP 的故事背景和文化特征，确保产品在多样化的同时不失品牌的独特性和连贯性。创新的合作模式，如与地方政府、文化机构及其他商业品牌的联合开发项目，可以为产品开发提供新的视角和资源，拓宽产品的市场渗透力。通过这样的多元化产品开发方式，沉浸式旅游体验的精品 IP 能够吸引更广泛的目标群体，提高品牌的市场竞争力，实现文化和经济价值的双重提升。

四、持续创新与维护

在沉浸式旅游体验精品 IP 的构建中，持续的创新与维护是确保其长期吸引力和市场竞争力的关键。一个成功的 IP 不是静态的，它需要随着时间的推移和市场趋势的变化而不断进化。持续创新意味着不断探索新的叙事方法，引入新技术，更新体验内容，以及调整产品和服务以适应消费者不断变化的需求。这种创新不仅包括对原有产品的改进，还涉及开发全新的体验和服务，以刺激和维持游客的兴趣。例如，对于历史类 IP，可以通过最新的考古发现来更新旅游景点的展览内容，或者采用新的虚拟现实技术来重现历史场景，为游客提供更加真实的沉浸式体验。

IP 的维护工作也不容忽视。随着时间的流逝，即使是最受欢迎的 IP 也可能会失去人气，因此需要定期对其进行保养和更新，保持其新鲜感和相关性。维护工作包括但不限于定期检查和升级展览设施，更新营销材料，以及对服务人员进行培训，以确保他们能够提供符合 IP 形象的高质量服务。此外，积极的用户反馈机制可以为 IP 的持续创新提供方向，通过分析游客的评价和建议，IP 的管理者可以及时调整策略，改进体验，从而确保 IP 始终能够满足或超越游客的期待。

持续创新与维护要求 IP 的管理者具备前瞻性的市场洞察力和敏锐的趋势感知能力，以便能够预见行业发展并据此制定相应策略。只有通过不断的创新和维护，沉浸式旅游体验的精品 IP 才能在竞争激烈的市场中保持领先地位，持续吸引更多的游客，实现可持续发展。

参考文献

[1] 袁建伟，张恬，叶文静，等 . 文旅融合产业区域发展创新与绍兴东亚文化之都研究 [M]. 杭州：浙江工商大学出版社，2023.

[2] 潘丽丽 . 文旅融合：理论探索与浙江产业发展实践 [M]. 杭州：浙江工商大学出版社，2021.

[3] 李柏文 . "文化创意 +" 旅游业融合发展 [M]. 北京：知识产权出版社，2019.

[4] 顾江 . 文化产业研究：产业创新 [M]. 南京：南京大学出版社，2020.

[5] 范周 . 言之有范：文旅融合时代的文化思考 [M]. 北京：知识产权出版社，2020.

[6] 李锋 . 文化产业与旅游产业的融合与创新发展研究 [M]. 北京：中国环境出版社，2014.

[7] 王华，邹统钎 . 文化与旅游融合的理论与实践 [M]. 天津：南开大学出版社，2021.

[8] 朱岚涛，王文丽，潘杰 . 宁波文旅产业高质量发展研究 [M]. 北京：海洋出版社，2022.

[9] 司若 . 中国文旅产业发展报告：2019[M]. 北京：社会科学文献出版社，2019.

[10] 陈琼 . 文旅 IP：特色小镇 IP 化运营策略与落地 [M]. 北京：经济管理

出版社，2018.

[11] 庞学铨 . 国际文旅融合示范案例研究 [M]. 成都：四川人民出版社，
2020.

[12] 潘海岚，李培英，樊爱霞，等 . 西南民族地区文化产业与旅游产业融
合发展研究 [M]. 北京：民族出版社，2018.

[13] 丁晓燕 . 吉林省文化和旅游发展报告 [M]. 北京：社会科学文献出版社，
2019.

[14] 王淑娟，李国庆，李志伟 . 大运河沿岸历史遗存与文化旅游产业发展
研究 [M]. 长春：吉林大学出版社，2021.

[15] 覃建雄 . 民族地区农文旅融合驱动乡村振兴研究 [M]. 成都：西南交通
大学出版社，2021.

[16] 齐勇锋，李炎 . 中国文化的根基：特色文化产业研究 第六辑 [M]. 北京：
首都经济贸易大学出版社，2020.

[17] 朱子扬，孔伟阳，孙威，等 . 文旅产业融合发展下的乡村特色民宿研究：
以安徽地域文化为例 [J]. 中国建筑金属结构，2023，22(S1):139-143.

[18] 陈瑶 . 乡村振兴背景下文旅产业融合发展的实践路径 [J]. 产业创新研
究，2023(13):112-114.

[19] 周炀 . 恩施市茶旅产业融合发展研究 [J]. 乡村科技，2023，14(13):47-
50.

[20] 闵陈震 . 数媒教育与地方文旅产业融合发展探讨：以常州梳篦产业为
例 [J]. 江苏商论，2023(7):58-60.

[21] 桂峰兰，韩芳 . 文旅产业高质量发展的现实困境及实践路径 [J]. 党政
干部学刊，2023(6):61-66.

[22] 朱雅萌，赵果巍 . 基于全域旅游的天津体旅产业融合发展研究 [J]. 文
体用品与科技，2023(12):64-66.

[23] 敏忠秀，王永强，丁玉梅 . 乡村振兴视域下"农文旅"产业融合发展
对策研究：以甘南州三个乡村旅游重点村为例 [J]. 甘肃高师学报，

2023，28(3):28−34.

[24] 曲富有.乡村振兴背景下康养文旅产业融合发展研究[J].现代农业研究，2023，29(6):20−22.

[25] 卢云其.江苏省体旅产业融合发展的现状分析、体系构建与优化路径[J].文体用品与科技，2023(11):71−73.

[26] 吴发健.非遗音乐文化与文旅产业融合发展的路径探究[J].艺术评鉴，2023(10):184−188.

[27] 高永鹏，刘伯书.数字技术赋能文旅产业融合发展研究[J].产业创新研究，2023(10):83−85.

[28] 高源，汪俊.推动云南"文旅＋影视"产业融合发展的思考[J].创造，2023，31(5):56−59.

[29] 袁花.供给侧结构性改革视角下边疆民族地区文旅产业融合发展的测度与评价研究：以丽江为例[J].贵州师范大学学报(自然科学版)，2023，41(03):28−34.

[30] 席岩.数字赋能康养文旅产业融合发展[J].文化产业，2023(13):7−9.

[31] 刘丽娜.文体旅产业融合发展的理论内涵与实现路径研究[J].普洱学院学报，2023，39(2):56−58.

[32] 刘文祥，薛莹.航空文旅产业融合发展路径的实践探索研究：以寿昌航空小镇为例[J].海峡科技与产业，2023，36(4):48−52.

[33] 资树荣，孙欣然.湖南省文旅产业融合发展水平测度与评析[J].边疆经济与文化，2023(4):56−59.

[34] 李珊.乡村振兴战略下湖南乡村音乐文化与文旅产业融合发展策略研究[J].农村经济与科技，2023，34(6):100−103.

[35] 韦兵，金艾彤，郑锦绣，等.乡村振兴背景下农旅产业融合发展路径分析：基于广东省汕头市南澳县后花园村的调研[J].上海城市管理，2023，32(2):63−71.

[36] 张杰，王晓辰，高挺，等.邯郸市文体旅产业高质量融合发展路径研究[J].

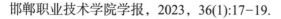

邯郸职业技术学院学报，2023，36(1):17-19.

[37] 杨珂.乡村振兴视域下茶旅产业融合发展模式及提升策略 [J]. 福建茶叶，2023，45(11):71-73.

[38] 宋耀辉，李金，高琴，等.校企合作视角下高职院校服务农旅产业融合发展对策研究 [J]. 职业技术，2023，22(12):9-15.

[39] 詹绍文，杨靖.数字经济推动文旅产业融合发展的影响研究：基于省级面板数据的实证检验 [J].决策咨询，2023(5):14-22，44.

[40] 吴逸然.全域旅游与文旅产业融合发展路径研究：以广东省湛江市为例 [J].广东经济，2023(13):21-24.

[41] 李玉武，潘乔梁."党建＋项目"助推农文旅产业融合发展 [J]. 当代广西，2023(19):55.

[42] 周巧娅，曹开军，王威.新疆"文—旅"产业融合发展的时空演变研究 [J].特区经济，2023(9):148-151.

[43] 黄毅，陈静.新时代乡村振兴背景下体旅产业融合发展的路径研究 [J].文体用品与科技，2023(18):130-132.

[44] 郭战龙，范爽.乡村振兴战略背景下文旅产业融合发展模式研究 [J].现代农业研究，2023，29(9):73-76.

[45] 刘瑞，马东艳.攀西经济区"康养＋文旅"产业融合高质量发展研究 [J].四川省干部函授学院学报，2023(3):22-26.

[46] 黄萍，罗鉴，史亚莉，等.数字文旅产业融合发展的逻辑、路径与机制 [J].四川省干部函授学院学报，2023(3):3-11.

[47] 王丽娟，高丽敏.新时期我国文旅产业融合发展政策回顾与演进分析：基于 2009-2021 年 32 项重要政策的梳理 [J].时代经贸，2023，20(8):32-35.

[48] 刘李娥，张磊.全面推进乡村振兴背景下常州乡村文旅产业融合发展路径研究 [J].常州工学院学报 (社科版)，2023，41(4):41-45.

[49] 黄晨峰.文旅融合背景下广西北海影视文化与旅游产业融合发展的分

析及思考 [J]. 西部旅游，2023(16):43-45.

[50] 李新铭，林芳 . 乡村振兴背景下浙南侨乡文旅产业融合发展的时代价值与推进策略 [J]. 西部旅游，2023(16):51-53.

[51] 刘鹏昊 . 文旅产业融合发展举措研究 [J]. 文化学刊，2023(8):48-51.

[52] 金君龙，彭孟楠，黄淑云，等 . 基于 DEA 模型的林芝市茶旅产业融合发展效率分析 [J]. 高原农业，2023，7(4):445-452.

[53] 马卉 . 湖湘民族器乐文化与本土文旅产业融合发展研究 [J]. 音乐教育与创作，2023(8):53-56，9.

[54] 邓砚文 . 甘井子区农文旅产业融合发展对策研究 [D]. 大连：大连海洋大学，2023.

[55] 于鸿洋 . 庄河市仙人洞镇文旅产业融合发展现状与对策研究 [D]. 大连：大连海洋大学，2023.

[56] 赵浣娜 . 共同富裕背景下浙江省松阳县文旅产业融合发展研究 [D]. 桂林：广西师范大学，2023.

[57] 杜丽美 .PH 古城文旅产业融合发展的地方政府职能研究 [D]. 桂林：广西师范大学，2023.

[58] 耿锐 .N 市 J 区文旅产业融合发展中的政府作用研究 [D]. 桂林：广西师范大学，2023.

[59] 刘聪 . 抚州市文旅产业发展耦合研究：以传统村落为例 [D]. 南昌：东华理工大学，2022.

[60] 周忆来 . 文成县文旅产业融合发展研究 [D]. 桂林：广西师范大学，2022.

[61] 赵炳涵 . 文旅产业融合发展中的地方政府职能问题研究：以山东省为例 [D]. 长春：东北师范大学，2022.

[62] 季美虹 . 肥东县文旅产业融合发展研究 [D]. 合肥：安徽大学，2022.

[63] 张悦 . 时空视域下河北省文旅产业耦合协调发展研究 [D]. 邯郸：河北工程大学，2021.

[64] 李乐.推动文旅产业融合发展的影响因素分析：基于长三角地区 21 个城市数据 [D]. 上海：上海社会科学院，2021.

[65] 王颖.科技创新视角下彭水县文旅产业融合发展研究 [D]. 重庆：重庆师范大学，2021.

[66] 马淑萍.长江经济带文旅产业融合发展时空差异及影响因素 [D]. 武汉：华中师范大学，2021.

[67] 杜曦瑞.滨州市文旅产业融合发展研究 [D]. 济南：山东师范大学，2021.

[68] 林敏.长江经济带文旅产业融合发展研究 [D]. 南充：西华师范大学，2021.

[69] 泽仁华珍.红原县文旅产业高质量融合发展研究 [D]. 成都：西南民族大学，2021.

[70] 王圆圆.文旅产业耦合协调度评价及优化路径研究 [D]. 上海：上海工程技术大学，2021.

[71] 王蒙.地方政府推动文旅产业融合发展问题研究：以大连市为例 [D]. 大连：东北财经大学，2020.

[72] 葛莉.县域文旅产业融合发展的影响因素研究：以襄汾县为例 [D]. 临汾：山西师范大学，2020.

[73] 李爽爽.西北地区文旅产业融合发展研究 [D]. 大连：东北财经大学，2017.